全域土地综合整治课程推荐读物

广东省全域土地综合整治创新与实践

李 志　李红举　廖开怀
吴 蓉　何嘉俊　著

中国建筑工业出版社

图书在版编目（CIP）数据

广东省全域土地综合整治创新与实践 / 李志等著.
北京：中国建筑工业出版社，2024.11. --ISBN 978-7-112-30611-4

Ⅰ.F321.1

中国国家版本馆CIP数据核字第2024WS4284号

　　本书基于全域土地综合整治、乡村振兴、海陆统筹生态保护、城乡融合发展等视角，通过对国内外国土整治发展的历程与经验整理，厘清土地综合整治的内涵与理论，并以广东地区为研究对象，探索全域土地综合治理中的自身特色和发展需求，以传统土地整治工程为基础，结合时代发展和社会发展需求，以及广东土地综合治理的实践，提出相关引导方向以及实践经验以及土地综合治理的创新模式。本书适用于城乡规划、土地资源管理、土地整治工程、土地科学与技术、国土空间规划和人文地理学等相关专业的从业者和在校师生阅读参考。

责任编辑：张　华　唐　旭
书籍设计：锋尚设计
责任校对：赵　力

广东省全域土地综合整治创新与实践

李　志　李红举　廖开怀　吴　蓉　何嘉俊　著

*

中国建筑工业出版社出版、发行（北京海淀三里河路9号）
各地新华书店、建筑书店经销
北京锋尚制版有限公司制版
建工社（河北）印刷有限公司印刷

*

开本：880毫米×1230毫米　1/16　印张：9¼　字数：241千字
2024年11月第一版　2024年11月第一次印刷
定价：**128.00**元
ISBN 978-7-112-30611-4
（43987）

版权所有　翻印必究
如有内容及印装质量问题，请与本社读者服务中心联系
电话：（010）58337283　QQ：2885381756
（地址：北京海淀三里河路9号中国建筑工业出版社604室　邮政编码：100037）

序

土地整治是解决经济社会发展过程中土地利用问题的一项重要措施，是农业农村、自然资源与区域发展的重要推动力。基于时代背景、国家战略和区域协调需求，我国2019年开展全域土地综合整治试点工作，探索新时期土地整治制度的新路径、新方法。在自然资源部领导下，各级地方政府坚持生态保护和粮食安全，以科学规划为基础、以综合效益为导向、以乡镇单元为主体，系统地开展农用地整理、建设用地整理、乡村生态保护修复和历史文化保护，优化了国土空间布局，提高了土地利用效率，推动了乡村振兴战略实施。

广东省开展"百县千镇万村"高质量发展工程，提出"锚定一个目标，激活三大动力，奋力实现十大新突破"，把全域土地综合整治作为部署实施重要手段，制订"规划编制—用途管控—土地整治—指标配置—资金筹措—项目实施—城乡协调发展"治理模式，落实了国土空间规划实施、推动了自然资源高效利用，提升了国土空间治理水平。为深入总结广东省全域土地综合整治典型做法，特别是政策、技术、路径、方法、经济和社会等方面的成果，在广东省自然资源厅的支持下，自然资源部国土整治中心联合广东工业大学李志教授团队，对广东省的国家级和省级全域土地综合整治试点开展研究。

研究团队多次到广东各地以及浙江、四川、河南、福建等省份调研，分析国内外土地整治的相关理论和成功案例，研究各阶段土地整治的具体做法与实施成效，结合广东省整治试点的实施现状和存在问题，探讨各类型项目实施的基本流程与技术特点，创新性地提出了广东省全域土地综合整治的八种模式，明确了全域土地综合整治的现状潜力调查、整治任务要求、规划体系传导、项目立项程序、关键工程技术、项目清单编制、实施计划安排，以及投资测算与资金平衡、实施细则与年度评估、项目验收与后期运维、建设成效与风险分析等具体内容，提出了省级全域土地综合整治技术规范建议稿，为组织实施全域土地综合整治项目提供技术指导。

全域土地综合整治的核心在于国土空间布局优化和土地资源合理配置，关键在以自然资源管理和国土空间规划为基础，地方各级政府主导和土地权益主体全员参与，建立全区域统筹、全要素协同、全链条实施、全流程管控的组织体系，制定多专业研究、多部门推动、多项目实施、多主体获益的工作机制。在自然资源部门的科学规划、组织协调和技术指导下，探讨既符合国土空间规划与土地用途管制的相关法规，又发挥地方政府主观能动性和社会资源参与积极性，形成因地制宜、各具特色、通力协作的土地整治模式。

该书以广东省全域土地综合整治试点镇为样板，关注农村产业发展导向土地整治模式，发现整治单元、分区、类型、项目和标准的传导机制，完善农村地区国土空间规划管制优化路径，明确融合自然资源管理政策关键技术要求，包括调查、规划、设计、实施、验收、评价等实施导则，与国土调查、空间规划和用途管制等工作技术接口，统筹整合各类乡村建设项目实施过程管理要求。土地整治效果评价更加体现整体效益提升，固然要考量其经济、社会、生态等效益，也应关注当地居民在整治后的获得感与幸福感。

该书适合城乡规划、土地资源管理、土地整治工程、土地科学与技术、国土空间规划和人文地理学等专业的学生、研究者及相关从业人员使用。愿该书作者团队继续深耕土地整治领域，为新时代的土地管理和新型城镇化、乡村振兴和高质量发展，以及中国式现代化管理路径探索提供更多的研究成果！

目录

1 绪论 — 1

1.1 时代背景 — 2
- 1.1.1 高质量发展 — 2
- 1.1.2 生态文明建设 — 3
- 1.1.3 空间治理升级 — 5
- 1.1.4 国土空间规划 — 6

1.2 国外土地整治研究 — 7
- 1.2.1 德国土地整治历程与经验 — 7
- 1.2.2 荷兰土地整治历程与经验 — 10
- 1.2.3 日本土地整治历程与经验 — 11
- 1.2.4 国外土地整治经验总结 — 14

1.3 国内土地整治研究 — 15
- 1.3.1 国内土地整治发展历程 — 15
- 1.3.2 国内土地整治特征与现存问题 — 19

1.4 全域土地综合整治提出 — 20
- 1.4.1 全域土地综合整治提出背景 — 20
- 1.4.2 全域土地综合整治相关文件 — 21
- 1.4.3 意义 — 23

2 全域土地综合整治的内涵与理论基础 — 26

2.1 内涵辨析 — 26
- 2.1.1 土地整治 — 26
- 2.1.2 全域土地综合整治 — 27

2.2 全域土地综合整治相关理论 — 28
- 2.2.1 区位理论 — 28
- 2.2.2 景观生态学理论 — 28
- 2.2.3 可持续发展理论 — 29

	2.2.4 土地供给理论	30
	2.2.5 系统理论	30
	2.2.6 人地关系协调理论	30
2.3	全域土地综合整治研究进展与述评	31
	2.3.1 研究进展	31
	2.3.2 研究述评	36

3 全域土地综合整治工作的体系与路径   37

3.1	工作体系	37
3.2	工作路径	37
	3.2.1 横向工作路径	37
	3.2.2 纵向工作路径	38

4 广东省全域土地综合整治实践   40

4.1	广东省全域土地综合整治五大工作内容	40
	4.1.1 加强规划编制，科学引领整治	40
	4.1.2 推进用地腾挪，优化空间格局	41
	4.1.3 增加耕地数量，提升耕地质量	41
	4.1.4 加强生态建设，优化生态格局	42
	4.1.5 坚持政策机制创新，强化全域整治活力	42
4.2	广东省全域土地综合整治流程	43
	4.2.1 广东省全域土地综合整治技术流程	43
	4.2.2 广东省全域土地综合整治试点的工作流程	44
	4.2.3 社会资金投入为主的全域土地综合整治工作流程要点	47
4.3	广东省全域土地综合整治工程类型	48
	4.3.1 农用地整理	48
	4.3.2 建设用地整理	51
	4.3.3 乡村生态保护与修复	51
	4.3.4 乡村历史文化与风貌保护	54
4.4	广东省全域土地综合整治实施与运营机制	55
	4.4.1 规划传导机制	55
	4.4.2 工作机制	55
	4.4.3 实施机制	57
	4.4.4 考核奖惩机制	57

5 广东省全域土地综合整治实施模式创新

5.1 高效现代农业引领型
5.1.1 高效现代农业的背景
5.1.2 高效现代农业引领型的内涵
5.1.3 构建高效现代农业的意义和作用
5.1.4 河源市顺天镇全域土地综合整治试点实践
5.1.5 韶关市桂头镇全域土地综合整治试点实践
5.1.6 肇庆市怀集县冷坑镇全域土地综合整治试点
5.1.7 小结

5.2 产业生态资源融合型
5.2.1 产业生态资源融合的背景
5.2.2 产业生态资源融合型的内涵
5.2.3 产业生态资源融合意义和作用
5.2.4 广州市从化区全域土地综合整治试点实践
5.2.5 陆河县新田镇全域土地综合整治试点实践
5.2.6 惠州市白花镇全域土地综合整治试点实践
5.2.7 湛江红树林生态修复保护实践
5.2.8 小结

5.3 建设用地集约利用型
5.3.1 建设用地集约利用的背景
5.3.2 建设用地集约利用型的内涵
5.3.3 建设用地集约利用的意义和作用
5.3.4 佛山市南海区全域土地综合整治试点实践
5.3.5 佛山市杏坛镇全域土地综合整治试点实践
5.3.6 小结

5.4 海陆统筹生态保护型
5.4.1 海陆统筹生态保护的背景
5.4.2 海陆统筹生态保护型的内涵
5.4.3 海陆统筹生态保护的意义和作用
5.4.4 潮州市黄冈镇全域土地综合整治试点实践
5.4.5 汕尾市捷胜镇全域土地综合整治试点实践
5.4.6 小结

5.5 城乡融合发展综合型
5.5.1 城乡融合发展的背景
5.5.2 城乡融合发展综合型的内涵
5.5.3 加强城乡融合发展的意义与作用
5.5.4 广州市鳌头镇全域土地综合整治试点实践

  5.5.5 东莞市塘厦镇全域土地综合整治试点实践   100
  5.5.6 广州市石滩镇全域土地综合整治试点实践   102
  5.5.7 小结   105

5.6 乡村特色文化保护型   106
  5.6.1 乡村特色文化保护的背景   106
  5.6.2 乡村特色文化保护引领型的内涵   107
  5.6.3 乡村特色文化保护的意义与作用   107
  5.6.4 江门市塘口镇全域土地综合整治试点实践   108
  5.6.5 梅州市三河镇全域土地综合整治试点实践   110
  5.6.6 小结   112

5.7 矿山修复引导发展型   112
  5.7.1 矿山修复的背景   112
  5.7.2 矿山修复引导发展型的内涵   113
  5.7.3 矿山修复的意义与作用   113
  5.7.4 龙门县龙江镇全域土地综合整治试点实践   114
  5.7.5 小结   117

5.8 重大工程推动整治型   117
  5.8.1 重大工程的背景   117
  5.8.2 重大工程推动整治型的内涵   117
  5.8.3 重大工程推动整治的意义与作用   117
  5.8.4 梅州市新铺镇全域土地综合整治试点实践   118
  5.8.5 小结   120

6 项目实施管理与评估   121

6.1 项目实施管理   121

6.2 项目验收与评估   122
  6.2.1 项目验收流程与方法   122
  6.2.2 全域土地综合整治评价体系   123

7 总结与展望   125

附录   126
参考文献   131
致谢   137

1 绪论

全域土地综合整治是落实国家高质量发展战略需求、促进区域协调发展的重要抓手,是推动乡村振兴发展战略、促进新型城镇化建设、进一步优化调整生产力和生产关系、提高土地利用效率、顺应时代发展潮流的必然选择。与传统土地整治相较,全域土地综合整治展现出全域统筹、综合实施、多主体协同整治的特质,与马克思主义哲学中关于生产力与生产关系的理论紧密相连,处处体现生产力和生产关系的辩证关系。在马克思主义的理论框架中,生产力被视为社会劳动的物质技术基础,包括劳动者、劳动工具和劳动对象;而生产关系则指的是生产中人与人的关系,包括所有制关系、人们在生产中的地位以及分工等要素。

全域土地综合整治对生产力的提升展现在以下方面:

首先,土地改良是推动生产力提高的重要渠道。在马克思主义理论体系中,生产力被认为是社会发展的基础。全域土地综合整治通过土地改良,例如改善土地的物理状况、水利设施的建设和农田的水利条件,为农业生产创造了良好的自然条件,进而优化了土地的利用效率和产出,实现了生产力的提升,与马克思主义对生产力发展的强调相契合。

其次,结合科技创新推动生产力提高。马克思主义认为科技进步是推动生产力发展的重要驱动力。全域土地综合整治通过现代农业技术和智慧农业设施等科技创新实践,不仅提高了农业生产效率和产量,还推动了农村地区的社会经济发展。

最后,全域资源整合释放生产力。全域土地综合整治有效推动农业用地和建设用地的合理配置和整合,释放了土地资源的潜在生产力,通过优化土地利用结构和提高土地利用效率,为农村和城镇地区的经济发展和生产力提升奠定了基础。

全域土地综合整治对生产关系的调整展现在以下方面:

首先,土地所有权和使用权的调整。马克思主义强调,生产关系应适应生产力的发展,全域土地综合整治过程中通过土地所有权和使用权的合理调整,适应当代社会经济发展的需求,促进土地资源的公平分配和合理利用,推动了生产关系的适时调整。

其次,推动农村集体经济与合作社的发展。全域土地综合整治通过现代农业建设,可推动调整农民在生产中的地位和分工,促进合作社和集体经济的发展,有助于构建更为公平和合理的生产关系,促进农民的收入增加和生活水平的提高。

最后,体制机制创新促进生产关系优化。全域土地综合整治推动了体制机制的创新,例如佛山市南海区的"三券"制度,通过政府顶层专项政策制定,有效解决了南海区土地综合整治过程中土地利用的矛盾和冲突,促进了区域内土地资源的配置和利用,加快了产业的转型升级,推动了生产力和生产关系的和谐发展。

综上所述,全域土地综合整治对于进一步优化生产关系、解放生产力具有重要意义,是实施国家发展战略、解决区域发展不平衡问题的重要方法，各试点应坚定推进相关整治实践工作，释放潜在新质生产力，构建高质量的时代发展新格局。

1.1 时代背景

1.1.1 高质量发展

我国的现代化发展取得了显著的成就。根据世界银行和国际货币基金组织近年数据，我国是世界第二大经济体，在出口、外汇储备、研发投入、专利申请等多个方面均位于世界前列。但也存在一系列问题和挑战：在经济发展方面，我国区域间发展不平衡，东部沿海地区与中西部地区存在明显差距，制造业结构上仍以低附加值产业为主；在社会发展和治理方面，存在贫富差距扩大、人口老龄化严重、教育和医疗资源分配不均衡等问题；在环境治理方面，早期过度追求量的增长带来空气、水、土壤污染等问题仍存在。

为解决以上问题，2017年10月，在党的十九大报告中，习近平总书记总结了新时代的特征与主要矛盾，首次提出关于"高质量发展"的表述，即应坚持以推动高质量发展为主题，把实施扩大内需战略同深化供给侧结构性改革有机结合起来，增强国内大循环内生动力和可靠性，提升国际循环质量和水平，加快建设现代化经济体系，着力提高全要素生产率，着力提升产业链、供应链韧性和安全水平，着力推进城乡融合和区域协调发展，做到稳增长、重质量、惠民生[1]。

在中国共产党第二十次全国代表大会上，习近平总书记强调"高质量发展是全面建设社会主义现代化国家的首要任务"。应"以推动高质量发展为主题，把实施扩大内需战略同深化供给侧结构性改革有机结合起来，增强国内大循环内生动力和可靠性，提升国际循环质量和水平，加快建设现代化经济体系，着力提高全要素生产率，着力提升产业链供应链韧性和安全水平，着力推进城乡融合和区域协调发展，推动经济实现质的有效提升和量的合理增长"[2]。

高质量发展的提出与时代的发展和经济的转型升级息息相关，是在掌握社会主要矛盾的基础上产生的，是适应我国主要矛盾变化的必然要求[1]。首先，落实高质量发展有两条路径：一是从经济发展角度理解，认为高质量发展是一种通过提升经济活力和创新力的可持续发展，具有生产要素投入少和资源配置效率高的特点；二是从经济发展的结果与目的进行分析研究，认为高质量发展的最终目的是满足人们日益增长的对物质精神生活的美好向往，它应该体现出绿色、公平和高效的特征。通过高质量发展，最终解决社会发展不平衡不充分的问题，实现经济、文化、生态等各方面的全面提升[2]。

同时，高质量发展与人本主义息息相关。高质量发展体现了"发展"和"质量"的有机结合，从高效率、有效供给、中高端结构、绿色环保、可持续等方面，使老百姓更容易在社会发展中获得幸福感、尊严感、满足感[3]。

此外，高质量发展还与人民的高品质生活息息相关。高质量发展为人民生活提供了必要的物质基础，符合我国国情，充分体现了中国式现代化的特征，与创造高品质生活是统一的，高质量发展有效统筹生产、生活、生态三大布局，提高城乡融合发展水平[4]。

2023年9月，习近平总书记在黑龙江考察调研期间首次提到"新质生产力"。习近平总书记指出，

---

❶ 习近平. 决胜全面建成小康社会 夺取新时代中国特色社会主义伟大胜利——在中国共产党第十九次全国代表大会上的报告[EB/OL]. (2017-10-27)[2024-07-02]. https://www.gov.cn/zhuanti/2017-10/27/content_5234876.htm.

❷ 习近平. 高举中国特色社会主义伟大旗帜 为全面建设社会主义现代化国家而团结奋斗——在中国共产党第二十次全国代表大会上的报告[EB/OL]. (2022-10-26)[2024-07-02]. https://www.mct.gov.cn/whzx/szyw/202210/t20221026_936953.htm.

要以科技创新引领产业全面振兴。要立足现有产业基础，扎实推进先进制造业高质量发展，加快推动传统制造业升级，发挥科技创新的增量器作用，全面提升三次产业，不断优化经济结构、调整产业结构。整合科技创新资源，引领发展战略性新兴产业和未来产业，加快形成新质生产力❶。新质生产力，是创新起主导作用，摆脱传统经济增长方式、生产力发展路径，具有高科技、高效能、高质量的特征，符合新发展理念的先进生产力质态。2024年1月31日，在中共中央政治局第十一次集体学习上习近平总书记指出，高质量发展需要新的生产力理论来指导，而新质生产力已经在实践中形成并展示出对高质量发展的强劲推动力、支撑力，需要我们从理论上进行总结、概括，用以指导新的发展实践❷。

为响应国家高质量发展战略，广东省于2023年2月印发《中共广东省委关于实施"百县千镇万村高质量发展工程"促进城乡区域协调发展的决定》（以下简称《决定》）❸，《决定》中指出，广东省"深入实施乡村振兴战略，着力构建'一核一带一区'区域发展格局，推动城乡区域协调发展取得重要成果"；同时强调"必须坚持问题导向，在遵循经济社会发展规律的同时，把握城乡融合发展的正确方向，把县域作为城乡融合发展的重要切入点，从空间尺度上对'核'、'带'、'区'进行深化细化，从互促共进的角度对先发地区与后发地区的发展进行通盘考虑，对县镇村各自的功能定位科学把握，把县的优势、镇的特点、村的资源更好地统筹起来。"

全域土地综合整治顺应时代发展的要求而生，是贯彻落实高质量发展要求，提高土地利用效率，推动土地利用、开发，整治实现量转变为质的重要体现。全域土地综合整治通过推动城乡要素公平流动，是促进城乡区域协调发展的重要抓手，是新时期我国自然资源制度的创新。因此，有必要聚焦全域土地综合整治理论创新、体制创新，加强理论与实践的结合研究，加快形成全域土地综合整治领域的新质生产力基础，以新理论、新方法、新体制不断引领全域土地综合整治发展，为我国土地高质量发展提供新质生产力。

1.1.2 生态文明建设

生态文明建设秉承对当前及未来世代负责的深远原则，旨在根本转变生产行为、生活方式及消费模式。此项建设核心在于节约与合理利用自然资源，保护与改善自然环境，以及恢复与构筑一个健康的生态系统。它不仅确保了国家与民族的持续发展和稳定生存的自然基础，还与经济增长、社会进步、政治稳定和文化繁荣相得益彰，共同推动着国家的全面发展。通过这种全方位的努力，生态文明建设在实现环境保护与资源节约的同时，促进了社会各领域的和谐发展，为实现可持续发展目标奠定了坚实的基础。

自中华人民共和国成立以来，我国一直重视生态文明的思想建设和实践。根据学者刘耀彬的总结，我国生态文明建设至今经历了四个阶段：一是1956~1992年的环境治理阶段，该时期我国对环境保护进行了探索与立法；二是1992~2003年的建设美丽中国阶段，我国提出了与生态文明建设息息相关的可持续发展战略；三是2003~2012年的中国特色社会主义生态文明建设早期探索阶段，该阶段树立并落实了全面、协调、可持续发展的科学发展观，习近平生态文明思想也在这一阶段缘起，即"绿水青山就是金山银山"的思想；四是2012年以来，

---

❶ 新华社. 习近平在黑龙江考察时强调 牢牢把握在国家发展大局中的战略定位 奋力开创黑龙江高质量发展新局面[EB/OL]. (2023-09-08)[2024-07-02]. http://www.gov.cn/yaowen/liebao/202309/content_6903032.htm.

❷ 新华社. 习近平在中共中央政治局第十一次集体学习时强调加快发展新质生产力 扎实推进高质量发展[EB/OL]. (2024-02-01)[2024-07-02]. https://www.gov.cn/yaowen/liebao/202402/content_6929446.htm.

❸ 南方日报. 中共广东省委关于实施"百县千镇万村高质量发展工程"促进城乡区域协调发展的决定[EB/OL]. (2023-02-27)[2024-07-02]. http://www.gd.gov.cn/gdywdt/zwzt/xxgcesd/ywbd/content/post_4101013.html.

党的十八大首次提出构建人类命运共同体，我国开始进入中国特色社会主义生态文明建设阶段[5]。

在党的十八大报告中，"大力推进生态文明建设"被特别强调，并且作为一个独立的章节进行全面阐述❶。这不仅将生态文明建设推向了一个前所未有的重要地位，也清晰地标明了其对人民福祉和民族未来的深远影响。报告强调，"把生态文明建设放在突出地位，融入经济建设、政治建设、文化建设、社会建设各方面和全过程"。

党的十九大会议上，提出了应建设"人与自然和谐共生的现代化"，需加快生态文明体制改革，建设美丽中国。随后，我国提出"碳中和""碳达峰"的相关概念和目标实现的节点，有序开展相关工作，并将生态文明写入《中华人民共和国宪法》，生态文明建设至此迈向新的高度，把生态文明建设纳入中国特色社会主义事业"五位一体"总体布局。学者认为，生态文明建设在"五位一体"总体布局中处于相对独立和基础的地位，这种地位决定了生态文明建设在破解经济发展难题、发展中国特色社会主义政治文明、创新社会主义文化发展路径、改善民生和创新社会治理等方面发挥着至关重要的作用[6]。

2023年7月举行了全国生态环境保护大会，会议上深入阐释了"四个重大转变""五个重大关系"及"六大战略部署"等关键观点。习近平总书记指出，要坚持山水林田湖草沙一体化保护和系统治理，构建从山顶到海洋的保护治理大格局，综合运用自然恢复和人工修复两种手段，因地因时制宜、分区分类施策，努力找到生态保护修复的最佳解决方案❷。会议上还强调了加强并维护党对生态文明建设全面领导的重要性，深入解答了新时代加强生态文明建设的一系列重大理论和实践问题。

这些讲话进一步创新和丰富了习近平生态文明思想，为我们在新征程上推进生态文明建设提供了理论指导和实践方向。其包含四大核心理念：第一，人与自然和谐共生的新生态自然观；第二，绿水青山就是金山银山，保护环境就是保护生产力的新经济发展观；第三，"山水林田湖草沙"生命共同体的新系统观；第四，环境就是民生的新民生政绩观。习近平生态文明思想在实践中的创新主要体现在如何在中国特色社会主义的生态治理框架下，依据问题导向开展行动。这一思想利用矛盾论、整体论、系统论、协同论、双重焦点论、重点关注论、底线逻辑和红线限制等多元思维方式，形成了一个包括经济、政治、文化、社会以及生态文明建设在内的"五位一体"的全面规划，确立了生态文明建设在新时代中国特色社会主义现代化进程中的基础和战略意义[7]。

因此，新时代生态文明治理体系应是从保护型治理到发展型治理、从运动式治理到系统性治理，要充分利用社会资本和市场资源，配合行政体系的治理能力，构建以市场为基础的环保政策体系[8]，做到人与自然和谐、发展与保护并重、国内与国际保护接轨、立法与执法同步推进，为民生谋福祉。

广东省是我国在生态保护与社会经济发展方面关系最为复杂的地区之一。根据2023年1月3日广东省自然资源厅、广东省发展和改革委员会联合印发的《广东省重要生态系统保护和修复重大工程总体规划（2021—2035年）》，广东省的自然岸线比重已降至36%左右。面对1.76万平方千米的水土流失面积，其中部分地区水土流失状况尤为严重，国家级和省级的重点治理区域面积分别达到了2842.21平方千米和2051.81平方千米。此外，局部地区面临的石漠化问题显著，全省石漠化面积约450平方千米。矿山开采活动不仅带来了地质灾害，还导致了土地资源的大量占用与破坏，全省各类矿山地质灾

---

❶ 胡锦涛. 坚定不移沿着中国特色社会主义道路前进 为全面建成小康社会而奋斗——在中国共产党第十八次全国代表大会上的报告[EB/OL]. (2012-11-08)[2024-07-02]. https://www.12371.cn/2012/11/18/ARTI1353183626051659_12.shtml.

❷ 新华社. 习近平在全国生态环境保护大会上强调：全面推进美丽中国建设 加快推进人与自然和谐共生的现代化[EB/OL]. (2023-07-18)[2024-07-02]. https://www.gov.cn/yaowen/liebao/202307/content_6892793.htm?type=6.

害及隐患点共计1178处，历史遗留的矿山面积大约为1.4万公顷。这些数据凸显了广东省在生态保护和资源管理方面面临的挑战，呼吁采取更为有效的措施以促进生态平衡与可持续发展。

近年来，广东省积极推进"绿美广东"生态建设六大行动计划，旨在全面提升生态环境质量和绿色发展水平。这六大行动包括：森林质量精准提升、城乡一体绿美提升、绿美保护地提升、绿色通道品质提升、古树名木保护提升，以及全民爱绿植绿护绿行动。这些措施共同构筑了"绿美广东"的新生态建设格局，旨在打造高标准的城乡一体化绿美环境。通过将生态资源优势转变为发展优势，广东省致力于创建人与自然和谐共存的绿色样板区，展示新时代生态文明建设的广东模式，体现了"绿水青山就是金山银山"理念在广东的实践路径。

全域土地综合整治工作，通过高度统筹多样的空间资源和关键要素，深刻体现了习近平生态文明思想的精髓，即充分尊重人与自然的和谐共生。该整治工作不仅展现了生态文明建设与人类社会发展之间的密切联系，也是实践科学发展理念、绿色发展理念、民生优先理念及系统整体观念的重要表现[5]。在进行国土空间生态修复时，全域土地综合整治项目特别强调了修复工作的完整性和原真性，积极融合现代生态修复的创新理念，并通过科技创新为生态修复提供持久有效的支持。此外，该整治工作还注重生态修复的实操性及与其他整治项目的协同效应，通过整体联动，共同推进整治实践，有效促进了生态环境的持续改善和恢复。

1.1.3 空间治理升级

随着人类对自然资源的深入开发与利用，我们与自然地理环境之间的互动关系变得日益密切。这种复杂的互动不仅受到自然环境的制约，还受到政府政策、市场力量和社会需求等多种因素的影响，共同塑造着国土空间的结构与发展趋势。国土空间本质上是一个集资源、地理、环境、社会、经济和文化等多维要素于一体的复合系统，这一系统面临着众多挑战，特别是在资源开发与环境保护的平衡问题上。面对这些挑战，亟须采纳更全面的国土空间治理理念，通过系统化的方法和策略，寻找并实施可持续发展的解决路径，以确保国土资源的合理利用与生态环境的长期稳定。

应对社会发展的需求，空间治理已成为理论和实践中的核心议题。空间治理是一个综合性管理、规划和治理的过程，目的在于在物理空间（如城市、农村、国土等）内实现社会、经济和环境目标的最优配置，而国土空间治理是新时期中国国土资源开发、保护、利用和整治修复的主要手段。面向高质量发展要求，国土空间治理现代化尤为重要，上至空间治理体系构建，下至学科体系协同、人才队伍建设等，应适时体现时代发展需求，及时转变空间治理方式[9]。

党的十八大以来，国家高度重视区域协同发展和空间治理问题。党的十八届五中全会提出建立空间治理的规则体系，党的十九届五中全会坚持实施区域重大战略、区域协调发展战略、主体功能区战略。空间治理在近年得到国家的高度重视[10]。

空间治理是一个相对复杂的概念，涉及多个学科，如地理学、城市规划、环境科学、政治学和社会学等，学者也从不同的角度深入探讨空间治理。有学者提出，国土空间治理应从多种空间尺度出发进行深入研究，可以划分为区域单元、行政单元、生态单元、发展单元及网络单元。空间治理不应视为一项单一的治理任务，它应针对现实的问题，基于当前的国土空间规划，在战略和目标明确的前提下展开治理。同时，应与国土空间整治修复工作相互补充，努力实现全区域、全要素、多尺度的治理，进而优化生命共同体的构成[11]；有学者从城市公共空间角度切入研究，将空间治理作为城市治理的重要内容，其中，文化要素是城市公共空间精细化治理的关键，它可以触发人们对城市公共空间的场所记忆，增强城市的文化软实力，提高城市的形象[12]；此外，有学者认为乡村振兴是我国的重大战略，从乡村振兴角度研究空间治理，可将空间治理细化为物质空间治理、空间权属治理和空间组织治理，同时应该立足于乡村振兴的难点和目标，通过乡村空间治理，做到内生动力激发、组织能力优化和城乡关系优化[13]。

当下进入互联网和大数据的时代，空间突破物理维度的限制，网络空间治理尤为重要。何艳玲等认为，网络空间作为新型的空间形态，为国家空间治理开拓了新的维度。在网络空间的框架内，地点与距离被重新诠释，它延伸了物理空间的边界，形成了一种"流动的空间"，呈现出流动性、聚集性及异质性的特质。因此，在接纳新空间所提供的机遇的同时，应充分发掘网络空间为城市治理所带来的便利和优势，利用其流量竞争的优势，更有效地实现资源的合理配置，突破地域的限制，加强各空间之间的互动和联系[14]。

全域土地综合整治充分结合互联网技术，通过全域统筹、全要素治理，将单一的耕地保护、生态修复、建设用地整理等整治实施向整体规划、系统实施、综合治理等多方面转变，是一项创新性的制度设计[15]，体现出了现代化空间治理升级，符合国家战略部署和现实发展需要。

1.1.4 国土空间规划

国土空间规划是新时代我国的空间规划体系，它是国家空间发展的导航、可持续发展的空间蓝图，也是各类开发、保护及建设活动的基本依据。国土空间规划汇聚了原有的主体功能区规划、土地利用规划、城乡规划等多方面的空间规划，目标是达成"多规合一"的整合。它标志着对以往多元化、分散化、重叠化的空间规划进行整合和优化的重要改革举措。

国土空间规划体系形成于2019年。2019年5月，《中共中央 国务院关于建立国土空间规划体系并监督实施的若干意见》（中发〔2019〕18号）明确了国土空间规划是国家空间发展的指南、可持续发展的空间蓝图，是各类开发保护建设活动的基本依据。为贯彻落实上述意见，自然资源部发布了《关于全面开展国土空间规划工作的通知》，标志着国土空间规划正式启动编制。2020年9月，自然资源部印发《市级国土空间总体规划编制指南（试行）》，指导各省编制国土空间规划。2021年5月，自然资源部印发《自然资源部办公厅关于规范和统一市县国土空间规划现状基数的通知》，规范现状基数统计。

2020年4月，全国"三区三线"开始两轮划定。2020年10月，全国"三区三线"通过并启动。2021年7月，浙江、江西、山东、广东、四川5个试点省份开展了三轮试划"三区三线"实践。2022年11月，各省上报省级、市级总体规划，纳入全国国土空间规划"一张图"系统。2023年8月，国务院批复了首个省级国土空间规划——《江苏省国土空间规划（2021—2035年）》，紧接着批复了《广东省国土空间规划（2021—2035年）》。

国土空间规划分为总体规划、专项规划和详细规划三类，分别在国家、省、市县和乡镇四个层级进行编制，形成"五级三类四体系"的规划框架（图1-1）。各级各类规划要坚持统筹协调、层级衔接、相互支撑的原则。国土空间规划要以"三区三线"为基础，即城镇空间、农业空间和生态空间三种类型的空间，以及城镇开发边界、永久基本农田保护红线和生态保护红线三条控制线。这些区域和控制线要科学合理地划定和管控，实现国土空间开发保护的平衡。同时，国土空间规划建立"一张图"信息系统，即以一张地图为基础，可层层叠加打开的国土空间规划图层，实现数据共享、信息互通、监督评估，这样可以提高规划编制和实施的效率与透明度，促进各部门和各地区之间的协同配合。总体来看，国土空间规划简化了审批程序，减少了报国务院审批总体规划的城市数量，改变了审查内容和方式，取消编制大纲或规划纲要的审查环节，赋予地方政府更多的自主权。通过压缩审批时间，提高审批质量，激发地方积极性。

国土空间规划约束并引导土地要素市场化配

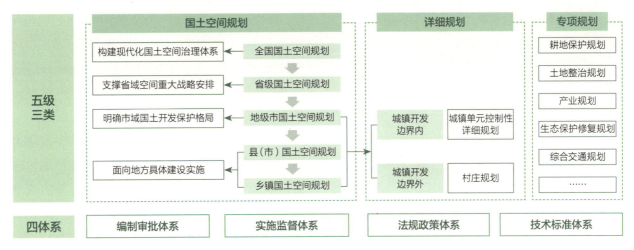

图1-1 "五级三类四体系"国土空间规划体系

置[16]。依据《自然资源部办公厅关于严守底线规范开展全域土地综合整治试点工作有关要求的通知》（自然资办发〔2023〕15号），国土空间规划被定位为土地综合整治的根本依据。土地综合整治活动原则上应分别在国土空间规划确定的农业空间、生态空间、城镇空间内相对独立开展，稳定空间格局，维护"三区三线"划定成果的严肃性。全域土地综合整治不但统一了土地使用管制与生态保护修复的职责，而且成为实施乡村振兴战略的重要平台。此外，全域土地综合整治的范围已从单一的土地（农田）扩展到包括村庄及"山水林田湖草沙"在内的全方位、全周期的综合整治，成为推动国土空间规划实施的关键工具。该整治工作上接国土空间规划的要求，下指导土地整治项目，优化空间布局。

根据《自然资源部关于开展全域土地综合整治试点工作的通知》（自然资发〔2019〕194号）等文件，全域土地综合整治应基于科学合理规划，以乡镇作为基本实施单元。于是，自然资源部于2021年1月通过《自然资源部办公厅关于印发全域土地综合整治试点名单的通知》（自然资办函〔2020〕2421号）在全国28个省（自治区、直辖市）选定了446个试点。进一步，自然资源部联合国家标准化管理委员会发布《国土空间规划技术标准体系建设三年行动计划（2021—2023年）》（自然资发〔2021〕135号），旨在完善全域土地综合整治的指导标准，建立"1+N"标准体系，逐步丰富配套标准。

广东省自然资源厅相继出台相关通知，如《广东省自然资源厅关于申报全域土地综合整治试点的通知》和《广东省自然资源厅关于推进全域土地综合整治试点工作的通知》，组织并推进全域土地综合整治工作的深入开展。这些努力表明了全域土地综合整治在规划、实施和标准化方面的全面推进，旨在实现国土空间的高效利用和生态文明建设的目标。

1.2 国外土地整治研究

1.2.1 德国土地整治历程与经验

德国土地整治经历四个阶段，即土地整合、储备土地、生态保护和乡村改造更新、多元化和综合化整治。在各个阶段中，均体现了法治化的特点[17]。德国的土地整治主要涉及空间规划、土地利用规划和景观规划[18]，德国在整治的过程中根据实际的变化，适时适应其他规划做出调整[19]。

1. 土地整治历程

1) 中世纪至20世纪初——土地整合

德国的土地整治可追溯到1550年的巴伐利亚

州，当时主要通过合并农田来改善农业生产条件。在这一时期，社会生产力水平较为落后，土地整治的目标是通过将小块、分散零碎的农用地整理为连片地块，同时进行产权调整、田间道路建设，以促进农业机械化运作，提高农业生产力，促进农村地区的发展。

2）20世纪20~60年代——储备土地

这一阶段，德国城市化进程加快，带来大量的基础设施建设需求。面对社会发展的新需求和新变化，土地整治的重心和目标进行了适度调整，即基础设施和其他公共事业建设储备土地，并将因城市基础设施建设打乱的地块重新条理化。1953年，德国颁布了第一部《土地整理法》，农业发展被置于重要地位，通过土地整理将土地集中以扩大生产规模，解决第二次世界大战后的粮食短缺问题，但也因此对生态环境造成了破坏。

3）20世纪70~80年代——生态保护和乡村改造更新

20世纪70~80年代，土地整治的目标不再局限于提高农业生产力，开始注重生态保护和乡村改造更新。1976年，德国对《土地整理法》进行了修订，明确指出应加强乡村自然环境保护，将乡村景观规划纳入到土地整治的强制性程序中。20世纪80年代初，德国城乡差距扩大，为改善乡村衰败的状况，德国于1982年再次修订《土地整理法》，增加了村庄改造的内容，以求实现乡村经济、社会、生活、历史的良性发展。至此，土地整治成为乡村转型发展的重要途径。

4）20世纪90年代至今——多元化和综合化整治

从20世纪90年代开始，德国土地整治的内容更加多元化与综合化，通过土地整理、乡村改造更新、生态景观规划等多种措施促进乡村生产、生活、生态环境的提升，促进城乡一体化发展。1994年《土地整理法》第三次修订，增加了市地整理的内容，有效推动了城市更新与可持续发展，促进了城乡统筹发展。此外，德国在该时期开始广泛运用创新的信息技术和管理方法，建立土地整治信息系统，以帮助不同部门更好地获取最新的相关数据与信息。

在21世纪的德国，农村已非传统观念中单纯的粮食生产场所，其生态价值、人文价值日益受到珍视，乡村土地利用、自然保护、经济发展三者形成的相互促进的三大目标已成为广泛共识。在此背景下，土地整理由最初的经济增长工具转型成为乡村可持续发展的媒介，经济发展、社会和谐、环境保护得以相互制约和补充，构成土地整理的多元目标体系[20]（表1-1）。

德国巴登—符腾堡州土地整理七大基本要求　　表1-1

序号	要求	具体内容
1	更早、更广泛的公众参与	尽早通知参与主体并鼓励其参与讨论，以满足其实际需求
2	生态计划优先	规划建设生态网络和绿色基础设施，满足《水法》规定，进行水网规划，保护河岸、物种及物种栖息地
3	农业结构调整必须提供生态价值	评估项目实施的生态价值，实行额外的生态补偿措施，实施前确保生态目标能够实现
4	支持能源革命	支持清洁能源利用
5	建立保护和后续工作计划	土地整理实施后完成资产转移和维护合同签订，保证后续维护有序进行
6	推动乡村协调发展	更新产业，提供就业岗位；解决农村土地问题；设计建设宜人文化景观供休闲度假使用；减少偏远定居点；改善农业生产条件
7	优先保证基本耕作条件	基础设施大量占用土地时倾向占用拥有较多土地者的土地，保证土地整理参与者的基本生产需求

（资料来源：万涛，刘健，谭纵波，等.《农村集体经营性建设用地统筹利用的机制探索——德国土地整理实践的启示》）

2. 主要经验与特点

1）土地整治政策法治化

德国的土地整治一直重视相关法律政策制度的建立健全，通过一百多年的实践形成了时效性强、体系完善的法律体系。1886年，巴伐利亚州颁布了德国第一部《土地整治法》；1953年，为了适应第二次世界大战土地利用的关系颁布了《德国联邦土地整理法》，并于1976年、1982年、1994年进行了三次修订。这些法律规定了土地整治的目的、任务和方法，组织机构与职能，参加者的权利与义务，土地整治的费用、土地估价，权属调整和成果验收等。同时，德国还制定了其他与土地整理相关的法律，如《空间规划法》《建筑法》等，这些法律都保证了土地整理内容的不断完备和程序规范[21]。

2）土地整治的社会化

土地整治涉及多方利益主体。德国在土地整治过程中将公众参与和政府主导有机结合，努力发挥了多主体共同参与的积极作用。在编制阶段，主编部门会邀请各部门积极参与讨论，吸收各方的观点与建议。除此之外，还离不开公众的参与和支持。德国将公众参与土地整治以立法的形式确立下来，还专门设立参加者联合会，由地产所有者、合法建屋权人以及各公共利益代表机构，共同参与各种事宜的协调和落实[22]。土地整治涉及多方利益，需要统筹协调，在公众参与的基础上政府还要发挥好主导作用。德国的土地管理局即充当这一指导和服务角色，统筹全局，把握总体发展方向。整治主体的多元化保证了目标能够最大限度地满足各方的利益需求，使整治的针对性更加明确[23]。

德国土地整理具有很强的社会化特征，主要表现为公众参与的广泛性、直接性、全程性[24]。第一，参加者联合会为土地整理公众参与的法人机构，它由土地所有者和合法建屋权人组成，代表全体参加者利益，其组织机构包括理事会、主席和参加者大会；第二，理事会直接参与土地整理过程中所有重要活动，如必须参加道路与河流体系以及景观保持计划的制订过程，以便对土地整理范围内新的土地利用方案施加影响；第三，土地整理方案形成前要召开选地意愿大会，土地整理局邀请全部参加者参与，解释土地分配的有关法规、依据和原则，说明每次参与者应如何考虑土地分配问题，方案形成后还需召开听证会，参加者若认为自己的利益受到损害，可以向土地整理局提出异议[25]。

3）土地整治目标生态化

在土地整治初期，德国土地整治重在解决因土地利用碎片化造成的农业生产问题，过度追求土地面积和作物产量，忽视了对生态环境的保护。因此，在后期的土地整治中加强了对区域生态环境保护的长远考虑，强调土地整治要与整治区域的自然生态环境相适应，防止对景观的持久改变和破坏。在立法上，《土地整理法》《空间规划法》《德国联邦自然保护和景观保存法》充分将景观生态保护融入国土空间资源规划利用的综合保护体系[19]；在经济上，土地整理中景观生态保护的经费全部由国家财政支付，采用生态指标的交易方式进行生态补偿；在行政上，通过用途管制等相关措施，对一些具有重要的景观生态价值的土地（包括开敞空间和文化景观）进行保护；在部门协作上，土地管理部门也开始加强与自然环境相关部门的合作，共同完成土地整治生态化的目标。生态保护的理念在德国土地整治中得到了很好的体现。

4）土地整治进程与村庄改造一体化

土地整治是在农村发展的背景下进行的，在生产条件改善的同时，村民也开始呼吁生活条件的提高，与此同时发生的城乡差异的扩大，使村庄改造被提上工作日程。1982年修订的《土地整理法》增加了村庄改造的内容，通过编制村庄更新规划、乡村发展长期规划等措施，使乡村生活和生产条件适应城市化的发展。通过出台相关政策法律，改善了村民的居住环境和生活条件，加强了村庄建设。这些措施提高了农村的吸引力，使得村民愿意留在乡村发展农业等相关产业，整治的积极性得以调动。由此，形成了土地整治与农村发展的良性互动。

5）土地整治技术信息化

土地整治工作涉及大量的数据和信息，同时要求理论与信息技术作为支撑。德国在土地整治中充分运用了各种技术手段，如通过电子测速仪和3S（遥感技术、地理信息系统和全球定位系统）技术，将信息数字化，便于数据处理与统一管理，大大提高了土地整治的准确性和效率。通过土地整治信息平台系统和网络传输，使信息和数据得以在不同部门之间共享与快速传递。

1.2.2 荷兰土地整治历程与经验

荷兰土地整治经历了土地整合、重视农业发展、乡村景观规划和多元目标整治四个阶段。具体来说，早期的土地整合阶段，是以整合土地和扩大农业生产规模为目的，通常情况下，土地整理与水利工程开展一起进行。从整体发展历程来看，荷兰围绕农业、景观、自然保护和娱乐设施等多种对象，探讨土地整理项目的新方向，逐步从以调整农业为主转变为实现乡村地区多元目标治理[26]。

1. 土地整治历程

1）20世纪初期~40年代——土地整合

1924年，荷兰颁布了第一部《土地整理法》，为土地开发整理的程序和运作流程作出了规定，同时也正式揭开了乡村地区大规模土地整合的序幕。1938年《土地整理法》修订，此次修订简化了农用地改善手续，给予财政补贴，提高了土地整理的可操作性和实施效率。这两版土地整治法案都以提高农业生产力为主要目的，内容包括优化土地划分、改善水管理、道路基础设施建设等。

这一时期的土地整治以土地整合、产权调整、减少碎片化土地来优化土地结构为主，整治后农用地面积不变（除了加宽和新建的道路和河道），并以此推动农业机械化。

2）20世纪50~70年代——重视农业发展

1954年，第三部《土地整理法》颁布，目的是提高农业、林业及养殖业的生产力，解决第二次世界大战后荷兰的粮食短缺问题，法案同时允许预留最多5%的土地用于农业生产之外的目的，如娱乐休闲、自然保护、村庄改造等。由此，这一时期土地整治的速度极快，成为荷兰乡村景观变化最剧烈的时期之一。研究显示截至1971年，荷兰一共整理超过4210平方千米的土地，约5650平方千米的土地在进行中，超过6000平方千米的土地则在准备，超过7450平方千米的土地正在申请。

在重视农业发展的同时，荷兰在该时期对农用地整理与规划的衔接也进行了探索。1965年出台的《空间设计规划法案》规定省级土地整理项目必须与地区空间规划相衔接，对乡村土地进行统一规划建设。

3）20世纪80~90年代——乡村景观规划

当大规模的土地整治发展到20世纪70年代末期，社会开始意识到乡村传统和历史景观在整治过程中逐渐消失，于是做了一定的改变。一方面，20世纪80年代，乡村景观规划被纳入土地整治规划以协调农业发展、乡村景观和资源保护的关系。1981年，由农业与渔业部颁布的《乡村发展的布局安排》，该法案与《户外娱乐法》《自然和景观保护法》组成了1980~1990年荷兰有关乡村发展的主要法律。1985年，荷兰政府颁布《土地使用法案》，要求"拓展乡村发展目标、协调与其他物质规划的关系、购买土地用于非农目标、优化决策过程、完善地区管理体系"，娱乐、历史保护、自然被置于农业生产同等重要的地位。

总之，这一时期的土地整治目标由以农业生产为本转变为多元融合的乡村景观规划，土地整理项目减少，重视景观特色的多元化，土地整治成为实现多元社会利益协调、乡村地区开发、生态综合整治的重要抓手。

4）20世纪90年代以后——多元目标整治

进入到20世纪90年代，土地整治的目标更加综合和全面，除了休闲娱乐、历史村落保护、创建新自然区外，沙丘保护、能源与景观、废弃物处理等政策要求逐渐增多，这些举措都在一定程度上推动了乡村的经济多样性，提升了农村生活的质量。同时，荷兰政府作为推动乡村整治的主要角色逐渐弱化，地方社会团体联合会主持制定所在地区的乡村发展总体规划，设计农村发展项目，并负责实施和管理规划项目。2005年荷兰修订了《土地整理法》，把土地整理的权力从中央下放到省级的乡村规划部门，以便结合当地实际情况制定相应的政策。2007年版的土地使用法案则注重解决私人与政府合作开发土地过程中涉及的成本和收益问题。

这一时期土地整治的目标逐渐推广到乡村的各个方面，更强调了多要素的综合整治。因地制宜、精准施策能够增强应对不同地区发展矛盾的自主性，同时也更加注重政府、农民、社会团体等各方利益的平衡。

2. 主要经验与特点

1) 具备完善的法律体系保障

法律法规能够保障土地整治的公平、安全和效益。荷兰的土地整理自始至终都有完善的法律制度作为支撑，并以此推进土地整治法治化进程。1924年，荷兰第一部《土地整理法》出台，随后大概每十年根据现状问题及最新目标进行修订，或是颁布新的相关法律法规，如《自然和景观保护法》《土地开发法》等法案。经过多年的积累与发展，荷兰的土地整治具备了时效性强、体系完整的特点[27]。

2) 土地整治与城市规划相协调

法律体系不仅注重土地整治自身的合法化、规范化、高效化，也重视其与相关空间规划的衔接，共同推进乡村统一规划建设。从1965年颁布《空间设计规划法案》开始，荷兰国土规划体系从传统的侧重于城市—区域领域的空间规划，开始逐步渗透到乡村规划领域中，体现出城乡统筹一体的积极理念转向。1985年颁布的《土地使用法案》同样强调了土地整治与地区空间规划的协调。这些都使土地整治变得更加综合、全面。

3) 目标不断更新，后期重视综合整治

荷兰土地整治的内容和目标随着社会经济、政策而不断更新。总体来看划分为四个阶段：①20世纪初期~40年代，以大面积土地整合提高农业生产力为主；②20世纪50~70年代，重视农业生产，以解决第二次世界大战后的粮食短缺问题；③20世纪80~90年代，意识到粗犷的土地整治对乡村历史和景观的破坏，促使土地整治增加了自然保护、历史保护等内容；④20世纪90年代以后，目标逐渐丰富，强调多要素的综合整治。

荷兰经过近百年的实践，形成了从以土地整理为主转变为综合性土地开发为主的规划方式，也从关注农业生产力转变为关注乡村景观的塑造、历史景观的保护[28]。

1.2.3 日本土地整治历程与经验

日本土地整治始于第二次世界大战结束后，为解决战后的生产问题和社会问题，日本土地整治围绕农业基础设施建设，以增地增粮为目的，开展经营规模的农业生产[29]。随着经济的增长和城市化进程，土地整治重心从农业生产转向村庄治理和新型农村社区建设，目前正向综合性转变[30]。

1. 土地整治历程

日本人多地少，山地、丘陵占国土面积的80%；耕地资源稀缺、零星分散，属于小规模家庭经营。通过土地整理（表1-2），日本以较小的用地取得了较快的经济社会发展，其功能演变经历了四个发展阶段。

1) 第一阶段：20世纪50~60年代中期

第二次世界大战后，日本粮食供应紧张，日本政府实行了粮食强制收购和严格定量配给制度，在确保人民生活稳定的同时，开展耕地整理，兴建农田水利设施，开垦农田，以实现增地增粮、缓解粮食供应紧张的目的。城市土地区划整理被广泛运用在战后城市重建及自然灾害的预防中。经过这一阶

段的土地整理及第一次国土综合规划，日本实现了战后复苏。

2）第二阶段：20世纪60~70年代中期

这一阶段的主要工作是在继续开展农田水利设施建设的同时，通过水改旱、土地平整、修建农道、水果蔬菜和畜产基地建设等手段，解决农地的细碎化问题，扩大农户经营规模和调整农业生产结构，初步实现了农业的机械化。与此同时，在第二次国土综合规划的指导下，城市土地经历了大规模的土地开发阶段，实现了城市中枢管理功能的充实和基础设施的完善。

3）第三阶段：20世纪70年代中期~80年代末

由于经济增长和城市化，农村劳动力外流，耕地撂荒、空心村现象普遍，土地整治工作的重心由耕地整理向村庄治理延伸。城市土地的整理和开发立足于第三次、第四次全国综合开发规划的"定居构想"概念，注重综合居住环境的整治，以治理城市蔓延引发的公害污染、住宅困难、交通拥挤、绿地减少等问题。通过土地权属和地块调整，支持适度规模经营，发展农产品加工，提高农民收入水平。同时，通过村庄整治和建设新型农村社区，加强基础设施建设，改善农村生活环境，以缩小城乡差别。

4）第四阶段：20世纪90年代以后

经过前三个阶段的土地整治工作，区域核心城市实现了较快发展。城市化进程趋于稳定，城乡收入差距逐渐缩小。为了解决劳动力短缺和老龄化问题、房地产泡沫崩溃带来的社会经济问题和人与自然的协调发展问题等，日本土地整理上升到国土整治，国土整治立足于第五次全国综合开发规划，使国土形态与21世纪的时代发展相适应，并寻找可持续的经济发展道路。

日本土地整理的措施与功能　　　　表1-2

整治区域	整治类型	土地整理措施	土地整理功能
农村土地整理	耕地整理	1. 土地改良与合并； 2. 农业基础设施整顿； 3. 重点选取高山河谷地区； 4. 培育新型农业经营主体	1. 形成初具规模的优质耕地； 2. 促进农地规模化经营； 3. 实现多功能农业发展
农村土地整理	村庄整理	1. 村落综合发展规划； 2. 新农村建设	打造多元活力的农村社区
农村土地整理	农地保护管理	1. 生态型整理技术； 2. 公众参与生态维护； 3. 生态教育	保护多样性的生态环境
城市土地整理	—	1. 灾后恢复与重建； 2. 城乡接合部整理； 3. 旧城改造； 4. 填海造地与开发	城市复兴

2. 日本土地整治的发展特征

1）具有完善的立法体系

日本颁布的有关土地管理方面的法律多达130部，这些法律构成纵横交织的制度体系，可以分为土地管理基本法规、土地政策、国土规划、土地整理相关法规、资源环境相关法规等，其中以土地基本法为基础，土地政策、国土规划为指导，土地整理相关法规为主体，资源环境相关法规为限制条件。其中，农村地区土地整理的核心法律是《土地改良法》和《农地法》，城市地区土地整理是《土地区划整理法》和《都市计画法》。

2) 农村地区与城市地区土地整理并重

土地整理是日本农业、农村与区域发展的重要推动力，也是解决社会发展过程中城市土地利用问题的一项重要措施。农村土地整理通过耕地整理、村庄整理和农地保护管理等措施，治理农地细碎化并促进规模经营、优化农居点的布局结构、改善农居环境和生态景观、促进农村的振兴与发展。城市土地整理包括灾后恢复与重建、城乡接合部整理、旧城改造、填海造地与开发等内容，提高城市土地的利用价值、改善城市的基础设施与环境、恢复城市的活力、促进区域自立与协作。

3) 重视居住空间与农业用地共生

日本的农村土地整理是一个全方位、综合性的系统工程，注重居住空间与农业用地之间的共生关系。通过耕地整理、村庄整理和农地保护管理，促进多功能农业、多元活力社区和多样性生态环境的建设与发展。如1950~1975年，日本村庄数量从10411个减少到3257个，村庄数量减少了近70%。对衰败的村庄进行合并和建设，优化农居点的布局结构，节约的土地可补充耕地和提供城市建设，以协调城市郊区化、农村城镇化和农业现代化突出的用地矛盾。

3. 主要经验与特点

1) 耕地整理：强调细碎化治理，促进现代农业发展

（1）耕地整合提升

一是农业基础设施升级和农地保护管理。包括灌溉排水、旱地平整、机械化农地、新农地开发、水果蔬菜和畜产基地建设以及农地防灾、防水、环境保护、海岸保护、灾后复垦整治、土地改良设施维护管理等。

二是土地改良和合并，注重土地权属和地块调整，治理农地细碎化。日本通过《土地改良法》《农地法》等法律对土地交换、分割、合并的规划、程序、权属关系调整作出了详细的规定，利用土地权属调整和地块置换手段，进行农地合并，将原有零散破碎的地块形成初具规模的优质地块，并通过培养专业农户、发展规模稻作农业、农协合作、农地流转等模式，促进农地规模化经营和现代化发展。

（2）推进农业产业升级

日本通过实行农业产业化战略，在耕地整理的基础上强有力地推动了农业转型升级。1996年，日本农业专家今村奈良臣首先提出了"六次产业"的概念，认为农业发展要走农村一次、二次、三次产业融合之路，这一理念逐步被日本政府采纳，日本农林水产省于2009年、2010年先后出台了《六次产业化白皮书》《六次产业化·地产地销法》。

日本主要围绕地产地销发展六次产业，从产业链看，主要有四种类型：一是农产品加工销售型，采用前店后厂的模式，开展农产品和食品的加工、销售；二是农产品直销型，通过建立直销店销售当地农产品和加工品；三是产加销综合型，农产品生产、加工、销售、餐饮等一体化发展；四是休闲观光型，利用当地农业、文化特色资源，开展农事体验、乡村旅游、餐饮住宿等农业主题休闲活动。

（3）农旅融合发展

通过土地流转，日本在乡村地区形成了规模化、产业化的种植、养殖区域，并延伸农业产业链条，集合工业、旅游、创意、研发、商贸、储运会展、博览等相关产业，进行农业生产以及产业经营的同时，打造市民农园、森林农园、农村公园、自然乐园等农旅结合项目，发展农乐、农学、农养、农作等多种体验旅游活动，形成多功能、复合型、创新型农旅产业综合体。

2) 村庄整理：开展新型农村社区建设，打造多元活力乡村

日本的村庄整治是区域综合整治，从土地利用角度分析，日本通过对衰败的村庄进行合并和建设，优化农居点的布局结构，节约的土地可补充耕地和提供城市建设，以协调城市郊区化、农村城镇化和农业现代化带来的用地矛盾。

通过村庄合并，大量撤销过疏化乡村，建设现代市町村。日本的村庄合并，是在全国一体化的规

划和开发体系指导下进行的。1965年，日本政府颁布了《市町村合并特别法例》，明确提出了农村基层政权改革的方向，即继续支持在基层社会进行自主行为的市町村合并，通过合并稳定地方自治制度。村庄合并的方式主要有两种，一是全部废除合并各方原有的市町村建制，重新组成一个新的市町村；二是在合并各方市町村的条件不对等的情况下，其中人口较多、规模较大的一个市町村去合并其他的市町村。强化保留的村庄和规划新建的村庄由政府出资完善农村基础建设、改善居住环境、强化社会服务体系，使农民与城市居民享有同等的基本生活条件和公共服务。

通过推动乡村文化建设，促进乡村文化的传承与保护。日本将乡村文化视为保留传统、复兴民族的重中之重。一方面，挖掘乡村传统文化，强化文化价值认同。日本多数乡村设有自己的乡村博物馆，几乎每一个乡村都有几座或十几座古老的民居被政府认定为保护单位，政府给予民居主人以资助，以便为民居进行修缮保护。另一方面，培养、支持传承传统文化活动的骨干。日本建立覆盖全国乡村的保护重要乡村文化的专业协会，凝聚乡村文化艺术的传人，从事乐舞表演和传承活动。同时，把乡村里在传统工艺或表演艺术上有"绝技""绝艺""绝活儿"的老艺人认定为"人间国宝"，一旦被认定后，国家就会拨出可观的专项资金，录制他的艺术，保存他的作品，资助他传习技艺，培养传人，改善他的生活和从艺条件。

3）生态保护：开展生态型整理，促进人与自然可持续发展

日本在土地整治过程中十分注重生态环境的可持续发展。不但注重增加有效耕地面积，而且更注重通过土地整治防治水土流失、土地荒漠化、土地盐碱化、土地污染、土地损毁等问题。依据地域可持续发展的战略目标，日本从生态技术、公众参与生态维护、生态教育等方面大力推行生态型土地整理。

（1）开展耕地污染防治

日本颁布了以《农用地土壤污染防治法》为主的农村土壤污染防治法律，目的是通过防止和消除特定有害物质（在当时主要是重金属）对农用地土壤的污染，并合理利用受污染的农用地，防止农畜产品损害人体健康以及防止土壤重金属污染妨碍农作物的生长，从而保护国民健康和生活环境。

（2）加强生物资源利用

日本议会于2002年12月通过了"日本生物资源利用综合战略"，即以提高涉及农林水产业生态资源的循环利用效率、实现可持续发展社会的综合性战略。农村生物资源的利用主要集中在家畜排泄物和农作物秸秆的堆肥还田、废弃食用油的生物燃料化使用等方面。

（3）完善垃圾处理机制

日本设置了完整的法律体系保障农村生活垃圾的有序处理，如《废弃物处置法》《废弃物处置法修改案》等都要求村民对生活垃圾分类处理和收集并定点投放。同时，对不同垃圾的处理方式有各自的规定，如填埋和压缩无毒化技术用来处理不可燃烧垃圾、循环利用技术用来处理可回收垃圾、专门的焚烧技术用来处理可燃垃圾等。

（4）重视城市土地整理，促进城市复兴

利用造地开发、新城建设、旧城改造等方式，促进城市土地高效集约利用。填海造地开发经历了"海岸线向外延伸—人工岛屿—有机垃圾和泥沙填埋"的过程；从初始的工业用途向第三产业综合用地转变；从强调经济价值变为重视维持水体交换和海洋生态系统的综合价值。面对城市化的发展需求，大量新城在原有大城市郊区产生，规划建设成为功能独立的"副都心"城市（东京先后建立七个"副都心"城市），分散了城市的中心区功能，有效缓解了"大城市病"。通过"实施换地、区划整理、权益分配"措施，对旧城区进行盘活、改造与开发，恢复其生机活力。

1.2.4 国外土地整治经验总结

德国是现代土地整治的发源地，荷兰是土地

	简单整理阶段	设施改良阶段	综合整治阶段	可持续发展阶段
问题	土地私有和继承不断分割导致农用地细碎、零散	第二次世界大战后恢复和城市扩张，生产能力亟待提高	城市化加速导致乡村凋敝	社会、经济、生态系统的平衡被破坏
目标	治理细碎化	提高农业生产效率	促进乡村发展	体现多功能融合
策略	有组织、有规划地整合地块、调整权属	配套农业基础设施，开展规模化经营	乡村改造更新，农用地集约化利用	绿色化发展引导生产、生活、生态全面改善

图1-2　国外土地整治分阶段实施要点
（资料来源：陈鹏、田璐《历史演进视角下全域土地综合整治的实施探讨》）

整治塑造乡村景观的典范，日本则是亚洲土地整治的先导者。这三个国家的土地整治发展历程既有共同点，也各有特色。它们都经历了从简单的农用地权属调整、设施改良到乡村土地综合整治，进而更关注多功能融合的可持续发展，取得了良好的成效（图1-2）。

德国在"城乡等值化"理念下推进用地结构优化、景观营造、生态保护、村庄改造等，为村庄创造了良好的生活、生产、生态条件，有效地促进了乡村发展。荷兰通过大规模的土地整理和大尺度的乡村景观规划，重塑了一种乡村独特的"干预的景观"，实现了乡村地区以历史文化和景观为重点的综合发展，并充分发挥地方能动性提升特色农业的国际竞争力。日本在有限的国土面积上，农村地区与城市地区土地并重，注重公共性设施合理布局，既有效保护了耕地，又解决了建设用地短缺的问题，以较小的用地代价获得较快的城乡发展。

对于我国全域土地综合整治开展的启示如下：

建设完善的法律体系、规范的组织运作、注重多元参与、保护文化和景观、重视乡村改造与更新、信息技术的广泛运用等都在各国整治实践中得到了充分体现，这些经验的总结都将有助于未来进一步提高我国全域土地综合整治的实施性，对相关技术进行规范化管理，助推高质量发展。

德国土地整理在保持土地权属不变的前提下，以土地空间调整作为切入点，促进农村社会、经济、生态的协调发展，充分保障各方权益，其土地整治的思想原则，为我国全域土地综合整治初期开展提供了指导思想和整治原则方面的参考，如规划引导、以人为本、强调村民意愿、注重生态保护优先等。

日本的土地整治强调现代农业发展、农旅融合和城镇与乡村并举等特点，其做法提供了整治模式和做法方面的参考，比如城乡融合发展型、高效现代农业引领型等整治模式。

1.3 国内土地整治研究

1.3.1 国内土地整治发展历程

我国土地整治的历史脉络展现了一段不断与自然互动、塑造自然的旅程。学术界普遍认为，西周时期的井田制标志着我国土地整治史的开端，该制度通过建设层次分明的道路和灌溉渠道，形成了初步的农业耕作空间，并奠定了中国早期土地管理的基础。自中华人民共和国成立至改革开放期间，我国执行了一系列土地整治工作，这些工作主要聚焦于农田水利设施的构建，当时的整治手段相对单一，且缺少系统的标准或规范。随着《中华人民共和国土地管理法》的颁布，我国的土地整治活动迈入了现代化发展的新阶段，开始按照更加科学和规范化的路径快速推进（表1-3）。

1. 土地整治框架体系构建期（1986~1998年）

这一阶段是我国土地整治框架体系构建期，主要特点是积极借鉴国际经验。1986年，国务院在第100次常务会议上决定成立国家土地管理局，旨在加强全国土地的统一管理。同年，中共中央发布《关于加强土地管理、制止乱占耕地的通知》（中发〔1986〕7号），首次将耕地保护提升为国家的基本国策，强调了耕地保护的长期性和重要性。随后，《中华人民共和国土地管理法》于1987年1月1日正式实施，特别是其中第二十条明确了"各级人民政府应当采取措施，保护耕地，维护排灌工程设施，改良土壤，提高地力，防治土地沙化、盐渍化、水土流失，制止荒废、破坏耕地的行为"等职责，标志着我国土地整治进入了依法管理的新时代。在国际上，许多国家已经建立了较为科学的土地整治框架体系。例如，德国较早开始土地整治工作，建立了完善的土地整理机构；苏联积累了70余年的土地管理经验，形成了完整的管理体系；日本的土地区划整理被誉为城市规划之母；波兰在农业区划和土地制度变革方面也有深远的影响。这些国家的经验为我国土地整治提供重要参考。在我国城镇化和工业化的缓慢发展背景下，土地整治活动主要呈现自发、无序的特点。通过借鉴国外经验，结合中国的国情，我国在土地整治的经验交流、概念理解和模式探索等方面进行了广泛的借鉴与尝试，为土地整治框架体系的构建奠定了基础。

2. 土地整治全面推进期（1999~2007年）

此阶段标志着我国土地整治进入以基本农田建设为核心的全面推进期。1999年，《中华人民共和国土地管理法》通过第四十一条鼓励土地整理、第四十七条引入了占用耕地的补偿制度，包括对新增建设用地征收有偿使用费、耕地开垦费和土地复垦费等，从法律层面确立了土地整治资金的来源。这一变化促使土地整治从以往的自发、无序、缺乏稳定资金支持，向有组织、有规范、有稳定资金投入的模式转变。21世纪初，基本农田建设成为土地整治的主导方向，实现了土地整治的全面推进。伴随着基本农田建设的深入进行和国家政策的不断发展，基本农田的保护与建设取得显著成就。基本农田的规划与管理成为研究热点，尤其是从地理信息系统（GIS）的角度进行探讨；同时，构建科学的基本农田指标体系，为耕地入选基本农田提供了新的思路和方法。2006年和2007年的"中央一号文件"均强调农田水利基础设施建设应与新农村建设相结合，推动了农地整治与新农村建设相融合的实践探索。这一时期，我国的土地整治聚焦于基本农田建设，采取多维度的分析方法，旨在实现耕地面积的增加和耕地质量的提升，同时探索耕地与村庄土地整治相结合的新路径，以实现土地整治全面和深入推进。

3. 土地整治综合建设期（2008~2012年）

这一阶段被定义为土地整治综合建设期，以统筹协调发展作为主导思想。随着土地整治项目的不断深入，政府机构与社会各界人士开始将重点放在土地整治上，特别是在政府主导的基本农田保护区划定和土地整理项目开发方面，土地整治活动日益多元化。然而，这一时期的土地整治还没有达到综合化的发展水平，项目之间存在碎片化现象，缺乏系统的统筹规划。在这种背景下，2008年的十七届三中全会明确提出了"大规模实施土地整治，搞好规划、统筹安排、连片推进"的策略，标志着土地整治进入了中央政策层面，开启了土地整治发展的新纪元。同年，珠三角地区探索了以"三旧（旧城镇、旧厂房、旧村庄）"改造为主的城市建设用地整治，土地整治的领域也开始从农村土地扩展到城镇工矿用地。这个时期的土地整治特点是从多元化向综合化转变，体现了综合性和社会化的特征，展现了广阔的发展前景。土地整治的主要内容包括永久基本农田的保护与建设，以及城乡建设用地增减挂钩政策的实施，旨在实现土地资源的优化配置和可持续利用。

4. 土地整治绿色提质期（2013~2018年）

这一时期，生态环境建设成为土地整治工作的主导方针，标志着土地整治向绿色化、提质增效的阶段迈进。随着生态保护意识的增强，绿色发展理念已成为引领土地整治的核心。2013年，习近平总书记在关于《中共中央关于全面深化改革若干重大问题的决定》的说明中强调了"山水林田湖是一个生命共同体"的理念，这一声明不仅丰富了土地整治的目标和任务，也使得土地整治的方向更加科学、绿色化。土地整治开始更加注重生态建设，成为工作的重要组成部分。2018年，随着中华人民共和国自然资源部的成立，为实现山水林田湖草沙整体保护、系统修复和综合治理的目标奠定了机构基础。这个阶段的土地整治工作着眼于"数量、质量、生态"三者的协调发展，追求内涵的丰富和质量的提升。生态效益和质量保护成为土地整治的核心要求，整治工作围绕高标准基本农田的构建与维护、美丽乡村的建设以及生态农田的开发等方面进行深入探索，展现了土地整治在促进生态文明建设方面的积极努力和显著成效。

5. 土地整治创新发展期（2019年至今）

该时期标志着土地整治向着以集约高效和模式创新为核心的创新发展阶段迈进。随着工业化、城镇化及农业现代化的深入推进，自然资源的紧张和生态环境的压力日渐显著。在这样的背景下，传统的、侧重单一要素和手段的土地整治方式已难以全面应对乡村耕地碎片化、空间布局无序、土地资源利用低效及生态质量退化等问题。2019年，自然资源部《关于开展全域土地综合整治试点工作的通知》（自然资发〔2019〕194号）标志着全域土地综合整治模式的正式确立，引领土地整治工作从传统方法向全域综合整治转型。2020年"中央一号文件"明确提出，要通过全域土地综合整治试点来优化乡村的生产、生活、生态空间布局，进一步推动试点工作的实施。2022年，中共中央办公厅和国务院办公厅联合发布的《关于推进以县城为重要载体的城镇化建设的意见》进一步强调了以县域为基本单元推进城乡融合发展的策略，以及以县城为重要载体的城镇化建设，涵盖特色产业、市政设施、公共服务、人居环境、生态治理

国内土地整治发展历程　　　　　表1-3

时期	特征
土地整治框架体系构建期（1986~1998年）	借鉴国外经验，构建治理体系，土地整治工作以相对自发、无序地整理为主
土地整治全面推进期（1999~2007年）	以基本农田建设为主要抓手，重视耕地保护、面积增加、质量提升
土地整治综合建设期（2008~2012年）	以统筹协调发展为主要导向，从多元化走向综合化
土地整治绿色提质期（2013~2018年）	以生态环境建设为主要方针，土地整治趋于绿色化，重视质量
土地整治创新发展期（2019年至今）	以土地集约高效与模式创新为主要方向，全域发展，重视"土地整治+"

等方面，加速中国城镇化进程的全面构建。在这一阶段，随着城镇化和工业化增速的放缓、乡村振兴和产业转型的加速升级，土地整治进入了一个更加综合和创新的发展阶段。这个阶段特别强调土地使用的集约高效和全域发展模式的创新，以及通过试点项目的创新示范引领作用，促进新理念的产生和土地综合整治与各发展领域的有机融合，展现了土地整治在新时代背景下的发展方向和创新动力。

6. 广东省土地综合整治实践探索

在开展全域土地综合整治实践探索前，广东省围绕发展需求，开展了对粤东、粤西、粤北大力开展农村拆旧复垦、探索垦造水田、推进高标准农田建设、探索村级工业园改造与布局优化等实践探索，为全域土地综合整治的开展积累了丰富的经验，提供了夯实的基础。

1）拆旧复垦

据广东省自然资源厅相关统计，2009~2016年广东省城镇化率从63.40%增长至69.20%。其中，农村居民点面积不仅没有因为城镇化发展影响而减少，反而以0.61%的平均速度增长。截至2016年，广东省农村居民点用地面积达82.19公顷，占全省建设用地面积的40%。❶而后，广东省发布《广东省全面推进拆旧复垦促进美丽乡村建设工作方案（试行）》，针对全省农村旧住宅、废弃宅基地、空心村等闲置建设用地。通过拆旧复垦，将腾退出来的复垦指标在优先保障所在村建设需要后，节余部分以公开交易方式在省内流转用于城镇建设。复垦指标收益扣除成本后，净收益按一定比例返还县镇和所在村，惠及农民。截至2022年7月，广东省已累计交易拆旧复垦指标4180公顷（6.27万亩），成交金额369亿元。❷

2）垦造水田

为缓解保护耕地和占补平衡压力、促进乡村振兴、增加农民群众收入、落实"统筹规划、先备后补、占优补优、占水田补水田"要求，广东省于2017年出台《广东省垦造水田工作方案》，在全国率先启动大规模垦造水田工作。截至2020年11月，全省垦造水田已完工2.03万公顷（30.5万亩），提前并超额完成了到2020年垦造水田2万公顷（30万亩）的计划任务，创造性地落实了习近平总书记关于严格耕地保护、确保粮食安全的重要指示批示精神，突破性地缓解了我省水田占补平衡困局，开拓性地探索出生态产品价值实现的新路径和以城带乡、城乡融合发展的新路子，取得了显著成效。❸

3）村级工业园改造提升

改革开放之初，广东省凭借区位优势，以珠三角地区为核心大力发展劳动密集型加工企业。在此过程中，大量农村集体土地流转用于厂房建设。大量村级工业厂房、园区如雨后春笋般发展，出现了土地利用效率低、环境污染日益严重等问题。广东省立足于实际情况，提出了独特的改造模式，将"旧城镇、旧厂房、旧村庄"进行统筹改造，称"三旧"改造。要求"三旧"改造项目必须符合城市土地利用总体规划、城乡规划等，并纳入"三旧"改造总体规划、年度计划和改造监管数据库。2008~2020年11月底，全省累计投入"三旧"改造资金1.87万亿元，约占同期固定资产投资的5%；累计实施"三旧"改造6.08万公顷（91.24万亩），节约土地1.49万公顷（22.39万亩）；通过改造完成产业结构调整项目4876个，占改造项目总数的54.46%，投资超亿元项目1589个；累计完成旧村庄改造面积1.33万公顷（20万亩），实施改造后村集体收入约为改造前的3.3倍。"三旧"改造为新技术、新产业、新业态腾出了用地空间，完善了城市基础设施和公共服务

---

❶ 数据来源：原广东省国土资源厅。
❷ 数据来源：广东省自然资源厅。
❸ 数据来源：广东省自然资源厅。

功能，改变了农村村容村貌，增加了村集体和村民的收入，通过实施连片改造而形成的工业、商住、文旅、生态等集聚区，成为引领经济高质量发展的高地。❶

1.3.2 国内土地整治特征与现存问题

土地整治是一个综合的系统工程，覆盖了各式各样的定义、目标、实施机制和工程模式。它反映了在不同历史时期国家、社会和经济发展的具体需求，有效地解决了各个时期面临的主要矛盾和关键问题。这一过程是逐步完善的，经历了从有序的立法规划、城乡联合治理、存量土地的质量提升，到目前的全面、全要素发展。这一变化过程侧面反映出我国土地整治实践中曾经存在的问题，如地区发展不平衡、用地布局不理想、土地利用效率不高以及生态保护措施不足等。通过不断地改进和调整，土地整治工作正朝着更加科学、高效和可持续的方向发展。

总体而言，我国土地整治的目标经历了从初期确保国家粮食安全、推进农业现代化、促进城乡协调发展以及保护农民权益等基本功能，逐渐转变成优化国土空间布局和推动生态文明建设的重要手段。这一演变反映了土地整治在国家战略中地位的提升和功能的拓展，标志着土地整治工作不仅关注生产和生活空间的合理配置，更加重视生态空间的保护与恢复，致力于实现人与自然和谐共生的发展理念[32]。

传统的土地整治难以同时在经济利益、社会利益、生态效益等方面有效平衡和协调，存在以下问题：

（1）多部门协调差，单一工程整治效果不佳

土地整治牵涉面广，不同部门间职责划分不清晰，常出现管理重叠或责任归属不明的情况，导致在资金、人力资源等方面的支持不足。这种缺乏系统性的工作方式使得土地整治进展缓慢，甚至陷入停滞，影响了整治的整体效果。

（2）土地整治工程与城乡发展空间不协调

传统土地整治项目多单独在城市或乡镇进行，少见城乡接合的整治方案。市场的利益驱动下，整治项目倾向于往城市聚集，导致城乡发展不均衡，乡村逐渐成为城市的边缘地带，进一步加剧了城乡空间发展的不协调。

（3）整治模式与理念落后

传统土地整治过分追求经济回报，忽略了生态效益、社会效益和文化效益。这种做法可能破坏整治区域的生态环境，并因忽视社会文化效益而破坏当地传统文化，无法满足我国高质量发展的要求，也不符合人民群众的实际利益。

（4）整治资金来源单一

传统土地整治主要依赖政府财政资金，社会资本和集体资本的参与度低，未能有效整合不同利益主体的资金。由于土地整治周期长，虽有专项资金支持，但从长远来看，仍难以持续支撑整治工作，尤其是在整治项目完成后，对于项目的持续维护和监督缺乏足够的资金支持。

这些问题凸显了传统土地整治在面对复杂多变的发展需求时的局限性。因此，未来土地整治工作应在多部门协作、城乡一体化规划、更新整治理念以及多元化资金来源等方面进行改进和创新。

以广东省为例，现阶段区域发展不平衡是广东省的基本省情和重要问题，珠三角地区与粤东、粤西、粤北区域存在资源配置不均衡、经济产业发展不协调的问题。传统土地整治的整治理念和模式，在一定程度上将土地、经济、劳动力等资源集聚到珠三角区域，加剧了广东省区域之间、城乡之间的矛盾，在土地资源配置上失调，进而导致空间无序、耕地破碎、人居环境零散、土地利用低效、生态恶化等问题。

因此，为解决广东省区域发展不平衡问题，提

---

❶ 数据来源：广东省自然资源厅。

高粤东、粤西、粤北的自我"造血"能力，提高土地资源配置的合理性，亟须通过全域土地综合整治开辟新道路。

1.4 全域土地综合整治提出

为适应我国现代化发展进程和需求，落实国家高质量发展要求、生态文明发展战略、乡村振兴战略、城乡接合发展需求等，解决过往土地整治的弊端，开展全域土地综合整治势在必行。

1.4.1 全域土地综合整治提出背景

开展全域土地综合整治，是贯彻落实习近平生态文明思想的重要实践，标志着土地整治工作由传统的单一干预向综合的规划管控和空间治理转变，体现了土地制度顶层设计的战略思考。这一举措得到中央的明确部署，符合发展的迫切需求、政策的明确指引，以及实践的坚实基础，是一项具有战略性的重要工作。全域土地综合整治不仅是自然资源部统一国土空间用途管制和生态保护修复职责的关键平台，也是推进乡村振兴战略的有效抓手。其提出背景主要基于三个方面：国家战略的明确要求、对现实发展需求的响应，以及地方实践的积极探索。这些因素共同推动了全域土地综合整治试点工作的发起和实施，旨在通过顶层设计和战略布局，促进土地资源的高效利用和生态文明建设的深入发展。

1. 国家战略的要求

2003年，浙江省作出了"建设生态省"、实施"千村示范、万村整治"两大战略决策，深刻改变了浙江乡村的生产布局、发展方式和生态环境。2018年9月，浙江"千村示范、万村整治"工程获联合国"地球卫士奖"。2018年6月，中共中央、国务院印发《国家乡村振兴战略规划（2018—2022年）》，提出加快国土综合整治，实施农村土地综合整治重大行动，到2020年开展300个土地综合整治示范村镇建设。《全国国土规划纲要（2016—2030年）》和《全国土地整治规划（2016—2020年）》也分别就实施农村土地综合整治做出具体部署。

2. 现实发展的需要

近年来，随着工业化、城镇化及农业现代化的加速发展，自然资源短缺和生态环境压力逐渐增大。在这一背景下，乡村耕地碎片化、空间布局混乱、土地资源利用低效以及生态质量下降等问题纷繁出现，传统的以单一要素或手段为主的土地整治模式已显得力不从心，无法全面应对这些综合性挑战。因此，迫切需要在国土空间规划的指导下，采取全面规划、整体设计、综合治理和多策略并用的方法，实施"内涵综合、目标综合、手段综合、效益综合"的全方位整治策略。这样的综合性整治旨在协调农用地、低效建设用地及生态保护修复的关系，推动耕地保护与土地的节约集约利用，解决产业融合发展中的用地问题，改善农村生态环境，为乡村振兴提供坚实的支撑。

3. 地方实践的开展

在国家大政方针和现实需求的共同推动下，近年来，各地区根据本地的经济社会发展情况及自然资源特征，积极探索实施土地整治与其他要素的综合跨界融合。这种以"多目标定位、多模式实施、多元化投入"为核心特征的土地综合整治模式逐渐成形。特别是浙江、湖北等省份，政府已在全省范围内部署了土地综合整治工作。在浙江、上海、四川等经济较发达地区，土地综合整治主要服务于城乡一体化发展，保障农村新产业、新业态的发展需求，以及产业发展空间的统筹规划；而在江西、湖北、河南等中部地区，则侧重于支持乡村振兴战略的实施，重点关注现代农业发展、空心村整治，以及促进中部地区的崛起；在西部地区，土地综合整治则更多地服务于国家的脱贫攻坚战略，有效解决耕地保护、易地扶贫搬迁、农村基础设施建设以及产业扶贫用地等问题。各地区通过实践探索了不同的模式，并在生态、经济、社会等方面取得了综合效益。

这些实践经验证明，全域土地综合整治已成为实施习近平生态文明思想、推进乡村振兴战略的重要工具。它不仅是自然资源部统一国土空间用途管制和生态保护修复职责的关键抓手，也是实施国土空间规划的有效平台，展现了全域土地综合整治在推动国家生态文明建设和区域协调发展中的重要作用。

1.4.2 全域土地综合整治相关文件

1. 国家文件

2019年12月，自然资源部发布《自然资源部关于开展全域土地综合整治试点工作的通知》（自然资发〔2019〕194号），开始部署全域土地综合整治试点工作；2020年6月，《自然资源部国土空间生态修复司关于印发〈全域土地综合整治试点实施要点（试行）〉的函》（自然资生态修复函〔2020〕37号），对各申报实施的试点进行相关的指导，初步规范整治工作开展流程；2021年11月，自然资源部国土空间生态修复司制定以乡镇为实施单元的全域土地综合整治试点报部备案材料，印发《自然资源部国土空间生态修复司关于明确全域土地综合整治试点报部备案材料有关要求的函》（自然资生态修复函〔2021〕49号），细化整治试点报备材料；2023年4月，自然资源部办公厅发布《关于严守底线规范开展全域土地综合整治试点工作有关要求的通知》（自然资办发〔2023〕15号），指出"严禁调整生态保护红线，保护生态空间。土地综合整治涉及生态保护红线内零星破碎、不便耕种、以"开天窗"形式保留的永久基本农田，在保持生态保护红线外围边界不变、不破坏生态环境的前提下，可以适度予以整治、集中，确保生态保护红线面积不减少、生态系统功能不降低、完整性、连通性有提升。严禁以土地综合整治名义调整生态保护红线。严禁破坏生态环境砍树挖山填湖，严禁违法占用林地、湿地、草地，不得采伐古树名木，不得以整治名义擅自毁林开垦。"

2. 广东省文件

2020年1月，广东省自然资源厅发布《广东省自然资源厅关于申报全域土地综合整治试点的通知》（粤自然资修复〔2020〕131号），通知中指出"全域土地综合整治试点以乡镇为基本实施单元（整治区域可以是乡镇全部或部分村庄），优先选择当地党委政府积极性高、整治潜力大、群众基础好的地区开展试点工作"；同年7月，发布《广东省自然资源厅关于明确全域土地综合整治试点永久基本农田调整有关事项的通知》（粤自然资函〔2020〕329号），对全域土地综合整治试点中的永久基本农田调整进行了细化规定，规范了永久基本农田调整的程序，包括编报方案、实施调整、上图入库等细项。

2021年2月，广东省自然资源厅发布《广东省自然资源厅关于做好近期全域土地综合整治试点有关工作的通知》（粤自然资函〔2021〕205号），提出应加强组织领导，落实工作责任，在开展试点实施方案编制的同时，开展相关规划编制工作，并做好省级试点的谋划准备工作；2021年5月，广东省自然资源厅发布《广东省自然资源厅关于推进全域土地综合整治试点工作的通知》（粤自然资发〔2021〕13号），通知中提出为支持试点工作开展，在国家支持政策基础上，省层面另行支持以下政策：①先行审批国土空间规划，②鼓励盘活存量建设用地，③加大试点资金投入支持。同时提出应强化"土地整治+"理念；2021年8月，广东省自然资源厅发布《广东省自然资源厅关于申报全域土地综合整治省级试点的通知》（粤自然资修复〔2021〕1786号），要求试点工作开展要建立完善政府统筹、多部门齐抓共管的工作机制。要合理测算工程项目预算，科学设定项目绩效目标，加大财政投入力度，并充分发挥财政资金引导作用，建立和完善多元化投入机制。同时，要充分考虑财力可能，避免形成地方政府隐性债务。要建立健全风险防控机制，充分保障群众知情权、参与权、受益权，坚决杜绝不顾农民意愿大拆大建等侵害农民利益的行为；2022年1月，广东省自然资源厅发布《广东省自然资源厅关于印发全域土地综合整治省级试点名单的通知》（粤自然资修复〔2022〕110号），提出应深入贯彻落实党中央、国务院及省委、省政府工作部署，做好试点实施方案编制，坚决落实耕地保护、生态保护和历史文化保护职责；2023年4月，广东省自然资源厅发布《广东省自然资源厅关于成立全域土地综合整治工作专班的通知》（粤自然资字〔2023〕5号），成立专班人员领导广东省全域土地综合整治工作，明确各自任务及分工，分为综合协调组、农用地整理组、规划建设组和宣传工作组，助力百县千镇万村高质量发展。

整体来看，广东省相关部门在国家通知与政策指导下，自2020年起有序开展全域土地综合整治工作，逐步完善试点申报程序和申报要求，并成立专项小组指挥全域土地综合整治工作。逐步从传统的土地整治转变整治理念、整治模式等，牢牢把握时代发展潮流，为全域土地综合整治的顺利开展保驾护航（表1-4）。

全域土地综合整治相关政策　　　　　　　　表1-4

国家文件	
2019年12月	《自然资源部关于开展全域土地综合整治试点工作的通知》（自然资发〔2019〕194号）
2020年6月	《全域土地综合整治试点实施要点（试行）的函》（自然资生态修复函〔2020〕37号）
2021年11月	《关于明确全域土地综合整治试点报部备案材料有关要求的函》（自然资生态修复函〔2021〕49号）
2023年4月	《关于严守底线规范开展全域土地综合整治试点工作有关要求的通知》（自然资办发〔2023〕15号）
广东省文件	
2020年1月	《广东省自然资源厅关于申报全域土地综合整治试点的通知》（粤自然资修复〔2020〕131号）
2020年7月	《广东省自然资源厅关于明确全域土地综合整治试点永久基本农田调整有关事项的通知》（粤自然资函〔2020〕329号）
2021年2月	《广东省自然资源厅关于做好近期全域土地综合整治试点有关工作的通知》（粤自然资函〔2021〕205号）
2021年5月	《广东省自然资源厅关于推进全域土地综合整治试点工作的通知》（粤自然资发〔2021〕13号）
2021年8月	《广东省自然资源厅关于申报全域土地综合整治省级试点的通知》（粤自然资修复〔2021〕1786号）
2022年1月	《广东省自然资源厅关于印发全域土地综合整治省级试点名单的通知》（粤自然资修复〔2022〕110号）
2023年4月	《广东省自然资源厅关于成立全域土地综合整治工作专班的通知》（粤自然资字〔2023〕5号）

〔资料来源：作者根据政府网站已发布政策整理（截至2024年5月）〕

1.4.3 意义

1. 中央有部署：开展全域土地综合整治是落实国家战略性布局的重要平台

2019年，中共中央办公厅和国务院办公厅联合转发了《中央农办、农业农村部、国家发展改革委关于深入学习浙江"千村示范、万村整治"工程经验扎实推进农村人居环境整治工作的报告》，倡议全国学习借鉴浙江"千村示范、万村整治"工程的宝贵经验，为编织美丽中国的新篇章贡献力量。同年12月，为履行自然资源管理的"两统一"职责，自然资源部发布了《自然资源部关于开展全域土地综合整治试点工作的通知》（自然资发〔2019〕194号），正式启动全域土地综合整治试点工作，并在全国范围内推广实施。这一系列动作标志着我国在农村人居环境整治以及全域土地综合整治方面迈出了重要步伐，展示了国家在推进生态文明建设和提升农村人居环境质量方面的坚定决心和行动力。

2021年1月，自然资源部、国家发展改革委、农业农村部联合印发了《关于保障和规范农村一二三产业融合发展用地的通知》（自然资发〔2021〕16号），提出"在充分尊重农民意愿的前提下，可依据国土空间规划，以乡镇或村为单元开展全域土地综合整治"的指导意见。该通知强调了盘活农村存量建设用地的重要性，目的是"腾挪空间用于支持农村产业融合发展和乡村振兴战略"。这一政策举措体现了国家对于推动农村经济发展和提升农村生活质量的高度重视，同时也指明了通过整合和优化土地资源，激发农村经济活力和促进农村综合发展的方向。

2022年5月，中共中央办公厅和国务院办公厅联合发布的《乡村建设行动实施方案》中，提出了积极探索全域土地综合整治的新路径，旨在全面推进农用地和建设用地的整理工作。该方案着重于"盘活农村存量建设用地，腾挪空间用于支持乡村建设"的广泛需求。《乡村建设行动实施方案》进一步细化为12项重点任务，概述为"1、8、3"行动策略：其中"1"代表制定一项全面的规划，确保从始至终坚持一张蓝图；"8"指的是实施八大基础设施工程，重点加强道路、供水、能源、物流、信息化、综合服务、农房建设、农村人居环境等关键领域的建设；"3"则指健全三大体系，即农村公共服务体系、乡村治理体系和农村发展体系，以改善农村公共服务和提升乡村治理水平。这一实施方案不仅凸显了国家对乡村振兴和农村综合发展的高度重视，也为全面推进乡村建设提供了具体的行动指南和目标任务。

2022年10月，中国共产党第二十次全国代表大会上发表的报告中明确指出，推动高质量发展是全面建设社会主义现代化国家的核心任务。报告强调了促进区域协调发展的重要性，提出深化区域协调发展战略、实施关键的区域战略、发挥主体功能区的战略作用及推进新型城镇化战略，旨在优化重要生产力布局，并构建一个以优势互补、高质量发展为特征的区域经济布局和国土空间体系。报告还强调，面向新的发展阶段，应从追求高速经济增长转变为追求高质量的发展新阶段，坚定不移地贯彻"创新、协调、绿色、开放、共享"的新发展理念。这一指导思想不仅为中国的经济发展和区域平衡提供了方向，也为实现可持续发展和社会主义现代化建设设定了高标准和新要求。

浙江省作为全域土地综合整治的领跑者，经历了从1.0到3.0的三个发展阶段。在2018~2021年的1.0阶段，浙江省的全域土地综合整治主要聚焦于补齐村庄建设的短板，促进了生态修复和乡村振兴的进一步提升。其间，浙江省实施了包括《浙江省人民政府办公厅关于实施全域土地综合整治与生态修复工程的意见》和《全域土地综合整治与生态修复工程三年行动计划（2018—2020年）》在内的相关政策，共批准了五批603个工程项目，这些项目在耕地保护、优化乡村空间格局、保障乡村振兴用地、农村环境修复以及促进农村经济发展和提升农民收入等方面取得了显著成效。进入2.0阶段，浙江省将目标定位于推进乡村高质量发展，构建共同富裕示范区。2021年8月，浙江省委办公厅、省政府办公厅印发了《关于高质量推进乡村全域土地综合整治与生态修复工作的意见》（浙委办发〔2021〕62号），并于2022年2月进一步推出了《浙江省自然资源厅关于重点推进2022年度乡村全域土地综合整治与生态修复"11350工程"的通知》（浙自然资厅函〔2022〕142号），该阶段的整治修复工作在内容、实施和政策保障等方面都展现了高质量的特点。到了3.0阶段，为了解决镇域资源统筹流转的问题，浙江省在2022年11月推出了《浙江省人民政府关于跨乡镇开展土地综合整治试点的意见》（浙政发〔2022〕32号），确定了首批33个试点项目，标志着全域土地综合整治工作进入了新的发展阶段。这一系列措施体现了浙江省在全域土地综合整治方面的持续创新和深化实践，为推动乡村全面振兴和生态文明建设提供了有力支撑。

2020年以来，中共中央对全域土地综合整治工作给予了高度重视，连续四年的"中央一号文件"都对此进行了明确部署。2021年3月，《中华人民共和国国民经济和社会发展第十四个五年规划和2035年远景目标纲要》强调了规范开展全域土地综合整治的重要性，提出了统筹县域城镇和村庄规划建设的指导思想，要求在土地利用、产业发展、居民点建设、人居环境整治、生态保护、防灾减灾及历史文化传承等方面进行通盘考虑。2021年12月，《国务院办公厅关于印发要素市场化配置综合改革试点总体方案的通知》（国办发〔2021〕51号）进一步支持全域土地综合整治，强调了优化生产、生活、生态空间布局，以及加强耕地数量、质量、生态"三位一体"保护和建设的必要性。2022年，中共中央办公厅、国务院办公厅发布《乡村建设行动实施方案》，再次提出"探索开展全域土地综合整治，整体推进农用地整理和建设用地整理，盘活农村存量建设用地，腾挪空间用于支持乡村建设"，提升土地的节约集约使用水平。这一系列政策和指导方针清晰表明了中共中央、国务院对全域土地综合整治的高度重视，强调了其在推动国家经济社会发展和实现乡村振兴中的关键作用。对于广东省而言，积极开展全域土地综合整治工作，不仅是响应中央战略部署的重要体现，也是适应新发展阶段、实现高质量发展的必然选择。这一过程体现了全国上下共同努力，通过全域土地综合整治工作，实现土地资源的高效利用和可持续发展目标。

2. 发展有需求：开展全域土地综合整治是破解部分地区"四化"问题❶和区域发展不平衡的重要抓手

全域土地综合整治通过整合各类资源，统筹协调资源分配与空间布局优化，有效解决资源分配不均匀、土地利用效率低、城乡协调差等问题，是破解空间布局无序化、耕地碎片化、土地利用低效化、生态功能退化等"四化"问题和区域发展不平衡的重要抓手。

1）空间布局无序化

目前，广东省仍存在空间布局无序化、空间要素资源配置混乱的问题，具体体现为：第一，农用地空间方面。广东省现有的耕地中，约308平方千米位于农业生产条件较差的区域，主要分布在坡度超过25度的陡坡地及土层浅薄的石灰岩地带，这些区域的地形特征并不适宜耕作。第二，建设用地空间方面。城乡间的空间资源分配存在显著差异。珠三角地区的城镇空间资源被过度开发，核心区域的国土开发强度已达到或超过了资源环境的承载能力。而与之形成鲜明对比的是，粤东、粤西和粤北地区的国土开发强度不足珠三角地区的一半。尽管城市常住人口持续增加，农村人口呈下降趋势，农村建设用地总量却呈增长态势，导致"空心村"现象日益严重。第三，生态空间方面。部分生态保护极重要区受人类生产生活扰动较大。根据《广东省

---

❶ 此处"四化"问题，特指广东省空间无序化、耕地碎片化、土地利用低效化、生态功能退化。

资源环境承载能力和国土空间开发适宜性评价》，全省生态保护极重要区内有耕地2058平方千米、园地1589平方千米、坑塘水面349平方千米、农村居民点用地269平方千米、城镇用地139平方千米、交通水利用地150平方千米、采矿用地67平方千米。

为解决上述问题，亟须通过全域土地综合整治，统筹优化农用地、建设用地和生态空间，实现资源的有序、按需、合理配置。通过这种全面的整治工作，广东省旨在优化土地空间布局，重构土地利益格局，有效解决区域发展不平衡和部分地区面临的城市化、工业化、信息化、农业现代化问题。这不仅将推动省内高质量发展，也将补齐城乡发展失衡的短板，提升粤东、粤西和粤北的自我发展能力，并构建珠三角地区与粤东、粤西、粤北地区的经济发展共同体，促进广东省城乡发展的和谐统一。

2）耕地碎片化

根据2021年变更调查数据统计，全省耕地分布有187.27万个图斑。其中，0.2公顷（3亩）以下耕地图斑数量占比40.88%，面积仅占比3.31%；0.33公顷（5亩）以下图斑数量占比为51.92%，面积仅占比6.15%。耕地碎片化严重。一方面，不利于推广规模生产，会增加农民的生产成本，导致农业生产效率降低，影响农业经济的发展；另一方面，细碎化耕地产生更多的田埂，占用农地面积，降低耕地的土地利用效率。而通过全域土地综合整治，有利于耕地集中连片，以达到耕地"数量有增加、质量有提升、生态有改善、布局更集中"的目标。

3）土地利用低效化

广东省村镇工业集聚区是我省工业化早期历史产物，如顺德区全域800多平方千米，有382个村级工业园，南海区全域1000多平方千米，有462个村级工业园，村级工业园十分密集。这些村镇工业园整体上存在产业低端粗放的问题，容积率基本上低于1。据统计，珠三角村镇工业集聚区总用地面积约10万公顷（150万亩），占珠三角工业用地总面积31.87万公顷（478万亩）的31%，但2019年珠三角村镇工业集聚区的工业增加值仅占珠三角工业增加值的2%。通过开展全域土地综合整治，盘活存量低效用地，腾挪建设发展空间，促进"工业上楼"，为传统村级工业园转型升级提供土地保障，增加当地收入，推动经济发展。

4）生态功能退化

广东省的森林质量总体上不尽如人意，其林业用地的单位面积蓄积量甚至低于全国平均水平。在局部地区，水土流失和石漠化的问题格外显著。同时，自然湿地也显示出退化的趋势，一些关键的湿地资源如红树林、河口水域、永久性河流和洪泛平原湿地等，面临萎缩和功能受损的挑战。此外，部分河流的水环境质量较差，水生态健康状况不佳。沿海防护林遭受严重破坏，大约有21.6%的海岸线受到不同程度的侵蚀，导致全省自然岸线的比重降至36%左右。这一系列的环境问题不仅影响了广东省的生态健康和生物多样性，也对经济发展和居民生活质量构成了潜在威胁，迫切需要采取有效措施进行生态修复和环境保护。

2022年12月，中国共产党广东省第十三届委员会第二次全体会议上，通过了《中共广东省委关于深入推进绿美广东生态建设的决定》，这一决定为广东省的生态建设和环境保护明确了方向和目标。会议提出了绿美广东生态建设的六大具体行动计划，包括：实施森林质量精准提升行动、实施城乡一体绿美提升行动、实施绿美保护地提升行动、实施绿色通道品质提升行动、实施古树名木保护提升行动以及实施全民爱绿植绿护绿行动。通过这些行动，广东省旨在通过全域土地综合整治，包括历史矿山的生态修复、森林抚育、流域治理、城乡绿化美化等生态保护修复工作，有效应对生态退化的问题。这些措施不仅有助于解决现有的环境问题，还将为推动绿美广东生态建设贡献重要力量，展现广东省在生态文明建设上的决心和行动。

2 全域土地综合整治的内涵与理论基础

2.1 内涵辨析

我国的土地整治历史是一段不断利用和改造自然的演进过程。学者们普遍认为，西周时期的井田制奠定了我国土地整治的基础，通过建设不同等级的道路和灌渠，形成了最初的农业耕作空间，并建立了早期的土地管理体系。《中华人民共和国土地管理法》的颁布标志着我国现代土地整治工作的正式启动，自此，土地整治步入了快速发展的新阶段。1986年，响应党中央关于"十分珍惜和合理利用每寸土地，切实保护耕地"的号召，开始了土地开发整理工作；1998年起，执行《土地复垦规定》《土地复垦条例》，推进历史遗留工矿用地的复垦；2005年，促进基本农田示范区的建设，实施基本农田整理，并根据《国务院关于深化改革严格土地管理的决定》，加强村镇建设用地管理，执行城乡建设用地增减挂钩政策；2010年，全面推动高标准农田建设。

2008~2011年，吉林、新疆、青海、宁夏、甘肃、海南等省区实施了14个重大土地整治工程；2018年，四川、贵州、江西、新疆等8个地区开展了农村土地综合整治重大工程建设；2010年，原国土资源部、财政部与河北、江苏、山东、湖北等10个省区签署了土地整治示范省区建设协议。这一系列措施通过土地整治模式、技术和制度的创新，促使全国出现了众多国土综合整治的典型案例。这些案例不仅推动了土地整治向多目标、多功能的方向发展，还成为实施土地利用规划和用途管制制度的重要工具。通过整合矿山土地复垦、高标准农田建设、城乡建设用地增减挂钩、农村环境整治、河道综合治理等项目，土地整治工作的范围得以拓展，进一步推动了区域自然资源价值的提升和生态环境的改善，为国家粮食安全、脱贫攻坚、区域协调发展和生态文明建设等战略的实施提供了有力支撑。

2.1.1 土地整治

在我国，"国土整治"的概念早于"土地整治"被提出，它们在实践中涵盖了土地开发整理、土地复垦开发、农村土地整治、高标准农田建设、全域土地综合整治等多项业务。1998~2012年，国土整治和土地整治主要以土地开发整理、土地整理和农村土地整治等项目形式展开，其间国家组织实施了众多国家投资的土地开发整理、土地复垦开发、农村土地整治和高标准基本农田建设项目，这一阶段国土整治呈现出多概念并存的特点。2012~2018年，随着原国土资源部土地整治中心的成立，"土地整治"的概念在全国范围内得到普及；而2018年国家机构改革后，"土地整治"概念再次归属于"国土整治"之下，原"国土资源部土地整治中心"更名为"自然资源部国土整治中心"。地方级的自然资源管理部门也根据工作的特点，在原有土地整治机构的基础上组建了国土整治中心，这一变化反映了社会对国土整治内涵及其功能价值的广泛认可。在这一时期，"国土整治"与国土空间生态修复业务实现了有效融合，共同支持了国土空间治理的工作。这表明，国土整治不仅关注土地的有效利用和保护，也逐渐加强了对生态修复和空间治理的综合考量，体现了国土整治工作向更加全面和系统化的方向发展。

随着时间的推移，"国土整治/土地整治"的概念名称变化反映了人们在不同历史阶段对该业务定位的认识和思考深度。根据行业标准TD/T 1054—2018《土地整治术语》的定义，土地整治（Land Consolidation and Rehabilitation）亦称国土整治，主要指"为满足人类生产、生活和生态功能需要，依据土地整治规划及相关规划，对未利用、低效和闲置利用、损毁和退化土地进行综合治理的活动。"[32]这一定义将土地开发、整理、复垦、修复等活动纳入了土地整治的范畴。土地整理（Land Consolidation）指"在一定区域内，采取行政、经济、法律、工程和生物等措施，对田、水、路、林、村进行综合整治，对土地利用状况进行调整改造，对土地资源进行重新分配，提高土地质量和土地利用效率，增加有效耕地面积。"它覆盖了农用地整理和建设用地整理两大领域，其中农用地整理主要关注耕地、园地、林地、草地等，而建设用地整理则聚焦于农村居民点、城市用地、工矿用地等。国土综合整治（Territorial Comprehensive Consolidation and Rehabilitation）针对国土空间开发利用中产生的问题，遵循"山水林田湖草沙生命共同体"理念，综合采取工程、技术、生物等多种措施，修复国土空间功能，提升国土空间质量，促进国土空间有序开发的活动，是统筹山水林田湖草沙系统治理、建设美丽生态国土的总平台。全域土地综合整治概念则是基于土地整治概念进一步发展而来，它是国土整治、国土综合整治的一种具体形式。以科学规划为基础，以乡镇或部分村庄为基本执行单元，面对乡村耕地碎片化、空间布局无序、土地资源利用低效和生态质量下降等问题，采取全域规划、整体设计、综合治理和多策略并用的方法，通过"内涵综合、目标综合、手段综合、效益综合"的综合性治理手段，全面推进农用地整理、建设用地整理和乡村生态修复，体现了土地整治工作向更加系统化和综合化发展的趋势。

多年的工作实践已经证明，土地整治承担了众多行政职能，它们涵盖了国土空间规划的衔接与执行、永久基本农田布局调整、城乡建设用地布局优化、工程建设管理、土地调查与登记以及土地指标生产与交易等领域。这些职能共同构成了土地整治的综合功能框架。具体来看，从国土空间规划的实施角度，土地整治能够有效落实用途管制制度、优化土地利用结构，并加速土地价值的重构；从自然资源管理的视角，它涉及实施耕地保护、促进土地的节约集约利用、管理建设用地、进行生态保护与修复等关键制度；从服务国家发展战略的层面，土地整治与粮食安全、脱贫攻坚、生态文明建设、乡村振兴及区域协调发展等国家战略紧密相关。土地整治的核心目标在于响应经济社会发展的需求，通过调整土地利用结构和提升土地利用效率，促进土地资源的高质量利用。更进一步，通过土地整治产生的土地指标，实现土地收益的货币化交易，这不仅促进了工业化和城镇化的发展收益在不同城乡、区域和行政区间的合理流动，也有效缓解了区域发展和城乡发展之间的不平衡、不充分问题。土地整治在更广阔的国土空间中实现了发展与保护的协调统一，展现了其在推动国家整体发展战略中的重要作用。

2.1.2 全域土地综合整治

全域土地综合整治在核心上关注整治空间的全面性以及整治内容和要素的综合性两个主要方面。从整治空间的全面性角度来看，它涉及农用地、农村建设用地、城镇工矿用地、受损土地的复垦及未利用地的开发等多个方面，旨在横向上引导不同层次和领域的土地整治活动；整治内容和要素的综合性则体现在对区域内涵盖的所有农用地、农村建设用地、低效工矿用地的整治、土地复垦和未利用地的开发，自然、经济、社会、生态要素，以及土地、资本、劳动、植物、动物、光热等多要素的全面治理。全域土地综合整治的目标已从传统的耕地保护和土地的节约集约利用转变为优化国土开发格局、实现区域要素的统筹兼顾、推动城乡区域协调发展的核心目标[33]。它成为实施国土空间规划和用途管制制度的重要手段和关键步骤，标志着在新时期国土整治转型和发展的重要实践。通过这种全域性和全面性的土地整治，不仅有助于提升土地资源的利用效率和生态环境的质量，也为推动经济社会发展和构建和谐生态文明提供了坚实的基础[34]。

具体来说，全域土地综合整治试点项目具有广泛的覆盖范围，它是在特定行政区域内进行的一项全面治理工作，覆盖农业空间、城镇空间和生态空间等多个方面。在农用地领域，全域土地综合整治着重于协调推进土地平整、道路建设、灌溉排水和农田防护四项基础工程，同时合理规划新增与现有土地的供给结构及方向，实施农田连片提质改造项目；在建设用地方面，项目以实现基本公共服务均等化和土地的节约集约利用为核心，旨在优化农村建设用地的结构和布局，打造配备完善公共服务设施的新型农村社区，实现规模适度、管理有序；在生态用地方面，通过结合农村人居环境整治，调整优化林地、水域等生态用地布局，维护乡村自然景观，促进自然景观与乡村文化的和谐融合。全域土地综合整治综合运用了工程技术、经济策略、行政手段和法律规定等多种手段，目标是对区域内的各类要素进行全面、系统和科学的治理[35]。通过这种综合性的整治努力，旨在实现区域内土地资源的高效利用和可持续管理，促进社会经济发展与生态环境保护的双赢。

2.2 全域土地综合整治相关理论

全域土地综合整治综合性强、涉及理论多，此处仅阐述与全域土地综合整治密切联系的六大理论，即区位理论、景观生态学理论、可持续发展理论、土地供给理论、系统理论和人地关系协调理论。

2.2.1 区位理论

区位理论（Location Theory）即研究人类活动的空间分布及空间之间相互关系的理论。古典区位理论有四个分析传统，分别从不同的角度诠释了决定区位分布的因素和机理，并奠定了区位分析的基本框架[36]。德国农业经济学家杜能（J.H. von Thunen, 1783~1850）于1826年出版《孤立国同农业和国民经济的关系》，分析了农业布局与市场的关系，创立了农业区位论；而后，德国经济学家韦伯（Alfred Weber, 1868~1958）于1909年发表《工业区位论》，提出研究工业区位是区位理论研究的中心问题；克里斯塔勒（Walter Christaller, 1893~1969）于1933年发表《德国南部的中心地原理》，创立了中心地理论（Central place Theory），有效说明了城镇为什么存在、是什么决定了他们的发展以及他们在地区和国家里的次序是如何排列，如何产生的一种理论，后来成为城市经济学的理论来源。上述学者的研究目的都是为了确定社会经济活动最优空间地理位置。

在全域土地综合整治实施过程中，区位理论发挥着重要的指导作用。第一，全域土地综合整治涵盖了多种经济活动，如农业、工业和商业等，这些活动在空间分布和布局时需充分考虑各自的区位优势与劣势。第二，整治过程中的土地资源整合和优化配置实质上是一个区位选择过程。通过科学且合理的区位选择，可以实现土地资源的高效利用，从而提升土地利用效率，促进经济社会的发展。第三，全域土地综合整治还需充分考虑交通运输和市场需求等因素，这些因素与区位理论紧密相连。

总之，全域土地综合整治通过腾挪"三生"空间，推动土地要素在空间上的流转与合理配置，有助于缓解当前我国城乡间的用地矛盾，面对不同区域和不同的用地需求，促进土地要素在区位层面的合理配置。

2.2.2 景观生态学理论

景观生态学（Landscape Ecology），是一门以生态学和地理学为主题的交叉性学科。景观生态学运用生态系统原理和方法对景观结构和功能、景观格局变化以及不同景观之间的相互作用进行研究，被德国地理学家卡尔·特罗尔（Carl Troll）于1939年首次提出。

景观生态学提出了"斑块—廊道—基质"的景观结构理论，一定程度上揭示了农村景观中田地、田埂以及林地等农用地要素之间的关系，因此农用地要素如农田、田埂、林地等具有重要的生态学意义[37]。开展土地整治，会改变土地利用结构，从景观生态学理论视角出发，土地利用结构的变化是会引起斑块、廊道甚至是基质的显著变化。土地整治的建设实施过程，同时也是景观格局的动态变化过程。因此，那些具有生态作用的景观要素在整治过程中需要予以保留，从而推进土地整治与景观生态和谐发展，实现人地和谐。

景观生态学理论应用于全域土地综合整治，可产生以下效益：第一，协助识别全域范围内多种类型和功能的土地资源，依据其空间分布和相互关联进行合理划分与规划，有助于维护或恢复土地资源的多样性与异质性，提高其抵御干扰和适应变化的能力。第二，分析全域范围内不同土地利用模式对土壤、水文、气候、生物等要素和过程的影响，根据其正负效应实施优化调整和改善措施，有助于提升土地资源的质量和效益，增强其对环境服务功能的贡献。第三，评估全域范围内不同土地利用模式对生态系统服务的供应和需求的影响，依据其供需平衡和协调性进行整合和优化，有助于实现土地资源的功能优化，满足人类社会的多元需求，促进经济、社会和生态的协调发展。第四，助力建立全域范围内不同土地利用模式的监测和评价体系，依据其动态变化和趋势实施预警和调控，有助于实现土地资源的安全可持续发展，防止或减轻土地退化、污染、破碎化等问题，提高其抗灾减灾能力。

基于景观生态学理论指导下的全域土地综合整治：一方面，有助于关注生态系统的功能性和服务性，即通过整治，恢复生态系统的自我调节和恢复功能，同时使生态系统发挥生态效益，反馈出更好的"生态产品"，如更优质的土壤、水源等，利于提高农业生产质量；另一方面，该理论可引导全域土地综合整治以更系统、更全面的方式规划整治内容，如涉及流域等线性区域全域整治时，全域土地综合整治应充分考虑流域及周边的农用地、建设用地、生态修复等整理，形成连续性的整治规划和生态景观整治与修复。

2.2.3 可持续发展理论

可持续发展是一个内涵极为丰富的概念，可持续发展的核心则是正确处理人与人、人与自然之间的关系。不同研究者基于不同的视角对可持续发展进行研究和解释，可持续发展的理解不尽一致，出现了生态、社会、技术、经济等不同领域的可持续发展观[38]。

1983年，第38届联合国大会通过决议成立联合国"世界环境与发展委员会"（WCED）并负责制定"全球的变革日程"。1987年，第42届联合国大会通过世界环境与发展委员会（WCED）的报告《我们共同的未来》，报告首次提出了"可持续发展"的概念，并给出了可持续发展的定义。世界环境与发展委员会（WCED）对可持续发展的定义是："既满足当代人的需要，又不损害子孙后代满足其需求能力的发展"。

土地资源的数量是有限的，是一种稀缺资源，但由于对经济利益的过度追求，使人类对于土地进行破坏性地开发和利用，导致了土地供应能力的持续下降[39]。为贯彻可持续发展理念，实现土地资源的可持续利用，保护土地资源的重要性不容忽视。当前，迫切需要转变过去粗放式的建设与管理模式，深入挖掘和了解土地资源的潜能与容量，推动实施全域土地综合整治，是一个涵盖全域、全要素、全周期的土地整治手段。它通过解决耕地碎片化、建设用地低效利用和生态系统功能退化等突出的土地问题，不断提升土地的经济、生态和生产功能，为实现土地资源与人类社会的可持续发展奠定坚实基础。通过全域土地综合整治，我们可以优化土地利用结构，提高土地利用效率和质量，促进土地资源的合理配置和高效利用。同时，该整治方法还可以增强土地的生态服务功能，提高土地系统的抵御自然灾害的能力，为未来的可持续发展提供强有力的支持和保障，处处体现可持续发展观念。

2.2.4　土地供给理论

土地供给理论主要探讨土地供需、价格与利用等议题，源于西方的土地经济学与土地政策学。其发展经历了由古典经济学向新古典经济学、新制度经济学及新经济地理学的演变，反映了不同时期对土地问题的理解和解决策略。

在内容方面，土地供给可细分为数量供给与质量供给。从供给方式上分，又可分为自然供给与经济供给。由于土地的有限性和不可再生性，数量供给呈现出不可持续的特质。然而，质量供给相对于数量供给更为弹性且具有更广阔的空间。质量供给和经济供给受到土地利用方式、社会经济发展水平和生产力发展的影响。优化的土地利用布局可提升土地利用效率和土地的经济供给。因此，科学合理的土地整治与土地整理能有效增加土地的经济供给和质量供给。

首先，该理论能协助分析全域土地综合整治开展的必要性和可行性，以及其对土地市场、土地利用效率和土地资源保护的影响；其次，它为全域土地综合整治的目标设定、规划编制提供依据，以及为评估整治效果和效益提供标准与方法；再次，它能指导全域土地综合整治的实施方式和机制，包括土地权属调整、土地利用结构优化、土地开发模式创新和土地投资回报机制设计；最后，它能推动全域土地综合整治的制度创新和政策支持，包括完善法律法规、建立协调机制、提供财政补贴和鼓励社会资本的参与等。

2.2.5　系统理论

系统理论（System Theory）指出，系统内的要素之间相互联系、相互作用，各构成要素之间以一定结构和功能构成。由美籍奥地利生物学家贝塔朗菲（L.V. Bertalanffy）于1932年提出。他的主要贡献是提出了系统的整体性、关联性、等级结构性、动态平衡性、时序性等基本特征和原则，反对机械论和还原论的观点，强调要从整体上分析和理解复杂问题。系统论随着时代的发展不断丰富和完善，与控制论、信息论、运筹学、系统工程、电子计算机和现代通信技术等新兴学科相互渗透、紧密结合，形成了多种分支和应用领域。例如，耗散结构论、协同学、突变论、模糊系统理论等新的科学理论，从各方面拓展了系统论的内容和方法。系统科学作为一门横断性的科学，为解决现代社会中的政治、经济、军事、科学、文化等方面的各种复杂问题提供了方法论的基础。

全域土地综合整治是指以科学规划为前提，以乡镇为基本实施单元，整体开展农用地、建设用地整理和乡村生态、文化保护修复，对闲置、利用低效、生态退化及环境破坏的区域实施国土空间综合治理的系统工程。它是对土地整治的继承与创新，标志着我国从单一类型土地整治项目向以乡镇为基本实施单元全域综合整治转变。

2.2.6　人地关系协调理论

人地关系自人类起源以来便与其生存环境存在的一种客观关系，指的是人类与赖以生存的地理环境之间的相互关系。在这一关系当中人具有主观能动性，因此人地关系中，人处于主动地位。人地关系是否协调或矛盾，不由地决定而是由人来决定[40]。正确认识人地关系是人类社会经济、土地利用可持续以及生态环境保护的关键。保证人地关系协调发展，要顺应自然发展与生产力变革，正确处理好人口增长与生产力匹配所带来的自然环境压力，协调好人类发展与环境保护，在未来发展中谋求二者协调。

由于人类在土地关系中占据主导位置，土地整治作为协调人地关系的重要途径之一，成为不可或缺的环节。通过土地整治，可以针对土地布局碎片化、土壤砂质化、土地利用效率低下、水土流失等显著问题展开治理，以及对受损生境进行修复与重构。土地整治有助于优化用地结构、实现土地的集约利用，从而在土地资源数量有限的情况下提升土地供给的质量。

从目标层面来看，人地关系协调理论强调构建集约高效的生产空间、宜居适度的生活空间及山清水秀的生态空间，以塑造高品质的国土空间格局。全域土地综合整治应遵循此导向，通过优化土地利用结构和功能，提升土地利用水平和效益，增强资源要素保障能力，为区域发展和乡村振兴提供坚实支撑。

从原则层面来看，人地关系协调理论主张基于最严格的耕地保护制度、最严格的节约用地制度和最严格的生态环境保护制度，强调保护优先、节约优先和生态优先的原则。全域土地综合整治也应遵循这些原则，坚持农业用地、建设用地、生态用地多元化产出，实现土地利用布局优化和人地关系再调适。

从手段层面来看，人地关系协调理论倡导全面诊断全域空间的综合性问题，采取"目标综合、手段综合、效益综合"的综合性整治进行空间治理。全域土地综合整治应树立全域、全要素的理念，坚持整体、系统地整治，通过机制体制改革、规划、投融资、专项工程、产业导入、智慧管理等综合手段，优化空间布局，提升空间质量。

从路径层面来看，人地关系协调理论强化全域理念的全流程指引，将山水林田湖草沙等全要素联结成系统进行全域规划，将涵盖生产、生活、生态的全空间进行整体设计，最后以综合整治实现全域规划和整体设计。全域土地综合整治应以国土空间规划为依据，以落实多层级、多类型的规划管控为纲要，以制度集成创新为保障，以"全域土地综合整治+"为路径，推动区域内土地综合整理与生态保护修复。

2.3 全域土地综合整治研究进展与述评

2.3.1 研究进展

随着我国进入高质量发展时代，全域土地综合整治备受关注。由于全域土地综合整治为我国近年来的创新举措，现有研究多发表于国内期刊，因全域土地综合整治源于土地整治，且现有研究多以土地综合整治为主题，因此，以中国知网（CNKI）为数据来源（截至2024年5月数据），借助高级检索功能，对关键词"土地整治""土地综合整治"和"全域土地综合整治"进行检索，进一步筛选、去重后得到共920篇发表于核心期刊的成果，均以Refworks格式导出作为分析样本，借助CiteSpace6.3.R1可视化工具，以聚类分析结果为依据，针对性地阅读相关文献，总结出当下关于全域土地综合整治领域的研究内容。

根据图2-1可以看出，2018年以来，土地整治相关文献量逐年递减，2023年有所上升，2024年现有发文量为23篇，结合检索时间为2024年4月，预测2024年最终发文量将超过40篇，表明全域土地综合整治话题近两年开始受学界关注。根据图2-2可以看出，参与全域土地综合整治等相关研究的机构以政府相关部门和高校为主，其中，原国土资源部土地整治中心（44篇）、南京大学地理与海洋科学

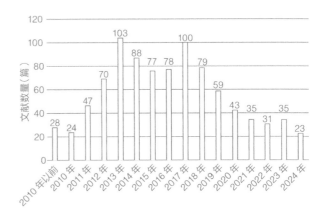

图2-1　全域土地综合整治等研究统计分析图

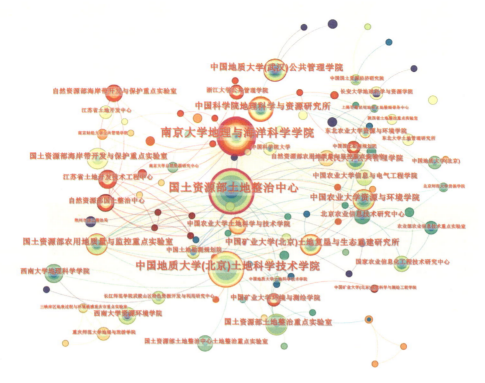

图2-2 主要机构分布知识图谱

学院(43篇)、中国地质大学(北京)土地科学技术学院(36篇)、中国科学院地理科学与资源研究所(19篇)、自然资源部国土整治中心(9篇)等。根据表2-1可以发现,现有成果中发文量较多的学者有金晓斌(33篇)、周寅康(21篇)、郧文聚(11篇)、吴克宁(11篇)、杨钢桥(9篇)等。

主要发文作者统计表   表2-1

序号	作者	发文量（篇）	发文机构
1	金晓斌	33	南京大学地理与海洋科学学院
2	周寅康	21	南京大学地理与海洋科学学院
3	郧文聚	11	自然资源部土地整治中心
4	吴克宁	11	中国地质大学
5	杨钢桥	9	华中农业大学公共管理学院
6	王军	9	自然资源部国土整治中心
7	项晓敏	9	杭州师范大学人文学院
8	吴诗嫚	8	武汉工程大学管理学院

续表

序号	作者	发文量（篇）	发文机构
9	刘彦随	8	中国科学院地理科学与资源研究所
10	白中科	8	中国地质大学（北京）土地科学技术学院

通过对"全域土地综合整治"主题在2014~2024年的研究关键词进行共现网络和统计可知(图2-3、表2-2),研究热点有土地利用、乡村振兴、国土空间、土地复垦、生态修复等,且关键词出现年份均在2018年及以后,表明现阶段研究成果中,全域土地综合整治研究与土地高效利用、国土空间优化、生态修复和"三生"空间优化等方面密切相关,结合关键词的中心性,显示出全域土地综合整治研究由传统的土地利用(0.02)转变为以整治带动乡村振兴(0.05)和"三生"空间优化(0.05),但现有关键词仅土地整治的中心性超过0.1,表明现阶段研究仍处于多元发散研究阶段,并无过度聚焦

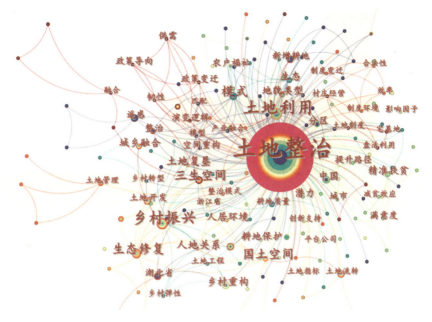

图2-3　2014~2024年关键词聚类分析图

于某一方面研究。

关键词突现分析可体现某个时间段具体的研究热点，中心性越大，突现强度越大。通过图2-4可以看出，自2018年起，全域土地综合整治模式研究，主要结合实践案例进行地方整治模式相关研究，反映学者关注普适性模式的研究和推广。从地域上看，近年来广东省积极开展全域土地综合整治实践，相关文献研究在增加。从突现关键词热度持续性来看，自2020年起，土地流转内容一直是研究热点，表明学者关注整治与土地流转之间相互促进的作用。另外，生态修复、土地管理、"三生"空间是2024年最新热点，体现出最新研究成果以生产、生活、生态多空间的优化和土地资源高效配置为重点。

2014~2024年关键词词频与中心度　表2-2

序号	关键词	词频	中心性	年份
1	土地整治	192	1.07	2018
2	土地利用	26	0.02	2018
3	乡村振兴	23	0.05	2018
4	国土空间	8	0.03	2019
5	土地复垦	8	—	2018

续表

序号	关键词	词频	中心性	年份
6	生态修复	8	0.02	2020
7	影响因素	7	—	2018
8	模式	6	—	2018
9	土壤质量	6	—	2019
10	耕地质量	5	—	2018
11	土地流转	5	0.01	2020
12	乡村重构	4	0.02	2018
13	土地开发	4	—	2019
14	"三生"空间	4	0.05	2019
15	遥感	4	0.02	2018

基于上文可视化分析后，对相关文献进行针对性阅读，同时结合对我国土地整治历程研究，即我国在经历土地整治构建期、全面推进期、综合建设期和绿色提质期后，现阶段进入以全域土地综合整治为抓手的创新发展阶段。研究发现，学者多结合城乡关系、乡村振兴和重构、生态修复等相关理论，围绕全域土地综合整治的理论、机制、实践等方面开展研究。

Top 12 Keywords with the Strongest Citation Bursts

图2-4　2014~2024年关键词突现图

在理论研究方面，学者围绕全域土地综合整治的内涵和目标等方面开展研究。罗明等认为全域土地综合整治是以乡镇为基本实施单元，通过农用地整理、建设用地整理和乡村生态保护修复，优化生产、生活、生态空间格局，是推动乡村全面振兴的综合性活动[41]；李红举等认为全域土地综合整治对接国土空间规划、耕地保护、土地节约集约利用、乡村建设、土地权益保护等制度规则，创建了"规划编制用途管控—项目实施—土地指标配置—资金筹措城乡协调发展"的国土空间治理新模式[42]；肖武等认为整治区域的全域性与内容的全面性是全域土地综合整治区别传统土地整治的新内涵，其核心是"整要素、优空间、提功能、增价值"[43]；于水等认为社会经济发展和国家发展战略影响其实施方式和核心目标的变化，是一场对农村"三生"空间变革的"事业型"整治活动[44,45]；金晓斌等认为全域土地综合整治具有人地协同、综合治理、城乡统筹、生态文明、供需匹配和以人为本的逻辑内涵，是促进城乡融合、生态文明、乡村振兴发展战略，塑造高品质国土空间的重要手段。他认为整治的关键在于明晰目标定位，正视核心矛盾和冲突，开展整治类型基础性研究，明晰不同尺度下、不同要素对象之间的耦合关系，融合工程、农艺和生物等多技术促进整治发展[46]；何佑勇等结合浙江省"千万工程"，认为全域土地综合整治区别于传统土地整治，具有要素整合、空间优化、功能提升和价值实现的特点，通过全域的整治实施，系统性治理和修复"山水林田湖草沙"，实现地域差异化、全域生态宜居的新格局[47]；张伟等提出城乡关系变迁推动全域土地综合整治的发展，他认为全域土地综合整治涉及多主体利益的综合性与复杂性，需全面统筹考虑城与乡、土地资源和使用者、开发利用和后期监管之间的关系，避免土地在综合整治过程中过度行政化[48]；吴家龙等认为全域土地综合整治是一项涉及土地、经济、生态、人口等多要素的综合性活动，具有涉及面广、任务量大、参与主体多、政策性强等特点[49]；刘正波等认为全域土地综合整治的关键在于全域，核心是供给端改善和通过土地流转盘活土地要素[50]；陈坤秋等认为现有土地整治融合产业发展促进、发展要素整合、城镇化和城乡互动等多方面机制，是一个系统性的协调工程，也对农村农民经济收入和生活条件改善具有正向作用[51]。

在作用和机制研究方面，学者从"三生"空间、乡村、产业发展、人口流动和生态修复等多角度开展全域土地综合整治产生作用的相关研究。肖娥等认为促进农业经济发展是开展整治的关键，有利于提高农民对整治工作的认同和期望，减少整治工作的阻力[52]；梁浩源等在文化空间和"三生"空间视角下，认为全域土地综合整治在整治用地低效化、低质化时，有利于挖掘文化空间发展的可能性，进而促进城市开发和文化资源的协调，推动"一文三生"空间的功能修复与融合[53]；丁池从生态文明角度出发,提出全域土地综合整治通过自然和人工干预工程,有助于解决生态安全和粮食安全问题[54];李寒冰等从"双碳"角度出发,提出全域土地综合整治通过多元复合的全地类、全要素和全空间的整治,有利于多学科交叉和多方法融合,进而重构碳核算体系,优化土地利用空间布局[55];朱菁等以乡村产业为切入点,认为全域土地综合整治通过"农用地整治、建设用地整理、生态保护与修复、历史文化保护与传承"的全域土地综合整治措施实现"农业规模产出、产业潜力释放、生态效益转化、文化经济多元"的产业振兴目标[56];周小平等认为应善用"全域土地综合整治+"模式,通过集体经营性建设用地入市改革等政策工具,深化农业"标准地"改革,优化耕地多功能系统结构,提升耕地多功能的可持续性[57];游和远等认为全域土地综合整治可通过统筹配置各用地类型和耦合社会经济要素优化空间布局,提高生产和生活空间的利用效率,促进生态空间生态价值和生态产品价值的提高[58];应苏辰等在乡村功能演化视角下,认为全域整治通过多主体利益协同机制和产业布局优化,推动乡村空心化治理[59];周建等认为全域土地综合整治通过土地复垦、耕地整治和耕地恢复,有利于降低农业生产成本,推动农村现代化建设[60];赵庆磊等认为调整土地关系、组织土地利用,进而缓解人地矛盾、保持耕地数量与质量平衡、改善建设用地供给的有效手段[61];尹琪琪等认为全域土地综合整治通过完善空间格局和功能、振兴集体经济、重塑社会共同体等手段,驱动传统农村向城市化、社区化和文化多元化转变[62,63];李树常等认为全域土地综合整治具有促进"人、地、产"结合、保护乡村文化和生态风貌、重塑乡村治理结构和体系的作用,从而激发农村内在的经济潜力,实现从"以土地为主"的单一要素整治向"人、地、产"多要素协同耦合综合整治转变[64];张冬莉等从农户视角出发,揭示全域土地综合整治通过城郊一体化、特色产业模式等合作模式促进乡村振兴[65]。

在实践案例研究方面,学者基于地方实践案例,进行相关分析总结,提炼出可借鉴、可复制的整治方法和模式,并采用多样的方法,对全域土地综合整治效益进行评价。不同区域存在的土地结构和土地开发条件各异,加上当地的发展需求不同,会形成不同的整治规模、整治模式[66]。袁方成等以佛山市南海区整治试点为例,认为城乡要素的双向流动是促进县域城乡融合的关键[67];吴家龙等以广东省南粤古驿道梅关古道古田段为例,提出全域土地综合整治与古驿道保护利用之间存在"物理连接—内涵关联—问题相通—目标相连"的逻辑关系,应发挥二者互利共生的作用[68];卢丹梅等以广东云浮市镇安镇西安村为例,构建了农用地整治、建设用地整治、未利用地整治和生态用地修复整治四大类的潜力与开发适宜性评价指标体系[69];何硕研等基于实践案例,采用显著性检验方法,证明全域土地综合整治有利于促进乡村产业转型[70];代秀龙等基于广东省佛冈县案例,探索流域生态单元下的全域土地综合整治实施路径[71];沈悦等通过调查江苏省南京市浦口区盘城街道整治案例,提出整治中重视公共空间治理有利于减少整治阻力和矛盾[72];朱菁以中国村庄为例,厘清全域土地综合整治与乡村振兴的联系,提出乡村产业发展的战略[73]。

在整治的评估与评价方面,应苏辰通过耦合行动者网络理论(ANT)和"结构—过程—结果"理论,探讨全域土地综合整治绩效评价的内涵、方法和体系;慕哲哲通过AHP—PEC模型,从经济效益、社会效益、生态效益和景观效益四个方面评估整治项目的预期收益;张雪松等基于CW—GRAP模型,对整治的经济、社会、生态单项效益和综合效益进行评价[74];肖梅等采用熵值法和灰色关联分析法,构建客观权重的评价体系[75];肖玖军等从社会保障功能角度出发,认为土地整治社会效益多为间接效益,影响因素受整治类型、基本条件等影响[76];吴家龙等通过梳理整治试点实施方案,构建了自然资源维度和社会维度的调查评估指标体系[77];王艳阳等基于生态系统生产总值(GEP)核算方法,构建全域土地综合整治生态效益评价体系,系统评价整治实施后物质产品、调节服务、文化服务和生物多样性净增益的生态效益[78]；鲁胜晗等在生态景观视角下，采用层次分析法从基本功能、生态功能、景观功能三个方面构建生态效益评价体系[79]；张丽丽等通过空间自相关、线性回归方程等方法探讨整治区域生态经济价值匹配水平[80]；崔继昌等运用农用地分类理论和邻里替代法，构建了乡村聚落整治量的测算方法和指标体系，为整治工程实施的时序和模式选择提供了参考[81]；夏薇等从农户和社会投资者角度出发，构建了以农用地整理、建设用地整理、乡村生态保护与修复、乡村历史文化保护、乡村土地整理五个方面组成的综合土地整理项目决策评价指标体系和评价方法[82]；苏梦圆等通过构建生态网络优化机制，提升了对生态格局的识别水平和生态价值判定能力，为全域土地综合整治的区域选择和开发强度提供了参考[83]；林耀奔等结合GIS空间可视化工具，构建了全域土地综合整治功能区划和整治路径选择体系[84]。

2.3.2 研究述评

基于对全域土地综合整治中英文献收集与分析，现有文献呈现整体特征有：第一，多学科融合。全域土地综合整治作为传统土地整治演变的新概念，现有文献呈现多学科交融进行相关研究，包括地理学、土地管理、城乡规划、生物学、大数据、经济学、管理学等学科。第二，研究视角丰富。学者从不同视角切入，如政策演变视角、生态视角、乡村振兴视角、城乡融合视角、"三生"空间视角等研究全域土地综合整治的内涵、关键问题、解决方法等。

基于上文分类，现有文献研究可分为全域土地综合整治的理论研究、作用影响研究、整治方法与模式研究。其中，理论研究方面，主要包括全域土地综合整治发展历程的研究、相关政策整理和研究，在此基础上对全域土地综合整治的内涵及概念进行定义研究；在作用影响研究方面，研究可划分为四个方面，即全域土地综合整治对农业生产力和生产效率的影响研究、对"三生"空间布局的作用与影响研究、对农村现代化和城乡一体化的影响研究、对生态系统的影响研究；整治方法与模式研究方面，学者结合不同的方法，如层次分析法、GEP核算法等，对全域土地综合整治前期评估和后期评价构建相应的指标体系，进一步分析生产、生活、生态的效益。

未来全域土地综合整治研究可从以下几个方面开展研究：第一，进一步加强多学科融合。土地整理是一项涉及自然资源、经济、社会、生态环境、技术等多方面的综合性系统工程。目前关于土地整理的研究大多基于独立研究。应加强不同领域的专家学者合作，发散研究思维，推动全域土地综合整治科学发展，如可融入大数据等专业学科，利用3S技术提高土地整治数据的综合处理能力，实时反馈整治情况。第二，加强全域土地综合整治综合效益研究。目前，土地整理效益评价方法较为单一，指标选取标准因研究的切入视角不同导致不统一。未来研究应探索新的土地整治效益评价方法，完善评价指标体系，加强土地整理效益评价的定量研究。第三，着重研究国土空间规划下全域土地综合整治如何促进乡村振兴。目前，我国迎来国土空间规划新时代，全域土地综合整治作为调整土地资源和空间布局的重要抓手，应积极衔接国土空间规划上位规划，推动乡村振兴发展。第四，完善土地整治监管机制研究。科学合理的监督管理机制是土地整治项目顺利完成的保障。要加快研究和完善土地整理监督管理机制，结合法律、行政、技术等管理手段，合理建立政府主导、各部门协作、公众参与的工作机制，提高整治项目完成质量和实施水平；第五，加强区域性整治模式研究。目前，大部分文献结合某一地方整治实例开展研究工作，少有范围较大的区域性多案例综合研究，而各地因存在不同的整治需求和特点，亟须加强以区域为单元的整治模式引导。因此，本书在后续章节结合广东省42个试点整治实践，划分八大模式，以期为各地整治提供参考借鉴。

3 全域土地综合整治工作的体系与路径

3.1 工作体系

开展全域土地综合整治，是贯彻落实习近平生态文明思想的重要实践，标志着土地整治从传统模式向规划管控和空间治理的现代化转变。这不仅体现了土地制度顶层设计的战略思考，也是自然资源部在统一国土空间用途管制和生态保护修复职责、推进乡村振兴战略中的关键抓手。全域土地综合整治的任务跨度大，涵盖了众多要素和广泛的工作领域，展现了显著的综合特性。因此，构建一个能够整合各类资源要素、职能部门、政策和资金的全面工作体系成为其成功实施的关键。

从统筹的角度出发，全域土地综合整治工作体系在横向上需要实现对所有要素、部门和空间的全面统筹，形成一个横向综合的工作机制；而从执行的角度来看，这项工作通过纵向逐级传递的工作路径，构成了一个纵向的实施体系。横向的统筹工作是纵向体系各层级工作的核心，确保在实施过程中各部门、所有要素和整个地域的统一协调和整合。

通过这样的工作体系，全域土地综合整治能够有效地实现资源的高效利用和生态环境的持续改善，为实现经济发展与生态文明建设的和谐统一提供了坚实基础。这不仅是对国土空间治理现代化的重要贡献，也是推进生态文明建设和乡村振兴战略的实际行动。

3.2 工作路径

3.2.1 横向工作路径

在全域土地综合整治的实践中，众多地区均成立了以专班专办形式运作的专项工作领导小组，负责指导和推进整治工作的有效开展。例如，浙江省杭州市临安区构建了"2+12+N"的工作组织架构，该架构由区长及常务副区长两位政府领导分别担任组长和副组长，12个区直相关单位以及20个镇（街）政府的一把手组成的工作领导小组，共同参与整治工作的指导和执行。同样，广东省佛山市南海区则建立了"2、1、6、8"工作组织架构。该架构中，区委书记和区长两位党政主要领导担任整治工作的总指挥，辅以1支联合执法总队和6个内设工作组的办公室，以及8个由区人大、政协分管领导任组长的挂钩工作组。这种组织结构确保了专班的实体化运作，以高位高效的方式推动项目的开展。

这些实例表明，通过建立专项工作领导小组并采用专班专办的工作模式，各地区能够有效地集中力量、统一指挥，确保全域土地综合整治工作的顺利进行。这种高效的组织架构和运作机制，不仅有助于提升整治工作的效率和质量，也为实现土地资源的高效利用和生态环境的持续改善提供了有力保障。

3.2.2 纵向工作路径

全域土地综合整治根据全生命周期治理理念，依据上位政策、法律法规和相关技术标准与工程标准对项目进行全流程规划、建设与管理运营。其工作路径总体可分为以下几个部分（图3-1）：

（1）前期准备阶段

在开展全域土地综合整治工作前，需要对计划实施整治的地方和项目进行调查摸底、整治意愿调查、整治潜力分析以及资金支持等情况。在该阶段，需要深入村组、农户家中实地调研，通过召开村组干部会、议事代表会、村民大会，广泛征求群众意见，宣传全域土地综合整治政策，对农村土地、人口、房屋情况进行基础情况摸底，明晰项目地居民是否同意参与全域土地综合整治。此外，对地方进行土地、经济、社会等数据进行采集，以数字化技术对项目地进行整治潜力分析，更全面、直观地掌握项目地情况。

（2）项目申报阶段

基于前期准备阶段形成的基础资料成果，研判该地方是否适合开展全域土地综合整治，若符合政策及实施条件，则开启项目初步选址，并组织现场踏勘和土地测量，对项目的合法性和周边自然条件进行充分分析，并编制项目建议书，提交上级主管部门进行审查。

（3）项目规划阶段

实施全域土地综合整治的区域，要坚持"规划先行"原则。通常情况下，全域土地综合整治是以乡镇为基本单元来执行的。因此，对于尚未制定乡镇级国土空间规划和村庄规划的区域，首要任务是完成这些规划的编制，以确保全域土地综合整治工作能够在清晰的规划指导下进行。乡镇国土空间规划，作为乡镇一级的开发建设总体框架，应当明确规划试点乡镇的整治目标、任务、整治范围、主要内容及空间布局等方面；同时，村庄规划作为指导乡村地区建设的详细蓝图，需要具体到整治区域内的任务、目标和布局要求，并明确规划的组织管理、实施步骤、项目安排、资金预算和投资来源等关键信息。通过这样的规划先行原则，可以确保全域土地综合整治工作的有效性和目标的实现，为乡镇和村庄的可持续发展提供坚实的规划基础。

（4）项目实施阶段

在完成上述前置工作后，组织编制全域土地综合整治实施方案，根据如下主要内容：①对整治区域的基本状况进行详细描述，并对项目的实施可行性进行分析与评估。②根据整治的具体需求，明确整治的目标任务，并针对性地提出相应的制度建设要求与地方特色措施。③明确工程项目的布局和实施安排，结合近期与远期的发展需求，合理安排项目的实施顺序和时间表；④对本次土地整治所需的投资进行估算，并明确资金的筹措方式及来源，确保项目的顺利进行。在规划方案和实施方案制定完成后，将对项目地进行土地流转、土地整理和农户拆迁搬迁等工作，为整治项目的实施腾出必要的空间。此外，还需开展施工图的设计工作，对整治范围内的所有工程项目进行统筹规划和设计，实施统一的施工管理，以确保整治工作的高效执行和质量保证。这一阶段的工作是确保全域土地综合整治目标达成的关键，需要精密的组织和周密的计划以确保每一步的有效实施。

（5）监测评估阶段

在整治项目施工完成并投入使用和运营后，将根据整治区域内各子项目的具体执行情况，实施分批验收，遵循"完成一批、验收一批、调整一批"的原则进行。在此过程中，对每项具体整治工程的完成状态和质量进行严格审查，特别是要重点检验耕地和永久基本农田的数量与质量、建设用地规模是否符合预定标准，确保项目文档、图纸、数据库信息与实地情况的完全一致。这一步骤是确保整治成果达到预期目标的重要环节，通过细致的验收流程，可以及时发现并纠正问题，保障整治项目的质量和效益。

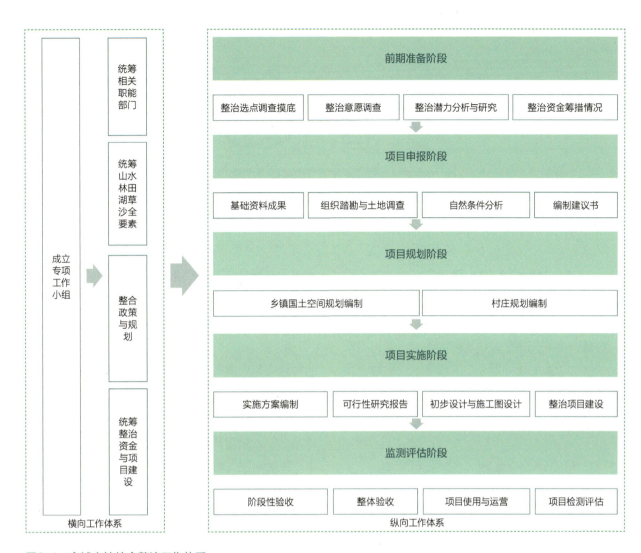

图3-1 全域土地综合整治工作体系

4 广东省全域土地综合整治实践

4.1 广东省全域土地综合整治五大工作内容

为解决空间无序化、耕地碎片化、土地利用低效化、生态功能退化问题，广东省全域土地综合整治应落实五大工作内容，即"落规划""腾空间""增耕地""优生态"和"强活力"。

4.1.1 加强规划编制，科学引领整治

开展全域土地综合整治的过程中，规划的先导作用尤为关键。自2019年起，国家推动实施了"多规合一"的改革方针，旨在整合原本分散的主体功能区规划、土地利用规划及城乡规划体系，提出了一种"五级三类"的新型规划体系框架。"五级"指的是规划体系涵盖的国家、省级、市级、县级、乡镇级五个层级；而"三类"则包含了总体规划、详细规划及相关的专项规划。在这样的背景下，全域土地综合整治成为国土空间规划实施的一条关键路径，不仅是落实"三区三线"策略和国土空间规划的重要手段，也扮演着承前启后的桥梁角色。因此，在广东省开展的全域土地综合整治工作中，特别强调与国土空间规划的有效连接，旨在通过实施整治项目，为国土空间规划的落地提供实践反馈和必要的调整优化。

广东省积极落实自然资源部的指示，全面推进全域土地综合整治工作，发布《广东省自然资源厅关于推进镇村国土空间规划编制实施，助力"百县千镇万村高质量发展工程"的通知》（粤自然资规划〔2023〕2202号）等文件，明确规定镇级国土空间总体规划的编制方式，可以是单独编制或各镇（街道、乡）联合编制，根据需要制定具有实用性的村庄规划。同时，根据《广东省自然资源厅关于推进市县国土空间相关专项规划编制及管理工作的通知》（粤自然资函〔2023〕765号），广东省将全域土地综合整治规划纳入专项规划目录清单管理之中，鼓励地方在编制过程中，依据整治项目需求来界定相应的空间性内容。规划一旦获得批准实施，其成果将被纳入相应级别的国土空间基础信息平台，并整合至国土空间规划"一张图"中，以此确保规划的有效实施和统一管理。

在具体实施方面，广东省特别强调了"县、镇、村"三级在规划落地中的关键作用。县级人民政府作为全域土地综合整治实施的主要责任主体，基于国土空间规划的整体设计，全面规划整治工作。在严格遵循"三区三线"的前提下，统筹安排县域内的各类图斑、重点土地整治项目以及生态修复项目（包括跨县和跨镇项目），指导各乡镇明确土地整治的重点方向。2022年5月，广东省自然资源厅发布了《广东省县级国土空间总体规划编制技术指南（试行）》，在其中对"国土整治修复"部分内容提出了明确要求，着重于生态保护修复和土地综合整治。土地整治方面，文件要求明确县内土地整治的目标任务和策略路径，提出城市更新、农用地整理、高标准农田建设、农村建设用地拆旧复垦、城乡建设

用地增减挂钩等重点工程和实施区域。此外，还需进行耕地后备资源评估和耕地恢复调查，划定耕地整备区域，并明确开垦、水田建设及耕地恢复的目标和关键项目。在镇域层面，广东省强调镇域是全域土地综合整治的具体实施主体，在整治规划中，需要将具体项目实施和功能性区域划分作为主要抓手，以确保构建的镇级国土空间总体规划能够真实反映出村民的发展需求和期望，进而形成有效、实施性强的镇级国土空间规划方案；在村域层面，村域是整治的直接受益单元，广东省积极提高农村居民的参与度，助力农村宅基地的改革进程，激活闲置和低效利用的土地资源，促进农村产业的发展。同时，广东省正逐步制定并实施农村土地使用的保障政策，以此推动乡村振兴的实现。

4.1.2 推进用地腾挪，优化空间格局

全域土地综合整治通过对农用地、建设用地整治和生态空间优化，以打造集约高效的生产空间、营造宜居适度的生活空间、保护山清水秀的生态空间为目标，推动空间腾挪和优化。广东省贯彻落实乡村振兴发展战略，着重解决"三农"问题，坚持农业农村优化发展战略，扎实推进乡村建设和治理，从而实现城镇和乡村生产、生活、生态空间格局的优化。

具体做法如下：第一，推进农用地整理。通过开展耕地、园地、林地等农用地的全面整理，对其面积、位置变动、性质置换、地块规整重划等方式，优化农业生产空间。第二，推进建设用地整理。建设用地整理侧重于分类推进空心村整治、城镇低效用地的再开发和老旧小区的改造等活动，释放和利用低效存量空间，打造集约化、高效化的生产空间。广东省严格执行"一户一宅"等宅基地管理规定，稳妥处理"一户多宅"的历史遗留问题，慎重推进零散农村居民点的搬迁与合并，以便于基础设施的合理规划和居住环境的改善。同时，积极推动农房的风貌建设，结合岭南文化等传统文化特色，优化农房的美化和整治。在城镇方面，以第三次国土调查数据为基础，对城镇及乡村的存量和空闲低效建设空间进行有效整治和合理规划，同时发布相关指引促进大块宗地入市流通。第三，推进生态保护修复。加强对自然生态空间的整体保护，修复和改善乡村生态环境，并科学进行农房规划建设，推进乡村人居环境整治提升和风貌管控，改善城乡面貌，营造宜居适度的生活空间和山清水秀的生态空间。

4.1.3 增加耕地数量，提升耕地质量

广东省地形以山地丘陵为主，现状耕地破碎化严重，耕地后备资源不足。2022年"中央一号文件"强调，落实"长牙齿"的耕地保护硬措施。实行耕地保护党政同责，严守18亿亩耕地红线。按照耕地和永久基本农田、生态保护红线、城镇开发边界的顺序，统筹划定落实三条控制线，把耕地保有量和永久基本农田保护目标任务足额并逐级分解下达，由中央和地方签订耕地保护目标责任书，作为刚性指标实行严格考核、一票否决、终身追责。现在耕地保护责任制考核，实行"五个一票否决"，即是否完成耕地保有量目标、是否完成永久基本农田保护面积、是否完成落实耕地占补平衡、是否落实耕地"进出平衡"、新增建设占用耕地中违法占用耕地是否超过15%。

全域土地综合整治一项重要工作内容是"小田变大田"和增加耕地面积。国家试点设立了"两个5%"的底线要求，即全域综合整治后整治区域内的新增耕地面积原则上不少于原有耕地面积的5%和涉及永久基本农田调整的，整治区域内新增永久基本农田面积原则上不少于调整面积的5%。试点地区需严格执行"先补后占、多补少占，以进定出、先进后出"的耕地占补平衡和耕地进出平衡的"双平衡"管控要求，统筹推进高标准农田建设、垦造水田、恢复耕地等项目，坚决完成5%新增耕地目标要求。在遵守"两个5%"的底线要求下稳慎推进永久基本农田布局优化调整，解决耕地碎片化问题，实

现整治区域内耕地"数量有增加、质量有提升、生态有改善、布局更集中"的目标。

广东省结合现有问题，通过全域土地综合整治破解耕地碎片化和耕地低效化整治，通过垦造水田、耕地恢复、高标准农田建设等整治手段，结合可落地、有发展前景的项目，推动现代化农业建设。如广东省广州市从化区计划推进11个农用地整治项目，打造1个国家级花卉现代农业产业园、1个国家级田园综合体和30条美丽乡村示范带，推动农业转型升级。通过整合相关资料，在广东省的耕地整治与保护行动中，明确了县域、镇域和村域三个层级的工作重点：县域聚焦于维护耕地保护红线的底线要求，镇域注重发掘和明确具体的实施项目，村域侧重于实施优美乡村建设项目。通过这样层层分明、任务明确的工作分配，确保了整治工作的有效推进和具体落实。

4.1.4 加强生态建设，优化生态格局

2018年5月，全国生态环境保护大会总结并阐述了习近平生态文明思想，提出新时代推进生态文明和美丽中国建设必须坚持"六项原则"：坚持人与自然和谐共生，绿水青山就是金山银山，良好的生态环境是最普惠的民生福祉，山水林田湖草是生命共同体，用最严格制度最严密法治保护生态环境，共谋全球生态文明建设。2022年，中共中央宣传部、生态环境部组织编写《习近平生态文明思想学习纲要》把"六个原则"扩展为"十个坚持"。党的二十大报告将人与自然和谐共生的现代化列为中国式现代化的五大特征之一，就"推动绿色发展，促进人与自然和谐共生"作出了战略部署，这是以习近平同志为核心的党中央深刻洞察人类文明发展大势、站在新的历史起点上做出的重大历史判断和战略布局。站在促进人与自然和谐共生的高度，扎实推进绿色发展和生态文明建设，谋划经济社会发展，是全面建设社会主义现代化国家的坚实基础。

2023年以来，广东省积极开展"绿美广东"建设，以建设高水平城乡一体化绿美环境为目标，主要包括六大行动：森林质量精准提升行动、城乡一体绿美提升行动、绿美保护地提升行动、绿色通道品质提升行动、古树名木保护提升行动和全民爱绿植绿护绿行动。2023年5月，广东省自然资源厅印发《广东省国土空间生态修复规划（2021—2035年）》，提出全力构筑"三屏五江多廊道"生态安全格局。同年，广东省自然资源厅、省发改委印发了《广东省重要生态系统保护和修复重大工程总体规划（2021—2035年）》，提出10个重大工程45个重点工程的工程项目库体系，保障生态安全和高质量发展。

广东省全域土地综合整治结合上述上位规划，以保护生态空间的原真性为原则，整体联动推动生态修复。通过海陆统筹规划整治，实施水域治理、岸线修复、绿美环境提升等工程，推动生态空间和生产、生活空间相适应。同时，广东省注重法治化治理，推动"法治生态"建设，保障生态修复工程的合法性。

在全域土地综合整治实践过程中要通过辩证把握生态修复的特点规律，以地球上森林、湿地、海洋三大生态系统为对象，一体化开展生态保护修复工作。"优生态"可以结合《广东省国土空间生态修复规划（2021—2035年）》谋划的10类重大工程共144个项目推进生态修复工作。

4.1.5 坚持政策机制创新，强化全域整治活力

"强活力"是要以制度供给侧结构性改革释放政策活力，促进形成一套可复制、可推广的全域土地综合整治体制机制。目前，广东省面临新增空间和发展需求不匹配的问题，具体体现有乡村地区大量低效用地和村级工业园用地低效粗放等问题，在城镇地区则体现在城中村问题等。

2022年广东省委、省政府印发了《中共广东省委广东省人民政府关于全面推进自然资源高水平保护高效率利用的意见》和《中共广东省委广东省人

民政府关于发挥高质量发展战略要地作用全面建设海洋强省的意见》，明确要推进自然资源高水平保护、高效率利用以及全面建设海洋强省。全域土地综合整治可结合省委、省政府印发的以上两个文件，重点在以下四个方面进行探索：①探索实施主体创新：探索如何既充分发挥市场在资源配置中的决定性作用，又更好地发挥政府作用。②探索耕地整理创新：在"先补后占、多补少占，以进定出、先进后出"的前提下，探索合理适度优化耕地和永久基本农田布局。③探索建设用地高效利用路径：探索完善城乡低效用地再开发以及稳妥处理相关历史遗留问题的系列办法；探索农村集体经营性建设用地入市；健全"点状供地"政策体系，切实解决乡村旅游、休闲农业、农产品加工流通等乡村产业用地问题；探索优化拆旧复垦和增减挂钩政策。④探索自然资源从"绿水青山"到"金山银山"的模式创新：建立健全生态产品价值实现机制，走出一条生态优先、绿色发展的新路子。

广东省全域土地综合整治以腾退空间为基础，并探索"人地钱挂钩"机制，即"人往城转""地随人走"和"钱从地出"，实际上是优化传统的增减挂钩措施，推动土地功能的转移，提高城镇建设规模，解决发展和需求不匹配问题。从财政角度看，"人地钱挂钩"是土地指标资源的宏观调控和分配，推动了土地资源要素跨区域流动。而在进行空间的腾挪整治后，乡村和城镇可依托大块宗地发展规模化产业园、现代化种植园建设，进一步推动产业结构升级，提高当地收入。

4.2 广东省全域土地综合整治流程

4.2.1 广东省全域土地综合整治技术流程

结合广东省土地整治、"三旧"改造等做法与经验，在此初步提出广东省全域土地综合整治技术流程（图4-1），仅供参考，具体流程应以广东省自然资源厅等相关部门公开文件和指引为准。

1. 调查摸底，征求意愿

根据土地利用相关数据和外业调查，开展土地综合整治潜力分析调查。深入村组、农户家中，通过召开村组干部会、议事代表会、村民大会，广泛征求群众意见，宣传全域土地综合整治政策，对农村土地、人口、房屋、青苗、是否同意参与全域土地综合整治等基本情况做一个全面摸底，完善村民申请参与程序。

2. 制定方案，立项报批

因地制宜，结合上位国土空间规划，科学制定设计方案，确定目标、原则、机制、安置补偿办法和实施步骤，整体谋划空间格局和整治分区，明确整治的整体任务和分期任务。同时做好资金测算，选定项目合作主体，筹措前期资金，建设全域土地综合整治项目库，以"项目为王"为准则，形成"储备一批、实施一批、建成一批"的良性循环机制。

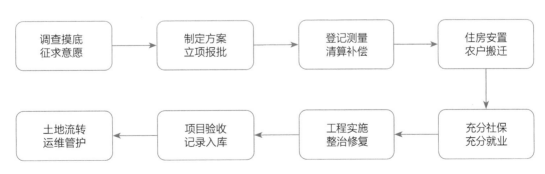

图4-1 全域土地综合整治技术流程

3. 登记测量，清算补偿

项目立项批准后，组织专业测量队伍，选派村组议事会代表和群众代表参与，逐组逐户按户籍进行登记、核实，对房屋及构筑物、青苗及附着物进行测量、登记、签字、确认、公示、复核，无误后由镇政府对房屋及建（构）筑物、青苗及地上附着物开展清算补偿。

4. 住房安置，农户搬迁

修建安置房，落实房源，开展搬迁，并做好户口迁移及城乡居民户口登记工作。通过整治地质灾害危险地段建筑、拆除破败荒废老建筑、迁出影响自然生态保护区内村庄、合并人口持续流出空心村落，再靠近配套完善乡镇中心地区集中安置，腾退建设用地规模指标，提高集约节约利用土地效率。

5. 充分社保，充分就业

完成农民变市民的户籍变更手续后，及时落实人员社保，做好有就业意愿的全员统计摸底，抓好就业培训，寻找就业岗位，引导帮助就业。

6. 工程实施，整治修复

依据实施方案，县级政府统筹组织实施四大工程，将农房旧房拆除复耕，开展生态修复、土地整理工作和人居环境整治等内容。同时建立全域土地综合整治联合审批立项机制，优化审批流程。在涉及农用地流转、宅基地拆建等整治工程时，应扎实做好群众工作，尊重农民意愿，合法合规开展整治工作。

7. 项目验收，记录入库

分阶段进行子项目和整体项目的验收工作，并展开相应的整治绩效评价工作，要达到国土部门验收要求，最后登记入库。阶段主要分为子项目验收、阶段验收和整体验收。

8. 土地流转，运维管护

开展农用土地流转工作，做好集体经济组织预留土地的项目开发和新建平移土地的综合开发。重视项目后期的管护，明确管护主体，落实责任。结合广东省自然资源厅构建"天、地、空"三位一体的监测预警平台，对全域土地综合整治中的基本农田、建设用地整治进行地类、面积、位置、形态四个维度指标的动态跟踪监测，原则上项目后期管护期限不得少于3年，其中垦造水田类项目后期管护不得少于6年。

4.2.2 广东省全域土地综合整治试点的工作流程（图4-2）

1. 前期谋划阶段

依照2019年自然资源部印发的《全域土地综合整治试点实施要点（执行）》（以下简称《实施要点》），要开展全域土地综合整治工作，首先要进行整治试点的筛选工作。广东整治试点前期谋划，主要通过调研走访、入户问卷调查、自然资源潜力调查等工作以了解区域内土地的经济、社会、文化、权属等现状，在前期调查阶段始终贯穿"为何整治、在哪整治、如何整治、谁来整治"理念，确保了整治试点工作目标明确、范围明确、路径明确、主体明确，为后续开展实施方案编制、整治项目落地提供重要支撑。广东省试点在前期谋划阶段的主要工作程序如下：

1）聚焦组织保障，成立全域土地综合整治专班

由于我国国土空间规划体系仍在完善，相关整治职能部门工作交叉重叠，存在"部门打架"现象。在同一单元的国土空间下，有着农业、水利、交通、产业、建设等各不相同但联系紧密的要素，且各要素分属不同职能部门管辖。在这种部门职能分割、交叉，乃至产生管理冲突的现实困境下，国土空间无法实现整体保护以发挥要素效益。因此，在开展全域土地综合整治工作时，广东省整治试点应成立全域土地综合整治领导专班，由整治区域领导任组长、各相关职能部门负责人作为成员，构建统一领导、统一协调的领导小组，及时研究解决在整治工作推进中遇到的难题和怪题。

在调研走访中发现，以县域为单元和以乡镇为单元开展整治工作的试点联动机制较为不同。由于县域为单元的全域土地综合整治试点涉及范围广、要素多，因此可立足于全县域角度成立县域领导小组、整治单元领导小组以及"镇—村"工作小组开展自上而下、自下而上相结合的工作方式，共同支持全域土地综合整治工作推进。

如广州市从化区整治试点作为广东省唯一以县域为单元开展全域土地综合整治的国家级试点，在县域工作层面组建了以区委书记为组长、区长为常务副组长、区委副书记和相关副区长为副组长，财政、农业、水务、住建、交通、林业、规划、镇街等部门为成员的试点工作领导小组；在示范项目层面建立了由区委、区政府主要领导担任项目总指挥长、区委副书记担任指挥长的项目指挥部，下设6个项目专班，4个租地专项工作组，同时充分发挥区属国有企业的积极性，形成"政府主导、部门联动、镇街主体、多方参与"工作格局。

在镇域整治单元层面，建立由镇党委镇政府主要领导任组长，分管规划和自然资源、农业农村的镇领导任副组长，各相关职能部门主要负责人为成员的领导小组，统一领导协调全域土地综合整治试点工作。相关部门根据各自的职责既要牵头抓总，又要协同配合，根据项目区的潜力情况，整合资源和资金，优先把各项任务在项目区内立项实施，共同支持全域土地综合整治工作推进。

在镇村工作层面，建立"镇村（社）"二级联动机制，建立"政府主导、部门联动、村社主体、多方参与"的工作机制，由镇政府统筹安排推进镇全域土地综合整治工作，由镇作为整治项目的实施主体，积极推进试点工作。突出由"县域—镇域—整治区域"逐级传导、部门联动、多方参与的土地整治领导专班工作机制，充分调动并发挥各级党委、

政府主导作用，落实主体责任，明确部门分工，厘清工作职责，强化协同配合，形成全区工作合力，为试点的成功申报打下坚实的工作基础。

2) 加强技术保障，组建全域土地综合整治技术团队

全域土地综合整治工作是一项涉及多领域、多专业、多学科技术性工作，包含了诸如农业、水利、建设、林业、地理信息、国土资源管理、勘查测绘等多行业与多学科，要求技术人员具有多学科及一定数字化基础知识和科学素质。要在整治工作中体现全域性、全要素的综合整治，必须明晰规划必要性和专业局限性问题。通过组建专家技术团队，研究全域土地综合整治的关键问题，落实严格的工作程序以保证成立领导小组和技术团队后的前期调研工作有序展开。

2. 调查分析阶段

1) 开展前期调查，掌握全域土地综合整治试点情况

在建构了领导小组与整治技术团队落实各项工作实施主体后，对整治试点开展全域自然资源调查，明晰整治区域国土空间本底条件。科学的规划与整治实施需要有统一、客观和现状的基础数据，为编制实施方案、增强整治项目落地性提供重要支撑作用。开展前期调查，首先要收集、整合整治区域的各类专业图文、数据，包括全域范围内所有自然资源和土地利用状况、用地权属、行政边界、经济、社会与文化等要素。通过阅读分析现有资料，了解整治区域基本信息，梳理出重点调查问题以及方向，为后续实地勘察提供明确方向与关注重点。

在完成上述内业工作后，制定翔实的工作计划，根据项目特点、项目需求拟定调研任务、目的，制定调研的技术规程。按照不同专业对调研内容进行分工，将具体工作计划落实到相应的专业小组，保证调研工作分工明确、有序开展。

根据《实施要点》要求，广东省在开展全域土地综合整治试点前期谋划工作过程中，还同步开展

全域土地综合整治政策宣讲、解读，广泛征求和听取群众意见，在前期谋划阶段充分掌握区域群众的整治意愿倾向，以夯实整治工作的群众基础。

2）资料整理分析，召开工作会议总结阶段性成果

在这一阶段，将调研而来的资料进行综合整理并开展分析研究，形成整治试点调研报告、调研图纸等图文资料，对资料进行核实、修正以保证资料的正确性与完整性。最后汇总成完整、全面的调研报告，包括但不限于以下几项：整治试点自然资源、地形地貌、社会经济发展情况；支撑整治可行性的数据分析过程、数据来源、论证过程、分析研究方法；各类资源要素、产业要素的数据及布局图纸；总结、分析以及整治开发利用与保护建议等。

通过内业资料整理与分析后，召开全域土地综合整治项目会议，对整治试点调研情况和资料情况进行汇报，并由各领导小组与专业小组进行阶段性总结。而后确定后续实施方案编制以及整治项目筛选等工作大纲，明确工作方式和工作内容，研判日后工作主要方向。

3. 方案编制阶段

《实施要点》文件中提到，乡镇国土空间规划和村庄规划是实施全域土地综合整治的规划依据，全域土地综合整治是规划实施的平台和手段。由此可见，全域土地综合整治工作需要严格遵守国土空间规划和村庄规划对土地的功能与布局。在试点方案编制之前，需要先编制乡镇国土空间规划以明确全域土地综合整治的目标任务、整治区域、主要内容和空间布局等。在乡镇国土空间规划以外，还需对试点的整治区域开展村庄规划编制，将整治任务、指标和布局要求落实到具体地块，明确组织管理、实施时序、项目安排、资金估算和投资来源等，为全域土地综合整治工作做出明确的指引，加强整治项目可行性与落地性。

1）组织编制全域土地综合整治实施方案

由县级规划主管部门作为主体组织编制全域土地综合整治实施方案。在乡镇国土空间规划和村庄规划已编制完成的情况下，开展整治实施方案编制，指导土地整治项目建设实施。根据相关政策以及自然资源部国土空间生态修复司印发《全域土地综合整治试点实施方案编制大纲（试行）》要求，围绕整治区域可行性、工作目标、整治实施内容边界、资金规模估算及来源、进度安排以及项目效益及风险分析、项目验收标准及程序设置、保障措施设置等内容完成编制实施方案。重点关注用地潜力分析、整治项目库建设、资金来源与投资等内容，确保从规划到实施过程中，保证整治项目的合理性和落地性。最终完成全域土地综合整治的方案编制阶段。

2）组织实施方案专家评审会

实施方案的合理、科学与否，不仅需要建立在精确的数据、实地勘查调研基础之上，还需要行业专家进行分析评估以保证方案的科学性和专业性。因此，实施方案编制完成后，需要组织专家评审会对方案进行综合分析评估。由县级规划主管部门组织开展全域土地综合整治专家评审会，邀请实施方案中涉及的各门学科及专业的行业专家，对实施方案的目标、整治布局以及方案合理性、科学性作专业性评估并提出建议以完善实施方案。

4. 论证审批阶段

全域土地综合整治涉及范围广、整治要素全，牵涉多元利益主体，因此在编制与实施的过程中须做到公平、公正、公开，保证决策的科学性和合理性。广东省整治试点尊重民意，保障人民合法权益，始终把维护农民和农村集体经济组织的主体地位放在首位，以人为本、依法推进，依法保障农民的知情权、参与权和受益权，切实保障农民利益和维护农民权益。土地综合整治工作公开透明，坚持以民意调查为前提、公众质询为手段、专家会审为保障，广泛听取公众对规划的意见和建议，根据意见和建议对实施方案进行优化，形成最终成果进行公示、上报审批。

5. 正式实施阶段

在经过前期谋划准备阶段的充分工作，编制出全域土地综合整治实施方案后，组织项目资金统筹、项目施工招标，正式开始进入实施阶段。

全域土地综合整治试点开展土地整治实施活动，脱离不了政策支持，更脱离不了资金支持。由于在全域土地综合整治试点工作中整治资金种类与来源较多，需要在方案编制阶段将可实施、能实施、好实施的项目进行优化整合，并明确项目的投资主体与技术单位。在实施过程中需要充分考虑整治区域发展实际，结合现有土地整治投资模式，充分考虑社会资本投入开展项目实施，重点考虑国有企业、龙头企业以保证土地整治的资金来源。在广州市从化区鳌头镇的越秀风行田园综合体项目中，便引进龙头企业以保证田园综合体项目的资金支持、技术支持与政策平台支持。

在明确了投资主体、技术单位以及资金来源后，组织项目施工单位招标，依据项目可行性研究、村庄规划、实施方案落实整治区域内各类整治项目的工程施工。

6. 项目验收与运营管理阶段

在整治项目施工完毕进入使用、运营后，按照整治区域内各子项目的具体实施情况进行分批验收，做到"完成一批、验收一批、调整一批"。此外，对各项具体整治工程的完成情况和质量，特别是对耕地和永久基本农田数量和质量、建设用地规模是否达标进行验收，确保图、表、数据库和实地的一致性。同时建立项目跟踪系统制定运营管理方案与考核评估。

4.2.3 社会资金投入为主的全域土地综合整治工作流程要点

全域土地综合整治项目由于资金需求量大，必须统筹利用多种政策工具，充分发挥财政资金的引

图4-2 广东省全域土地综合整治试点工作流程

导作用。为了建立一个既有金融机构重点支持又能促进社会资本积极参与的多元化资金筹措机制，需要通过合理设计指标收益分配机制来激发各方的积极性。要确保项目资金的有效供应，通过整合和优化资源分配，为全域土地综合整治项目的顺利实施提供坚实的资金保障。进而促进土地资源的有效利用和区域发展的均衡，进一步推动社会经济的持续健康发展。

在社会资金投入为主的全域土地综合整治工作中，政府部门应起到主导作用，在引入社会资本的过程中，需要对资金现存的一系列风险问题展开科学合理的监管和评价，推动全域土地综合整治工作在符合国土空间用途管制条件下保质保量地实施，有效规避各类风险。具体工作流程要点主要如下：

1. 成立政府专项领导小组

落实当地政府第一责任，统筹负责项目规划、实施推进和资金整合等相关工作。在推进过程中，依托全域土地综合整治领导小组与工作专班加强多部门业务协同，按照"当地镇村主体、部门落实参与、政策规范不乱"的原则，避免试点工作成为自然资源部门自己的事情。

2. 全面梳理部门项目和资金

全面收集水利、交通、农业农村、自然资源等多个部门的项目和资金，整理专项资金的管理规范和要求，结合用途和目的，开展专项分析，厘清相关专项项目和资金关系，形成项目、资金的清单和目录，注重与全域整治工程规划设计衔接。在项目前期策划阶段，结合政策导向和整治目标，根据全域土地综合整治区的功能定位，确定重点整治区域，设计不同类型的整治路径。以资源资产价值实现及增值为导向，将经营性项目、非经营性项目统筹谋划，避免重复建设和资源浪费，提高项目整体效益。通过项目土地综合利用规划，将资金进行统筹梳理与安排，同时增强多元化产业项目的经营性收入，实现整体资金平衡。

3. 多方筹备，拓宽资金渠道

广东省要积极推进全域土地综合整治金融支持政策制定，通过贷款优惠、利息补贴等形式，降低各方融资资本，积极引进社会资本，以市场化方式成立专项基金，吸引投资。同时，应推动整治项目市场化参与和运作，引进有实力的国企、央企和社会资本积极参与全域土地综合整治，鼓励成立市场化的全域土地综合整治实施主体，出台相关措施规范实施主体的用地使用权、经营权和资产运营权，提高整治项目营利能力。

4. 按照工程内容或服务功能进行工程分解

推动多主体协同实施机制。明晰各实施项目的实施主体，构建"政府主导、自然资源部门搭台、多部门融合、平台公司统筹、群众参与"模式。具体实施上，应将全域整治设计的工程内容清单与部门专项资金清单进行逐一对比和落实，将符合部门管理资金要求的工程或服务功能对象，归属落实到相关部门，按照项目和资金"管理不变、渠道不乱、程序不减"的思路，集成政府部门或产业企业等项目和相关资金，同步推进全域整治工程建设。

5. 加强整治项目事前评估、事中监管和事后审查，保证整治工作全流程有序开展

结合国家投融资改革投资管理工作重心逐步从事前审批转向过程服务和事中事后监管的要求，对社会资金投入进行可行性评估，并在项目实施过程对资金使用和工程实施进行实时监管，在项目后期验收要对社会投入资金使用情况进行审查复核，保证资金使用的合理可靠。同时，对于优秀整治项目，应积极总结经验，起带头示范作用，形成可借鉴的整治模式供各地参考。

4.3 广东省全域土地综合整治工程类型

4.3.1 农用地整理

农用地整理，作为一项重要的土地管理活动，涉及在特定区域内，基于土地利用总体规划及相关专项规划的框架下，采纳一系列行政、经济、法律及工程技术措施，对田地、水系、道路、林地和村落等进行全面综合整治的过程。该过程旨在调整土地使用关系，优化土地利用结构和提升生产、生活条件，增加土地的有效供给，提高农用地的质量以及土地的利用率和产出率。农用地整理的实施，特别是通过耕地和林草地的恢复，旨在加强农田水网和生物网络等生态基础设施的修复，促进生态环境的改善和生态平衡的维持。农用整理地整治工程内容及要求如下：

1. 补充耕地项目

综合考虑地形条件、水源条件等，将与周边农田集中连片的园地、林地以及其他农用地，通过工程措施开发成为耕地。主要沟渠布置以引为主，合理布置各级输配水渠道及渠系建筑物，对原有沟渠进行修缮及修建山塘水库等，改善开发地块耕作条件。具体要求可参考广东省自然资源厅、广东省财政厅、广东省农业农村厅联合制定的《广东省补充耕地项目管理办法》。

2. 垦造水田项目

在平原低地区，针对地块连片度达到50亩（3.33公顷）以上且坡度低于15度的旱地、水浇地、可调整地类以及未利用地和建设用地，通过一系列农用地改造工程将其开垦为水田。这些工程包括田块调整、田面平整、田埂砌筑、田面防渗以及配套灌溉渠道的配置和农田防洪、排涝、降渍排水沟渠的建设。这样的改造工程旨在提升农用地的利用效率和产出能力，为农业生产提供更加优质的条件。具体实施要求和标准，可以参照《广东省土地整治垦造水田建设标准（试行）》或依据最新发布的相关标准进行。这一过程不仅对提高土地生产力有重要作用，也是促进农业可持续发展和提升农村经济效益的关键措施。

3. 高标农田建设项目

依据广东省农业农村厅发布的《广东省高标准农田建设规划（2021—2030年）》，该规划明确指出高标准农田建设应覆盖田、土、水、路、林、电、技、管八个关键领域的目标。特别强调，高标准农田建设项目应聚焦于粮食生产功能区、永久基本农田、省级现代农业产业园（粮食类）、种子基地等关键区域的发展。此外，规划鼓励将符合条件的撂荒耕地、新增耕地以及国土资源"三次调查"中确定的可恢复和待工程恢复地块，纳入高标准农田的建设范畴。同时，建议优先考虑与大中型灌区等水利建设项目的整合，将大中型灌区的有效灌溉面积优先发展为高标准农田，确保新建的高标准农田项目一经完成即可全面投入粮食生产。这一规划不仅旨在提升农田建设质量和粮食生产能力，也是广东省促进农业现代化、实现粮食安全和可持续发展的重要战略举措。

在具体的工程实施方面，高标准农田建设项目应侧重于以下几个关键领域：首先，通过土地平整工程，集中耕地资源并确保农田表面的平整性，其中耕层厚度需达到30厘米以上，有效土层厚度至少60厘米以上，同时土壤的理化性质应符合作物高产、稳产的需求，田地的规格和平整度也应满足农业机械化生产的标准。其次，灌排工程的实施应合理配置水资源，建立一个既能灌溉又能排水和减轻涝害的灌排系统，采纳节水灌溉技术以扩大有效灌溉面积，完善灌排设施，充分利用水资源，确保灌溉设计的保证率达到90%以上，排水标准则应能够应对至少每十年发生一次的降水量。最后，田间道路工程的建设旨在打造一个便捷、高效的交通网络，连接田间和居民区，满足农业机械化生产和居民安全便捷出行的需求，其中平原地区的道路可达性应不低于95%，丘陵地区的道路可达性不低于80%。这些具体要求和标准可以参考《高标准农田建设 通则》（GB/T 30600—2022）等相关规范性文件。通过这些综合措施，旨在提升农田建设的标准，优化农业生产条件，促进农业高效可持续发展。

从具体项目来看，以广州市从化区鳌头镇的万亩良田项目为例，该项目的整治工作涵盖了土地平整、灌溉与排水、田间道路、农田防护以及生态环境保护等多个方面。项目通过对农用地的综合整理，将零散的农用地进行统一规划和集中整合，融合了碧道、绿道、水系、农田、文化旅游、研学等多功能，充分展现了地方特色，采取岭南都市田园作为整治的模式，致力于推进全域性的农用地整理和规划。实施策略上，从化区采纳了"岭南田园+三产融合+田园综合体+特色小镇"的创新整治思路，规划了农田整治、河道治理、村庄提升三大类共14项子工程，旨在促进农用地的高效利用和农村面貌的全面提升，同时实现农业和农村的价值增长。通过这样的整治项目，不仅增强了农田的生产能力和生态环境的持续性，也为农村经济的发展和乡村振兴战略提供了有力支撑。

4. 池塘整治项目（淡水养殖池塘、海水养殖池塘）

池塘整治涉及一系列旨在提升水资源利用效率、保护生态环境以及增强池塘综合效益的工程与技术措施，既包括自然形成的池塘也涵盖人工建造的池塘。该整治工作的核心目标是应对池塘所面临的诸多挑战，如水资源匮乏、水质污染、生态环境退化及生产效益低等问题，同时也致力于推动农村经济发展和生态文明的建设。

池塘整治的具体措施包括进行池塘清淤、加固堤坝、疏浚水道、修建水闸及实施环境生态工程、优化土地利用等。这些措施旨在增强池塘的蓄水能力，提高水资源的利用率，改善水质与生态环境，从而提升池塘的产出能力和综合效益，促进当地的农业发展和农民收入增加。

池塘整治需要全面考虑池塘的地理环境、水文地质特性及生态条件等因素，通过科学规划和精心设计以确保整治措施的长效性和持续利用。此外，池塘整治还强调社会参与和公共宣传的重要性，鼓励和组织当地社区居民积极参与整治活动，通过增强社会合作和共同治理，共同推进农村生态文明建设和可持续发展目标。

1）淡水养殖池塘整治项目

淡水养殖池塘整治工程是一项旨在综合提升池塘功能和效益的重要活动，它不仅增强了池塘的蓄水能力、提升了水质，还优化了池塘的生态环境，为鱼类、虾类、蟹类等水生生物的生长和繁殖创造了有利条件。这些措施显著提升了养殖的产量和产品质量，从而增加了农民的收入。同时，整治工程有效减少了废水、废弃物和养殖过程中产生的污染物排放，降低了水体的污染程度，改善了水生态环境，保护了生物多样性和生态系统的稳定性。为确保整治工作的科学性和规范性，可参考《淡水池塘标准化改造技术规范》（DB 13/T1563—2012）等相关规范和标准进行。通过这些专业指导和技术规范的遵循，淡水养殖池塘整治工程能够有效实现生态养殖和可持续发展目标。

淡水养殖池塘整治具体工程内容如下（表4-1）：

淡水养殖池塘整治具体工程内容　表4-1

序号	工程措施	内容
1	清淤	淡水养殖池塘经过长期使用，池塘底部会积累大量沉淀物，影响池塘的蓄水能力和水质，需要进行清淤处理，清除底泥和杂物，恢复池塘蓄水能力
2	加固堤坝	池塘的堤坝是防止池塘水体外溢和洪水侵袭的重要保障，需要检查和加固堤坝的完整性和稳定性，确保池塘的安全性和稳定性
3	疏浚水道	淡水养殖池塘的水道需要保持畅通，通过疏浚水道可以提高池塘的蓄水能力和水流速度，改善水质，促进鱼类和虾类的生长和繁殖
4	修建水闸	水闸是控制池塘水体流动的重要设施，通过修建水闸可以调节和控制池塘的水位和水流速度，保证池塘的安全性和稳定性
5	建立环境生态工程	通过建立环境生态工程，可以改善池塘周边的生态环境，促进水质净化和生态系统的恢复，提高养殖产出和质量
6	改善土地利用	淡水养殖池塘的周边土地利用也需要考虑，通过合理规划和利用周边土地资源，可以提高养殖产出和经济效益

[资料来源：参考《淡水池塘标准化改造技术规范》（DB 13/T 1563—2012）等相关规范整理]

2）海洋养殖池塘整治项目

海水养殖池塘整治涉及对海水养殖环境的改善和污染控制的综合过程。随着海水养殖业的快速发展，部分海水养殖池塘面临着水质污染、养殖废弃物处理不当和生态环境破坏等挑战，亟须采取有效的整治措施。通过实施海水养殖池塘整治，可以显著提升养殖海水的水质和生态环境条件，有效减少废水污染和养殖过程中污染物的排放，从而改善养殖环境质量。此外，整治工作不仅能提升养殖产业的效益和产品质量，还促进了养殖行业的升级与转型，为海洋资源和环境的保护作出贡献，推动了生态系统平衡和养殖业的可持续发展。

淡水养殖与海洋养殖池塘整治的异同：①水质差异。海洋养殖池塘的水质相对复杂，含盐度高，这要求在水质治理上应用更复杂的技术措施；相比之下，淡水养殖池塘的水质相对简单，处理方法也相对单一。②废弃物差异。海洋养殖池塘的废弃物主要包括养殖底泥和含有机物的养殖废水，这些废弃物的处理需采用复杂技术；而淡水养殖池塘产生的废弃物主要是饲料残渣和含有机物的养殖废水，处理这些废弃物的技术要求相对较低。③养殖设施差异。海洋养殖的设施相对简单，通常包括养殖池塘及其附属设施；而淡水养殖的设施更为复杂，可能涵盖水源调节、水质调节、养殖池塘、饲料制备、废水处理等多个环节，反映了淡水养殖在技术和设施上的高度综合性。

综上所述，虽然淡水养殖和海洋养殖在整治过程中有各自的特点和挑战，但都有利于提升水质、处理废弃物、优化养殖设施，以支持养殖业的可持续发展。因此，无论是淡水养殖还是海洋养殖，整治工作都需要根据具体条件采用适宜的技术和管理策略，以确保养殖效益的最大化和生态环境的保护。

4.3.2 建设用地整理

建设用地整理旨在通过系列整治手段和措施，对使用效率不高的建设用地进行全面整治，主要目的是促进土地的集约与节约利用。这种整治不但能显著提升经营性建设用地、宅基地以及公共服务基础设施用地的使用效率，而且有助于恢复和改善包括产业布局、民居建筑，以及交通网络等在内的生态景观。通过这样的综合整治，既优化了土地资源的配置，也促进了环境的可持续发展，为建立更加高效、绿色、和谐的建设用地利用模式提供了坚实基础。建设用地整理具体工程内容及要求如下：

1. 拆旧复垦项目

对低效、违规建设用地进行拆除处理，进行土地平整、农田水利及田间道路规划，将其变为耕地，使其能够进行耕作。借鉴增减挂钩的相关经验，将农村比较老旧的住宅以及废弃的宅基地、空心村等闲置建设用地复垦腾退出来的建设用地指标在优先保障所在村建设需要后，节余部分以公开交易方式在省内流转用于城镇建设。具体要求可参考《广东省旧城镇旧厂房旧村庄改造管理办法》等政策和标准。

2. 低效建设用地活化项目

有序开展农村宅基地、工矿废弃地、城镇低效用地以及其他低效闲置建设用地整治等具体项目，调整建设用地布局，优化建设用地结构，提升集约节约用地水平，为乡村一二三产业融合发展和城乡融合发展提供用地保障，确保试点期末建设用地面积不增加。

以佛山市南海区的试点项目为例，该地区充分利用国有土地储备制度，积极探索并实践土地整备新模式，形成了"产权托管、统筹开发"的市场化入市模式。在具体操作上，南海区通过建立区域和镇级的集体土地整备中心，采取托管方式整合符合市场条件的农村集体经营性建设用地，进而实现这些土地的统一招商引资入市。这种做法有效地解决了集体土地以往因分散使用而导致的利用效率低下问题，实现了对集体土地的统筹和综合开发，从而显著提升了土地利用效率。此模式不仅显著减轻了政府的财政负担和成本，同时也充分考虑到了农村集体经营性建设用地使用权到期后的产权处理问题，有效解决了土地及其上建筑物的产权归属问题，为低效建设用地的整治和腾退工作提供了有效的推进力。

4.3.3 乡村生态保护与修复

实施乡村生态保护与修复工作是推动我国生态文明建设进程中的一项关键措施，必须致力于提高生态系统的质量与稳定性，坚持整体的系统观念，从生态系统的全面性角度出发，积极推进山水林田湖草沙的一体化保护与修复工作。这要求我们更加重视采取综合、系统、源头的治理措施，致力于开辟一条将生态优先和绿色发展作为导向的高质量发展路径。这不仅体现了对当前生态环境问题的深刻认识和对未来可持续发展的坚定承诺，也为实现人与自然和谐共生的目标提供了明确的方向和强有力的指导。具体整治工程内容及要求如下：

1. 河流河道整治修复项目

通过综合治理，实现水系格局的完整性和形态的自然性，确保河流稳定、泄洪排涝畅通无阻、水系连通有序。治理措施排除了淤积堵塞和人为阻隔，消除了断头河道现象，确保了河湖系统的功能健康。这包括水源的有效保护和污染的有效治理，确保河面水体的清洁，无污染危害、无明显漂浮物、无超标污水直接排入河流，水质满足既定的功能要求。为达到这些目标，可参考《城市河湖生态修复设计规程》等相关标准，采取科学合理的设计和治理方案，促进水环境的持续改善和生态功能的全面恢复。

2. 碧道建设项目

以水资源为核心，致力于整体规划和治理山水林田湖草沙系统，旨在优化生产、生活与生态的综合布局。这一过程中，应全面考虑生态保护、文化传承、休闲娱乐、经济发展以及水资源安全等多重功能，力图打造兼具洪水安全通道、生态绿色河岸、自然休闲路径和高质量发展经济带的综合体系。碧道建设，作为"水生态环境治理的升级版"，旨在推进一个更加优美的生态环境的共建、共治与共享，不断提升人民群众的满意度、幸福感和安全感。为实现这一目标，可以参照《广东万里碧道总体规划（2020—2035年）》等相关规划指导，确保项目的科学性和前瞻性，共同构建和谐美好的水生态文明。

3. 海岸线修复项目

通过海岸线的整治和清理以及红树林的种植，旨在提升海岸线的生态景观价值、生态服务功能以及其防灾减灾的能力。这些措施旨在全面改善海岸带的生态环境，提高其生态承载力和生态系统的多样性，同时增强该区域的经济可持续发展能力。此外，通过增加居民的亲水空间，这些整治活动不仅带来了显著的生态效益，还促进了经济效益和社会效益的提升，为推动海洋生态文明建设贡献了力量。为确保这些活动的有效性和科学性，可参考《关于推进广东省海岸带保护与利用综合示范区建设的指导意见》（粤自然资发〔2019〕37号）等相关政策和指导文件，确保海岸线整治和生态修复工作符合当前最佳实践和政策方向，共同促进海岸带的保护、利用与可持续发展。

以潮州市饶平县黄岗镇碧洲海岸带整治修复工程项目为例，该项目通过构建滨海景观栈道和亲海观景平台，扩大城乡居民的亲海空间，并进行红树林的种植，综合考虑岸滩整治、生态廊道建设、防潮防洪、渔业避风、海洋生态修复以及滨海休闲旅游和疏港交通等多方面内容，实现海陆资源的统筹利用和问题的标本兼治。项目旨在通过对滨海岸带进行生态保护和修复，不仅提升了沿海地区的生态环境质量，也优化了海洋养殖产品的质量。依托于优质的环境和产品，进一步推动了当地旅游业的发展，促进了生产、生活和生态的高质量共进，为区域的可持续发展提供了坚实的基础和新的动能。

4. 矿山治理生态修复项目

通过实施采空区回填、矿渣清运、植被恢复等工程技术措施，本项目旨在加强矿山土壤的保持功能和水源涵养能力，有效减少矿渣尾砂对下游河流的污染，以恢复矿区生态系统的完整性和连续性。对于矿山、矸石场等易发生崩塌和滑坡的区域，采取排水、锚固等修复措施，以降低地质灾害的风险。矿区土壤修复则主要采用生物修复技术，旨在降解土壤中的有害污染物，提升土壤肥力，恢复工业场地和石场等被破坏土地的肥力。此外，矿山修复完成的场地还可被转化为矿山公园，这不仅提高了土地利用的效能，也为周边居民提供了宝贵的户外休闲空间。为确保修复工作的科学性和有效性，项目可参照《广东省矿山生态修复技术指南（试行）》等相关指导文件，确保修复措施的规范执行和高质量完成，共同促进矿区生态环境的持续改善和可持续发展。

以惠州市龙门县龙江镇公塘石场生态修复项目为案例，该项目采取了"矿地一体化"的创新模式进行石场的回填改造，成功将一个废弃矿坑转变成了一个旅游绿地。此举不仅是矿山生态修复的积极尝试，也是将美丽乡村建设与休闲文化旅游开发进行有机融合的典范，实现了矿山修复与文化旅游的紧密结合。项目采纳了"人工+自然"的生态恢复模式，通过一系列工程措施如"回填—平整—边坡治理—边坡复绿—土地复垦"等，有效消除了地质灾害的隐患，重构了生态系统和景观。在此过程中，无历史和教育意义的矿山建筑物被拆除，而具有科普宣传价值的设施或建筑被保留，作为生态景观的重要组成部分，为地区的生态修复与文化旅游发展提供了新的思路和模式。

5. 乡村绿化整治项目

乡村绿化整治工作致力于改善和提升农村地区的绿化环境，目的在于提高农村的生态环境质量和居民的生活水平。通过实施乡村绿化整治项目，可以有效改善农村的生态环境，增强生态系统的稳定性和生态功能，同时有助于减轻城市和工业区对环境的压力。良好的生态环境和丰富的绿化景观不仅能提升农村居民的生活质量和幸福感，还能促进社区精神的建设和文化的传承。此外，美化后的乡村景观具有吸引游客和投资的潜力，有助于推动农村旅游业和农业的发展，从而带动农村经济的整体提升。为确保乡村绿化整治工作的科学性和有效性，可以参考《广东省乡村绿化美化建设工程技术规程》等相关技术规程和标准文件，采取科学合理的绿化美化措施，全面提升农村地区的绿化水平和生态环境质量。

6. 坑塘水体治理项目

坑塘水体治理涉及对城乡地区坑塘水体的全面整治，旨在提升水体的水质、水量及其生态环境，从而促进城乡环境改善和居民生活品质的提升。坑塘水体治理的意义和作用主要表现在以下几个方面：第一，改善水质。通过有效去除水体中的污染物，坑塘水体治理净化水质，确保水体的清洁，为人民群众提供安全的饮用水，保障公共健康。第二，调节水量。坑塘水体治理通过合理调配和利用水资源，提高水的使用效率，有助于缓解城乡地区水资源短缺的问题，促进水资源的可持续利用。第三，保护生态环境。该治理措施通过恢复水体的自然状态和生态功能，保护和增强生物多样性，维护生态平衡，促进生态系统的健康和稳定。第四，改善城乡环境。坑塘水体的整治和美化，不仅丰富了城乡的自然景观，还提升了城乡居民的生活环境和生活品质，增强了居民对环境美的感知和幸福感。通过这些综合措施，坑塘水体治理不仅对提升环境质量和保障水资源安全具有重要意义，还对促进社会经济发展和提高人民生活水平具有积极作用，体现了环境治理与社会发展之间的紧密联系。

坑塘整治具体工程措施如下（表4-2）：

坑塘整治具体工程措施　表4-2

序号	措施	内容
1	坑塘整治	对坑塘进行疏浚、淤泥清理、加固、扩建等工程措施，提高水体的容积和水深，增加储水能力，提高水资源利用率
2	沉淀池建设	修建沉淀池，对污水进行预处理，去除污水中的悬浮物、沉淀物和有机物等，减少对水体的污染
3	植物修复	通过种植水生植物、湿地植物等方法，促进水体的自净作用，减少污染物的含量，提高水体的水质
4	养护管理	对坑塘水体进行定期的养护和管理，加强监测和预警，保障水体的长期稳定性和可持续利用

［资料来源：参考《村庄整治技术规范》（GB 50445—2008）、《农村坑塘生态治理工程技术规程》（DB 13/T 5253—2020等规范整理］

4.3.4 乡村历史文化与风貌保护

1. 乡村风貌整治项目

乡村历史文化是乡村振兴的根脉,应在保护乡村风貌、传承乡村文脉、留住乡村记忆的同时融入乡村发展,使历史文化和现代生活融为一体,为乡村振兴增添活力。乡村风貌整治具体工程措施如下(表4-3):

乡村风貌整治具体工程措施　表4-3

乡村风貌提升项目		
序号	类型	内容
1	基础设施建设	包括建设或改善道路、桥梁、排水系统、供电系统、通信系统等基础设施,提高乡村交通和生活设施的质量和水平
2	建筑环境改造	包括对农村建筑进行外立面、屋顶、门窗等方面的改造和升级,提高建筑的美观度和环保性,同时也提高了居民的生活品质
3	绿化美化工程	包括对乡村公共绿地、广场、道路、河道等进行绿化、美化和亮化,打造具有乡村特色的景观,提高乡村的环境质量和文化内涵
4	旅游文化设施建设	包括建设乡村旅游文化设施,如民俗博物馆、民宿、农家乐等,丰富乡村旅游和文化的内涵,提高乡村旅游的质量和吸引力
5	农业产业升级	包括对农业生产方式进行升级和改进,如推广现代化农业技术、种植优质农产品、发展农业生态旅游等,促进农业产业的可持续发展
6	城乡融合发展	包括加强城乡交流和合作,促进城乡融合发展,如建设城乡产业合作园区、开展城乡公共服务共建等,提高城乡居民的生活品质和城乡经济的协调发展

(资料来源:参考《广东省村容村貌整治提升工作指引》整理)

总之,乡村风貌的提升和改造是一个综合性的过程,需要采取多样化的工程措施和策略。这包括但不限于基础设施的建设和改善、建筑环境的优化改造、绿化美化项目的实施、旅游文化设施的建设,以及农业产业的升级和城乡融合发展等方面。这些举措旨在全面提升乡村的环境质量,促进乡村经济的可持续发展和转型,为乡村振兴战略的实施注入新的活力和动力,从而实现乡村社会经济的全面进步和居民生活质量的显著提升。

2. 历史文化保护项目

开展整治区域内的历史文物保护与修复工作。不仅着重于保护传统村落的原有格局,更加强调本土传统文化的突出表现,旨在营造一个山水与人居和谐共处的格局。这包括加强传统街巷、公共空间的整治,以及建筑风貌和结构的优化整治,同时对重点文物进行精心修缮。通过这样一系列综合性的整治工作,我们旨在深化对本土文化的理解和传承,同时提升社区的整体美学和文化价值,为未来世代留下宝贵的文化遗产。

以广州市从化区西塘村乡村历史文化保护项目为例,该项目是一个充分结合当地特色文化与历史背景的典范。该项目以宪法馆、村史馆、家风馆、禁毒馆等文化设施为支撑,推进了法治乡村建设的深化。同时,项目注重对当地传统的居民群居地、书舍、祠堂等重要文化遗址进行精心保护与修复,保留了乡村的历史记忆和文化精髓。此外,通过引入如羊城之旅、启迪农业、农耕田缘、龟博园、麦田生态园等一系列农旅结合项目,西塘村成功实现了由"问题村"到"法治村"乃至成为旅游示范基地的转型。这不仅促进了当地经济的发展,也提升了村民的生活质量和幸福感,成为推动乡村振兴和文化传承的生动实践。

3. 乡村环境综合整治项目

乡村环境综合整治涉及对农村环境的全面性、系统性和综合性改善,旨在显著提升农村环境质量、改善农民的居住条件,以及提高他们的生活品质。此项整治工作的关键领域主要包括以下几个方面(表4-4):

乡村环境综合整治项目　　表4-4

序号	类型	内容
1	农村垃圾和污水处理	包括建设垃圾处理设施、污水处理设施，提高农村垃圾和污水的处理效率，减少污染物的排放
2	农村环境卫生	包括改善农村卫生设施，加强垃圾分类、收集、运输、处理和回收利用工作，提高农村环境卫生水平
3	农村给水排水	包括改善农村给水排水设施，提高给水排水的质量、效率，提高农民用水和生活条件
4	农村道路和交通	包括改善农村道路、桥梁等基础设施，提高交通运输的便利性，促进农业生产和农民出行
5	农村生态环境保护	包括加强农村生态环境保护，保护生物多样性，防止生态破坏和生态环境恶化

（资料来源：参考《广东省村容村貌整治提升工作指引》整理）

乡村环境综合整治具体工程可以分为以下几类（表4-5）：

乡村环境综合整治具体工程　　表4-5

序号	类型	内容
1	垃圾和污水处理工程	包括建设垃圾处理设施、生活污水处理设施、农村环境卫生设施和厕所改造等
2	农村道路和交通工程	包括建设道路、桥梁、交通枢纽等基础设施，提高交通便利性
3	绿化美化工程	包括对农村公共绿地、广场、道路、河道等进行绿化、美化和亮化，打造具有乡村特色的景观
4	生态环境保护工程	包括加强农村生态环境保护，保护生物多样性，防止生态破坏和生态环境恶化

（资料来源：参考《广东省村容村貌整治提升工作指引》整理）

4.4 广东省全域土地综合整治实施与运营机制

4.4.1 规划传导机制

全域土地综合整治实施方案的设计应紧密结合县（区）及乡镇的国土空间总体规划和村庄规划，同时融合生态修复、林业等专项规划，确保项目区用地类型、风貌管控、功能分区及控制线管控等方面的全面考量。以国土空间规划的"一张图"为核心，方案通过细化规划管控要素，明确各类整治任务、指标及其在不同层级规划中的传导关系，旨在主动发现并协调潜在的冲突与矛盾。特别对永久基本农田保护红线、城镇开发边界等关键调整方案进行审查，并确保这些调整方案的成果能及时反映在国土空间规划"一张图"上，以实现规划的连贯性和一致性。此外，全域土地综合整治还要综合考虑农业生产、村庄建设、产业发展、生态保护等多功能分区的需求，与各级各类规划管控要素进行有效对接。通过明确功能分区，落实具体的工程实施范围，确保能够有效地分解各级规划任务，并实现各类要素的无缝衔接，最终实现"多规合一"的规划目标，为全域土地综合整治提供坚实的规划支撑和指导。

根据自然资源部发布的《关于做好城镇开发边界管理的通知（试行）》（自然资发〔2023〕193号）文件，全域土地综合整治的实施必须严格维护"三区三线"（即生态保护红线、永久基本农田保护线、城镇开发边界线）划定成果的严肃性和权威性。整治工作应基于三条控制线刚性约束的前提，不随意突破，确保与三线管控边界的有效衔接。在确保建设用地指标不增加、耕地面积不减少的前提下，充分考虑土地利用结构的调整与优化，统筹考虑建设用地整治、农用地整治以及生态保护修复等各类整治任务。此外，应通过规划适度留白，为未来的发展预留充足的弹性空间，满足村庄建设、农村发展和乡村振兴的用地规划需求，同时保障重大项目和城镇开发建设用地的需求。这种规划策略不仅强调对现有土地利用的严格控制和保护，也体现了对未来发展的前瞻性思考和规划，确保土地资源的合理利用和可持续发展。

4.4.2 工作机制

1. 政府主导、部门协同

由于全域土地综合整治工作的复杂性和综合

性，为有效推进全域土地综合整治工作，应建立一个贯通联动的组织领导体系，确立由省级统筹、市级主责、县镇村具体落实的工作机制。这一体系旨在从更高层面推动全域土地综合整治领导小组与工作专班的成立，并保证其实体化运作，确保整治工作的有序进行。基于全域统筹的原则，应积极引导社会资本参与到全域土地综合整治中，充分利用社会资源与力量，增强整治工作的实效性和广泛性。同时，加强宣传工作，提高公众对全域土地综合整治重要性的认识，激发群众的参与热情和积极性。通过有效地组织领导和社会动员，可以确保全域土地综合整治工作的顺利推进，促进土地资源的合理利用与保护，为实现乡村振兴和可持续发展目标奠定坚实的基础。

比如河源市东源县，为推动顺天镇的试点工作，成立了县委书记任组长、县长任常务副组长、三个副县长和一个县政协副主席任副组长、22个部门一把手任成员的领导小组，保障了各项工作保质保量完成。

比如佛山市南海区，建立了"2、1、6、8"工作架构：区委书记和区长2位党政主要领导担任总指挥，同时设立1支执法总队，6个办公室内设工作组，8个由区人大、政协分管领导任组长的挂钩工作组。建立指挥部会议、主任办公会议、组长办公会议和分组办公会议4级议事机制。

比如南海区大沥镇，建队伍，强统筹，破难题，打造大沥铁军IP。在推动全域土地综合整治过程中，大沥镇成立镇全域土地整理指挥部，由镇委书记、镇长担纲挂帅，搭建9个专责工作组统筹推进工作。同时，大沥镇建立全域议事例会机制，成立重点项目临时党支部、实施党员干部"扛旗夺标"，精锐尽出推进全域工作，打造"大沥铁军"最强IP。

2. 社会参与

在社会参与方面，应贯彻"谁修复、谁收益"的原则，进一步完善社会参与的引导和激励机制。同时健全相关法律法规，通过立法方式明确规定社会资本的参与行为并确保其权益和义务。这不仅为社会资本提供了必要的支持和保护，也确保了其参与生态修复和土地整治的行为得到有效规范。此外，要制定和优化社会资本准入政策，并提供全方位的指导，既可以吸引更多的社会资本进入，也为整治工作提供了持续而有力的资金支持。这样的做法不仅能够保障社会投资者的经济利益，也促进了全域土地综合整治工作的深入开展，实现了生态修复、土地整治与经济效益的双赢。

3. 群众支持

乡村集体组织作为全域土地综合整治的关键参与者，广东省正推动建立一个以民为本、公开透明的公众参与机制，旨在保护整治实施区域内当地民众的根本利益。为了确保农民在整治过程中拥有充分的知情权、参与权和监督权，整治项目的筹划和实施过程应积极采纳广泛的民意。在项目筹划阶段，通过组织座谈会、发放问卷调查、进行实地走访以及在线征集等多元化方式，深入了解并识别亟须解决的关键问题和矛盾。随后，在整治方案的初步草案阶段，应邀请社区成员参加专家咨询会和论证会，认真听取并整合来自不同方面的建议和反馈，以优化整治方案；在项目执行阶段，建立农民质量监督员制度，鼓励和引导村集体与农民直接参与整治工程的建设过程，不仅有助于提升当地的经济收入，同时也增强了社区成员对整治项目的认同感和归属感。这种参与机制的建立，确保了民众不仅是整治过程的受益者，也是积极的参与者，共同推进乡村振兴和可持续发展，使每个人都能感受到实实在在的利益。

在整治的整个过程中，加强相关政策的宣传工作至关重要，要遵循"民有、民治、民享"的原则，通过有效的政策宣传和民众思想工作，不仅加快了乡村经济的发展，也显著改善了民生和土地环境。此外，应鼓励当地百姓参与到规划编制、工程施工及后期管理等各个环节。对于农田整治、植树造林、农村道路建设等技术要求较低的简易工程，鼓励农村集体经济组织或村民委员会组织本地农民参与施工，充分发挥农村集体组织和农民的作用。这种做法不仅增强了农民的归属感和参与感，也为乡村振兴提供了坚实的人民基础，确保了整治工作的顺利推进和长远发展。

4.4.3 实施机制

1. 实施模式

广东省在全域土地综合整治实践中，各试点应因地制宜，根据不同的地理位置所展示的地理特征，结合现状迫切需要解决的主要矛盾和实现未来城市发展目标基础上，制定以目的为导向的实施方案和实施机制，可参考以下八大模式指导全域土地综合整治实施：①高效现代农业引领型；②产业生态资源融合型；③建设用地集约利用型；④海陆统筹生态保护型；⑤城乡融合发展综合型；⑥乡村特色文化保护型；⑦矿山修复引导发展型；⑧重大建设工程推动型。

2. 工程模式

工程模式的设计与实施是确保方案具体落地的关键，合理设定并不断完善的工程模式有助于加速实施方案的执行，有效应对实际工作中遭遇的挑战与难题。鉴于不同试点方案的重点各异，其工程模式的侧重点也相应不同。例如，成都市环城生态区在全域土地综合整治中采取了土地综合整治项目全链条闭环管理机制，该机制覆盖项目规划、立项、审批、验收以及成效评估和监管等全过程，实施对涉及土地综合整治的地块、图斑在规模（数量）、空间、时间三个维度的全面管控，利用信息平台对每一寸土地进行精准管理。

3. 技术模式

应积极创新适应全域土地综合整治项目实施技术新标准。如成都市环城生态区全域土地综合整治全面创建土地综合整治项目实施技术新标准，包括实施田块合并扩大图斑面积、实施高标准农田建设，实现基本农田集中成片；建设用地严格按照环城生态区"控规"管理，保留非基础设施项目实行等量置换优化布局；土地综合整治项目实施中严格按照《环城生态区保护条例》相关规定，对项目实施前、中、后涉及图斑纳入数据库精细化管理等。如潮州市在海岸带修复方案中，着眼于当地面临的风暴潮灾害及生态损害情况，深入分析并提出了生境重构、水动力改善、植被修复、海堤生态化及设施整治等综合措施。该方案强调生态景观的集聚性与连通性，构建由点、线（带）、面组成的生态修复网络。通过海岸线清理、海堤生态化及红树林种植等措施，旨在提升海岸线的生态景观价值、生态服务功能及防灾减灾能力，同时改善海岸带的生态环境，增强生态系统的多样性和地区经济的可持续发展能力。因此，各地区在开展整治工程时，要依据本地实际需求与存在的问题，依托现有的标准和规范，制定并实施适合本地条件的整治工程模式，从而有效推进全域土地综合整治工作，实现整治修复与地区发展的双重目标。

4.4.4 考核奖惩机制

在全域土地综合整治的实施过程中，试点地区应对关键指标执行严格的考核制度，采取一票否决原则和终身追责机制以确保责任的落实。特别是在耕地保护方面，实行"五个一票否决"制度，具体包括：是否达成耕地保有量目标、是否保护了规定面积的永久基本农田、是否实现了耕地占补平衡、是否实施了耕地"进出平衡"，以及新增建设占用耕地中非法占用耕地的比例是否超过了15%。广东省在推进这一过程中，正探索建立将全域土地综合整治纳入党政领导干部绩效考核以及末位约谈制度的体系，通过加强监督、考核及奖惩激励机制来确保整治工作的有效实施。此外，广东省每年会安排新增建设用地计划指标，专门用于支持乡村产业用地的需求。农业重点市县需要将乡村产业用地纳入年度用地计划，并每年安排不少于10%的新增建设用地计划指标专项用于乡村产业发展的保障，优先考虑点状供地项目的建设用地需求。这一专项指标的安排情况也被纳入了推进乡村振兴战略的实绩考核体系。对于点状供地项目涉及占用林地的情况，根据《广东省占用征收林地定额管理办法》的相关规定，优先安排占用林地的定额，进一步促进乡村振兴战略的实施和土地资源的合理利用。

在全域土地综合整治中，针对不同的整治类型和项目，应该实施具体且差异化的考核机制。以从化区为例，该地区创新性地探索了"生态券"制度，旨在通过市场化手段平衡区域内的发展利益。"生态券"的设计基于对生态系统提供的产品、调节服务及文化服务价值的核算，进而发行了蓝券、绿券、黄券和红券等不同类型的"生态券"。该制度将镇（街）作为考核的主体，通过生态券的核算、登记、流转及结算过程，实现生态券与财政转移支付资金的兑换或通过交易市场进行流转。这种基于公共财政转移支付的生态券机制，是一种创新性的探索，旨在通过激励措施促进生态保护和区域发展利益的均衡，进一步推动生态文明建设和可持续发展。

各地在全域土地综合整治过程中，应积极探索和建立农用地、建设用地、生态用地等各类型土地指标的量化体系，以及适合当地实际情况的指标兑换与流转机制。以佛山市南海区的"三券"制度为例，该制度针对低效、闲置、废弃的建设用地、经营性建设用地及其物业、非"三旧"低效建设用地等不同类型的土地进行综合整治（表4-6）。通过采用量化的核定方法，对各类土地进行折算，形成可量化的指标，并在区内建立指标池以配合指标的有效流转与使用。这一制度极大地提升了土地整治的运转效率，并为其他地区提供了可借鉴的实践案例。

此外，应积极探索和改革部门考核与奖惩机制，除考核部门与个人内部任务情况外，还要将其在整治过程中发挥的作用纳入考核[30]。例如，成都市环城生态区的全域土地综合整治方案便将涉及的各区土地综合整治专项目标任务纳入了环城生态区年度建设工作的考核体系与目标绩效管理。依据制定的年度计划目标，分批次、分阶段进行考核，并根据考核结果，在财政资金支持、国有经营性建设用地上市、土地报征等方面给予相应的奖励或惩罚措施。潮州市的整治方案则将乡村全域土地综合整治划分为单要素整治项目验收和工程项目区整体验收两个环节。单要素整治项目验收主要针对批准实施方案中确定的各类单要素整治项目的完成情况及质量进行验收。而工程项目区整体验收则在各单要素整治项目竣工验收之后，对工程项目区的各要素整治完成情况及总体目标实现情况进行综合性验收，验收流程分为县级初验、市级验收、省级综合评定与复核，以确保整治工程的质量与效果。

佛山市南海区"三券"制度主要内容　　　表4-6

内容	地券	房券	绿券
整治对象	建设用地（低效、闲置、废弃）	经营性建设用地及物业	非"三旧"低效建设用地
工程措施	土地复垦	物业拆除、复垦复绿	土地复绿
核定方法	面积对等	物业面积、地租和成本拆除折算；奖励面积	一定比例兑换新增建设用地指标
审核主体	区、各镇（街道）自然资源部、同级农业农村等部门	各镇人民政府（街道办事处）、区自然资源部门等	区自然资源部门、区人民政府
使用规定	一年内使用；可一次性或分批次使用；可跨镇街落实使用地块	按房券载明的选房顺序号选房；按"面积近似"原则选定；可申领差价	除民生、公益类项目外，需累积到30亩以上，并在政府指定的产业集聚区内一次性使用
使用范围	镇街内自用		

（资料来源：根据《佛山市南海区政府网站与佛山市南海区全域土地综合整治实施方案》整理）

5 广东省全域土地综合整治实施模式创新

　　个案中会蕴藏共性[86]，而案例的重要价值在于过程性属性[87]。本章以广东省现有42个全域土地综合整治试点为案例样本，挖掘其中的整治特色与重点，并将42个试点分为八大类型，即高效现代农业引领型、产业生态资源融合型、建设用地集约利用型、海陆统筹生态保护型、城乡融合发展综合型、乡村特色文化保护型、矿山修复引导发展型和重大工程推动整治型。从表5-1中可知，现有主观分类以高效现代农业引领型和产业生态资源融合型为主，是由于现有试点发展阶段体现特征以农业和产业发展为主，不意味着这些试点不涉及建设用地整理、海陆统筹、城乡融合等。全域土地综合整治是一件以制度创新为重点，通过整合各类项目，以全域全要素整治修复为特征的综合性整治项目[88]。同时，全域土地综合整治项目往往周期较长，基于同一要素的整治，会围绕"利用、保护、协调、整合"四个阶段开展[32]，在不同的阶段，该要素发挥的功能和承担的主次不同，一定程度上体现了在整个试点的整治重点和特色，进而影响分类。因此，全域土地综合整治是一个在发展中整治的过程，应适时根据当地的实际需求做出调整（图5-1）。

　　下面将介绍各整治类型的背景、内涵、意义和作用，同时选取目前广东省全域土地综合整治实践中整治较有特色、效果较好的案例进行介绍和分析。

广东省整治模式分类及其相关功能、绩效目标　　表5-1

序号	整治模式	主导功能	主要用地	主要工程	主要绩效指标
1	高效现代农业引领型	粮食生产	耕地	农田基础设施	基本农田保护面积、新增耕地面积
2	产业生态资源融合型	陆地生态保护	森林、湿地	绿道、碧道	生态保护面积
3	建设用地集约利用型	农业产业发展	居民点、农业产业用地	农村基础设施与公共服务设施	建设用地面积、生态保护面积
4	海陆统筹生态保护型	海洋生态保护	红树林、盐沼	海洋湿地、海堤	海洋湿地面积、自然岸线长度
5	城乡融合发展综合型	城乡一体化	居民点、农业产业用地	农村基础设施与公共服务设施	建设用地面积、生态保护面积
6	乡村特色文化保护型	乡村文化保护	文物、生态用地	古村落保护、历史建筑修缮	文化与风貌保护面积
7	矿山修复引导发展型	矿产资源开发	矿业用地、生态用地	矿山土地复垦与生态修复	矿山开发面积、生态保护面积
8	重大工程推动整治型	保障重大工程实施	生态用地	土地整治、生态修复	生态保护面积、耕地保有量

[资料来源：《广东省全域土地综合整治技术规范（草案）》]

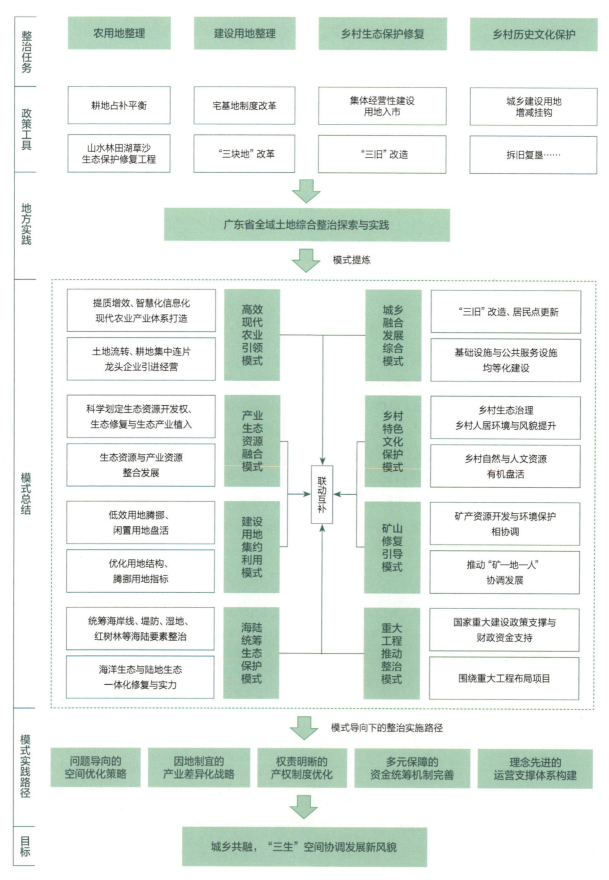

图5-1 广东省八大整治模式

5.1 高效现代农业引领型

5.1.1 高效现代农业的背景

我国是一个资源约束型国家，人均耕地、水资源等远低于世界平均水平，且分布不均、匹配性差。随着人口增长、城镇化扩张、工业化进程等因素的影响，农业资源环境面临更大的压力和损耗。推动绿色发展和资源永续利用，发展现代农业，是我国农业发展的必然选择。我国历来重视农村农业发展问题，自农村家庭联产承包责任制开始，政府高度重视农业改革，早期出台各种特色方针指导，如对土地承包权的改革和农村税费的改革，实施粮棉基地建设工程等，为我国现代农业建设打下坚实的基础。

2000年以来，我国高度重视现代农业发展，强调高标准农田的提质优化，保障粮食安全。2006年通过的《中华人民共和国国民经济和社会发展第十一个五年规划纲要》，"十一五"规划强调应以提高农业综合生产能力为基础，以转变农业增长方式为主线，以改革开放和科技进步为动力，以农业综合配套体系建设为保障，大力推进现代农业建设；2011年3月通过的《中华人民共和国国民经济和社会发展第十二个五年规划纲要》中，提出应坚持走中国特色农业现代化道路，把保障国家粮食安全作为首要目标，加快转变农业发展方式，提高农业综合生产能力、抗风险能力和市场竞争能力，同时推动农业结构战略性调整，加快农业科技创新；2016年3月，《中华人民共和国国民经济和社会发展第十三个五年规划纲要》提出应实施"互联网+"现代农业行动，构建农产品、多功能及现代农业等现代农业发展体系；2020年10月，党的十九届五中全会审议通过的《中共中央关于制定国民经济和社会发展第十四个五年规划和二〇三五年远景目标的建议》，对新发展阶段优先发展农业农村、全面推进乡村振兴做出总体部署，为"三农"问题指明了发展的方向。文件指出，应加快农业农村现代化，形成工农互促、城乡互补、协调发展、共同繁荣的新型工农城乡关系，促进农业高质高效、乡村宜居宜业、农民富裕富足；2023年1月，中共中央发布《国务院关于做好2023年全面推进乡村振兴重点工作的意见》，文件首次提出应加强建设未来农业基础设施，使用智能农机、北斗系统集成等现代农业科技和装备，加强农产品加工流通，联合电商直播基地等构建产销一体的现代化农业建设；2021年11月12日，国务院印发《"十四五"推进农业农村现代化规划》（以下简称《规划》），《规划》指出，推进中国特色农业农村现代化必须坚持十个战略导向，要立足国内基本解决我国人民吃饭问题，巩固和完善农村基本经营制度，引导小农户进入现代农业发展轨道，强化农业科技和装备支撑，推进农业全产业链开发，有序推进乡村建设，加强和创新乡村治理，推动城乡融合发展，促进农业农村可持续发展，促进农民农村共同富裕；2023年6月，农业农村部联合国家发展改革委、财政部、自然资源部，制定印发《全国现代设施农业建设规划（2023—2030年）》，明确对未来一个时期内的现代设施农业发展设施进行统一部署；2024年1月，国家发布2024年"中央一号文件"《中共中央 国务院关于学习运用"千村示范、万村整治"工程经验有力有效推进乡村全面振兴的意见》。该文件分为六大部分，第一部分为确保国家粮食安全。文件提出，以确保国家粮食安全、确保不发生规模性返贫为底线，以提升乡村产业发展水平、提升乡村建设水平、提升乡村治理水平为重点，强化科技和改革双轮驱动，强化农民增收举措，打好乡村全面振兴漂亮仗，绘就宜居宜业和美乡村新画卷，以加快农业农村现代化更好推进中国式现代化建设。

5.1.2 高效现代农业引领型的内涵

高效现代农业引领型是以高效现代农业发展为目标，结合市场发展需求，通过耕地集中连片和土地流转，建设规模化大区、精细化种植小区和农业信息化系统，发展现代农业产业体系，提高农业

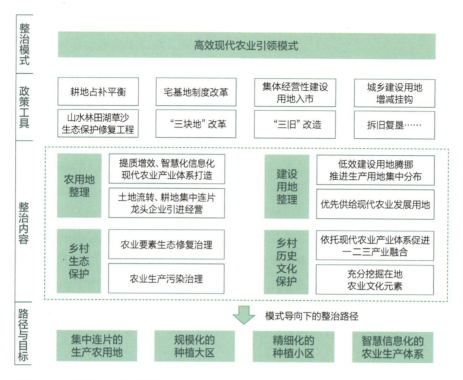

图5-2 高效现代农业引领模式

生产效率,保障粮食安全,推动农业种植结构调整(图5-2)。

5.1.3 构建高效现代农业的意义和作用

高效现代农业是通过利用现代物质条件装备农业、现代技术改造农业、现代产业体系和经营方式推进农业的新型农业[89]。构建高效现代农业有以下意义和作用:

第一,保障粮食和重要农产品的供给安全。高效现代农业可以通过优化农业结构、提高单产水平、延长产业链等方式,增加农业的总产量和附加值。

第二,促进农民增收和乡村振兴。高效现代农业可以通过推广使用农业机械、发展特色种养业、加强农产品精深加工等方式,减轻劳动强度,提高劳动生产率,扩大就业创业空间,增加农民收入来源,缩小城乡收入差距。同时,高效现代农业可以通过建设现代农业产业园、农业产业强镇、优势特色产业集群等方式,激发乡村发展活力。

第三,保护生态环境和资源。高效现代农业可以通过合理使用农业投入品、推动资源高效利用和生态保护等方式,突破耕地和淡水短缺的约束,减少化肥农药的使用量,降低农业对环境的负面影响,实现农业生产和生态环境的协调发展。

5.1.4 河源市顺天镇全域土地综合整治试点实践

针对高效现代农业引领型整治模式,本书选取广东省河源市东源县顺天镇整治试点、广东省韶关市乳源瑶族自治县桂头镇整治试点和肇庆市怀集县冷坑镇水口村、谭庙村、龙岗村、双甘村整治试点展开介绍,分别介绍各试点的现状概况、整治做法、预估建设成效和实践启示。本试点实践做法参考《广东省河源市东源县顺天镇全域土地综合整治试点项目实施方案》[90]。

1. 试点概况

河源市位于广东省东北部,地处东江中上游、韩江上游和北江上游，全市下辖1个区、5个县，总面积15654平方千米，城镇化率49.75%。东源县位于河源市中部，区域总面积4070平方千米，总人口约60万人，辖21个乡镇。顺天镇位于东源县北部，处于灯塔盆地腹地，灯塔盆地拥有全省优越的自然与市场资源，有利于河源市发展现代农业建设。顺天镇是创建灯塔盆地国家农高区（农高区核心区）所在地，农高区核心区面积约25.67平方千米。

顺天镇以促进县级"诗画田园"乡村振兴示范带的创建为助力乡村全面振兴的关键措施，遵循"一心一廊四组团"的空间布局方针，即以灯塔盆地国家农业高新区为核心，以诗画田园美丽廊道为主轴，串联顺天圩镇以及沙溪、大坪、党演、二龙岗、金史5个村落，规划了"顺天美农"现代农业发展、"顺美风光"诗画乡田休闲、"顺心农旅"活力乡村微度假、"顺民乡风"和顺乡风体验四个主题组团。其中，"顺天美农"现代农业发展组团以沙溪和大坪村为中心，以国家级田园综合体为载体，吸引了广东中兴绿丰等5个国家级和省级龙头企业的加盟，推动现代农业生产，致力于打造现代农业产业集群。同时，由广东海演智慧农业有限公司负责建设的航天育种基地大棚已初步完成搭建。河源蒜精灵农业产业园项目、创新果蔬农业深加工项目、美林油茶种植产业基地项目等现代农业项目已逐步得到规划落实并逐步推进实施，展现了顺天镇在农业资源方面的丰富潜力。

通过实际入户调研和现有资料整理，全镇总户籍人口24298人，实际居住人口仅7378人，部分村小组基本成为人口与住宅空心化自然村，部分"空心宅"占用的土地，造成了土地资源的浪费。而顺天镇65岁以上人口比例达到31%，老龄化严重，亟待创造镇内就业机会，吸引在外务工青壮年回归乡镇。

顺天镇现状村庄建筑总体风貌较为老旧，部分建筑出现衰败现象。然而，近年通过部分村庄乡贤的推动，促进了产业的发展，带动了村庄风貌的更新改造，形成了良好的人居环境和村庄形象。顺天镇的各乡道和村庄道路已经实现了硬底化。

顺天镇的农业种植以岭南特色水果如蓝莓、柠檬、柑橘、火龙果、百香果和西施柚为主，同时还生产一些河源特色的农副产品，如忠信火蒜、东源油栗和上莞仙湖茶等。整个镇逐步形成了"一县一品、一镇一品"的农业特色发展格局。

顺天镇的第二产业主要包括农副产品加工业、轻工制造业和光伏产业。农副产品加工业主要加工蓝莓、柠檬、油茶、茶叶、构树、板栗等产品，其中桉树木板加工业的经济附加值较低。轻工制造业主要涉及玩具制造、服装鞋帽制造、日用品制造等，主要分布在镇区；光伏产业主要分布在沙溪村。

2. 主要做法

第一，成立指挥部统筹推进全域土地综合整治。顺天镇依据自然资源部印发《关于开展全域土地综合整治试点工作的通知》（自然资发〔2019〕194号）、自然资源部国家空间生态修复司《关于明确全域土地综合整治试点报部备案材料有关要求的函》（自然资源生态修复函〔2021〕49号）等政策文件，专门成立东源县顺天镇全域土地综合整治试点工作指挥部。指挥部办公室负责试点项目全面统筹和协调工作，负责出台项目管理有关规章制度、实施方案、管理办法、指导意见，审核项目立项、可行性研究报告、规划设计及预算编制，监督项目实施、工程质量、竣工验收、后期管护、系统报备、资料台账及档案归档等工作。指挥部下设4个工作组，分别为：综合协调组、农用地整治组、建设用地整治组和预期性工程组。

第二，重点引进企业，搭建"政+企+民"合作发展平台。顺天镇以全域土地综合整治为核心，通过农用地整理项目来创建连片的种养平台，完善农业基础设施，增加耕地数量并提升耕地质量，推动农村土地的流转和多元化发展方式（表5-2）。该镇引入了重点企业，使其对镇域土地进行经营、生产和研究等一系列活动，以激发农村土地的活力。通过建设用地整理项目，该镇推进低效建设用地的治理，并对建设用地指标进行合理调整。这为未来产业发展所需的基础设施和服务设施提供了土地保障，并搭建了一个多元主体参与的合作发展平台，包括政府、企业和民众的合作（图5-3）。

顺天镇项目总表　　表5-2

序号	项目名称	项目特色
1	河源蒜精灵农业产业园项目	农产品精加工和冷链物流体系
2	光明鸽产业园基地建设项目	养殖、屠宰等流水线建设
3	创新果蔬农业深加工项目	果蔬深加工
4	美林油茶种植产业基地项目	油茶全产业链综合建设
5	中国发酵蔬菜产业园建设项目	现代化蔬菜发酵加工
6	灯塔盆地蓝莓产业示范园项目	种植和旅游观光一体化发展
7	中国无抗优质家禽产业园项目	现代化无抗家禽养殖
8	航天海演育种基地项目	栽培、科研、观光等一体化农旅研学基地
9	南粤庄园项目	特色品牌构建，电商销售

（资料来源：根据《广东省河源市东源县顺天镇全域土地综合整治实施方案》整理）

图5-3　航天海演育种基地

第三，创新土地流转举措，夯实现代农业发展用地基础。顺天镇通过农村土地资源配置、促进农村土地经营权流转，积极引导各类组织和个人参与土地流转，促进流转主体多元发展，激发土地活力与价值，实现联农带农富农（图5-4）。具体做法如下：①资源入股，众享分红。政府发动群众将闲置资源（如土地资源）和资产（如闲置房屋）盘活起来，通过资源和资产入股的方式参与项目建设，项目盈利按比例分配给资源和资产入股的村民，实现共同分享收益。②自营项目，齐创增收。引导农村集体经济组织和农民了解并参与全域土地综合整治项目的各个环节，包括规划、选址、实验和验收等。将自营项目纳入镇域整体生产中，带动村集体组织和个人增加收入。③土地流转，租金获益。根据土地流转的类型，向群众支付一定基数的租金，推动乡村资源优化组合，逐步实现土地资源向土地资本的转变。

图5-4　顺天镇沙溪村耕地恢复项目

此外，经过与顺天镇领导、企业与村集体和村民等多主体开展实地访谈，调研组对试点的特色、优势、后期发展思路及其作用（目标）进行了梳理和总结，具体如表5-3所示：

顺天镇试点特色及其目标　　表5-3

序号	试点特色 （优势、思路）	目标 （作用）
1	搭建"政+企+民"产业合作发展平台	引入市场力量，构建多元化产业体系，盘活试点土地资源
2	推进农用地破碎化和抵消建设用地整理	优化乡村用地格局、为乡村农业发展腾挪空间
3	以精品工程推动三产融合发展	打智慧农业博览园，构建党演乡村产业体系，引导活跃丰富的农林牧渔、农文旅教等"融合"业态
4	引入重点企业，增强农业科研力量	通过航天育种基地项目，引进具有种植、科研实力的企业，打造科技赋能农业的农业生产新高地

（资料来源：根据调研访谈和《广东省河源市东源县顺天镇全域土地综合整治实施方案》整理）

3. 建设成效

河源市顺天镇全域土地综合整治建设成效预估如下：

（1）经济效益

第一，顺天镇通过全域土地综合整治，对镇域范围内各村的农用地和建设用地进行整理，以生产要素提升、土地要素保障助力乡村振兴。这一举措能有效提高耕地的质量和产量，实现农业的多元化经营，提高土地利用效率。此外，通过建设用地整理，释放出的20.28公顷建设用地将为核心区和重点发展区域的产业发展提供用地保障，为引进企业提供了土地利用保障条件。第二，通过农用地整理措施，顺天镇解决了耕地碎片化的难题，为东源县实现耕地占补平衡提供了重要保障。作为"广东粮仓"的灯塔盆地，顺天镇的耕地占补平衡措施和粮食安全生产起到了示范作用，极大地夯实了粮食种植的基础，保障了该地区的粮食安全。第三，通过资源和资产入股以及投工投劳参与全域土地综合整治试点项目的建设和运营，顺天镇壮大了农村集体经济，提高了农民的收入水平。

（2）社会效益

顺天镇建立了政府主导、职能部门协同、上下联动和社会参与的统筹协调机制，明确了各职能部门的分工，理顺了工作职责，使之相互协调配合，并充分尊重农民意愿，引导和规范社会资本的参与。此外，这一试点还推动了农业规模化和现代化发展，促进了农业专业化协会组织的建立。这为培养拥有文化素质和科技知识的新农人构建了优质环境。同时，也吸引了本地年轻人留在自己的村庄发展，为发展和壮大党员队伍提供了保障，增强了党员的整体战斗力和创造力，逐步建设了坚强有力的党组织。

（3）生态效益

通过对农业生产条件的改善、山水林田湖草沙等生态要素的统筹保护修复，有效保护区域生物多样性、促进乡村生态环境的保护和修复，形成生态屏障。截至2023年10月，根据当地政府网站相关报道，该整治试点实施情况如下：第一，已完成村庄规划的编制，确保全域土地综合整治与各相关规划充分衔接；第二，已腾退3.35公顷的低效建设用地，平均每人的建设用地面积约200平方米；第三，新增耕地面积为66.33公顷，0.2公顷（3亩）以下的小块耕地图斑减少了10个，1公顷（15亩）以上的大块耕地图斑增加了7个，耕地面积和连片程度有所提升；第四，全镇的水污染治理率达到了80%以上，实施了"腾桉换茶"项目，涉及的面积约466.67公顷（7000亩）。

4. 启示

第一，建设用地规模奖励考核模式。针对通过综合整治政策发展较好的村庄，制定考核指标，例如：村庄发展经济指标、土地流转比例、引进企业数量，村落发展到一定程度后，承诺在项目推进情况较好区域给予一定的指标规模支持。

第二，培育农村龙头产业，吸引本土年轻人返乡。通过导入多元企业，培育本土龙头产业，增强顺天镇"造血"能力。应通盘考虑土地利用和布局，合理安排村庄建设用地布局，加强基础设施建设，推动用地流转，带动三产融合，吸引本土年轻人返乡就业创业。

第三，坚持"三生"并重理念，落实生态保护与修复工作。坚持生产、生活、生态并重理念，优化顺天镇"三生"空间发展格局，通过开展生态保护修复工程，对生态系统严重受损退化、生态功能失调和生态产品供给能力下降的区域，采取综合整治措施，对修复对象进行生态恢复、生态整治、生态重建和生态康复等活动，进一步改善人居环境，促进顺天镇绿色发展。

5.1.5 韶关市桂头镇全域土地综合整治试点实践

本试点实践做法参考《广东省韶关市乳源瑶族自治县桂头镇全域土地综合整治试点实施方案》[91]。

1. 试点概况

乳源瑶族自治县位于广东省北部的韶关市区西部，东邻韶关市武江区，西连清远市阳山县，南接清远英德市，北与乐昌市相邻，西北角与湖南宜章县相接，桂头镇位于乳源县的东北部。

在地形地貌上，桂头镇山地、丘陵多，平原少，是乳源瑶族自治县最大的平原镇，是较为典型的粤北山区镇，因在乳源县属多平原地区，所以号称"乳源县的珠江三角洲"。

桂头镇是一个典型的农业生产重镇，拥有约1946.67公顷（2.92万亩）的农业耕地，其中水田面积约1626.67公顷（2.44万亩），旱地面积为360公顷（0.54万亩）。此外，还有121.2公顷（1818亩）的鱼塘、山塘和水库，森林面积达到8000公顷（12万亩），森林覆盖率为72%。该镇还以杨溪砂糖橘、杨溪马蹄、杨溪杨梅、小江三华李、皇帝柑、阳陂甘蔗和均村甘蔗等特色农产品而闻名。

此外，桂头镇拥有丰富的当地文化和生态旅游资源。在文化资源方面，有客家文化、云门寺的"农禅文化"等，还具有世界级品牌影响力的瑶族寻根文化。在生态旅游资源方面，有大桥南岭国家森林公园、通天锣、乐昌古佛岩、龙王潭和仁化丹霞山等自然风景和旅游景点。

2. 主要做法

第一，依托优势资源要素，建设空港特色小镇。依托韶关机场，推动"全域土地综合整治+现代农业"（打造现代化农业片区）、"全域土地综合整治+特色旅游"（过山瑶文旅中心）、"全域土地综合整治（进场路建设）+空港产业（空港产业园片区）"三个片区协调发展，打造空港特色小镇。

第二，促进产业转型升级。通过全域土地综合整治，解决了一二三产业融合发展所需的用地问题，并确保了连片用地的可行性。在商贸服务、航空物流和农业生态旅游三个方面展开工作，优化产业结构，促进产业转型升级，推动以土地整治为平台和纽带的全产业链发展。

第三，推进乡村振兴战略。在坚持规划引领的基础上，通过实施全域土地综合整治，统筹推进农用地整治、建设用地整理和乡村生态保护修复工作，以优化生产、生活和生态空间格局，夯实乡村振兴的基础。同时，连片推进"田、水、路、林、村"的综合整治，以促进耕地保护和土地的集约利用，改善农村生态环境。

3. 建设成效

韶关市乳源瑶族自治县桂头镇全域土地综合整治建设成效预估如下：

（1）社会效益

第一，改善整体环境，打造宜居宜旅小镇。通过进行"三旧"改造和农村人居环境整理，加强基础和公共服务设施建设，改善农村居住环境，提高卫生健康水平，打造具有空港特色的宜居宜旅小镇。第二，增加就业机会。在项目实施过程中，鼓励农村集体经济组织或村民委员会组织当地农民参与一些技术要求低的简易工程施工安排，以增加当地就业机会。项目实施后，可以利用过山瑶族水镇、乳桂经济走廊、韶关机场、万里碧道等特色项目，促进各产业功能区之间的良性互动，吸引外部资本和人才，促进内部就业，进一步增加就业机会。

（2）生态效益

第一，促进清洁高产、可持续农业的发展。充分发掘宜耕后备资源潜力，实施垦造耕地和"旱地改水田"工程。积极推进土地整理复垦开发，补充耕地，增加有效耕地面积，提高耕地质量。第二，优化人居环境。通过对建筑、道路、绿地、景观环境、公共管理与公共服务设施以及市政基础设施的整治，提高村庄基础设施配套水平和村民生活质量。第三，提高生态功能和生态承载能力。通过矿山复绿来优化生态结构，提高林草覆盖率，从而在防风固沙、水土流失防治、生态环境恢复、空气净化、地方小气候调节以及生物多样性方面发挥重要作用。

（3）经济效益

第一，改善农业生产条件，改变传统农业销售模式。通过农用地综合整治，改善农业生产条件。结合韶关机场及空港产业园，充分发挥空运的优势，并利用电商等营销手段，输出特色农产品。第二，提高城镇的综合竞争力。通过"三旧"改造项目和农村人居环境整理，改善农村居住环境。利用特色项目吸引外部资本和人才。第三，促进产业转型升级。通过各产业功能区的互动，充分利用过山瑶族水镇、乳桂经济走廊、韶关机场、万里碧道等特色项目，形成完善的文旅、农产品输出产业链。

截至2023年10月，该整治试点实施情况如下：第一，《乳源瑶族自治县国土空间规划（2020—2035年）》各专题报告和主报告均已完成初步成果，《桂头镇国土空间规划（2020—2035年）》已完成初步成果。第二，根据初步潜力摸查，建设用地潜力约139公顷，新增农村宅基地用地面积约26.73公顷（400.95亩），各类存量建设用地约36.466公顷（546.69亩）。第三，在农用地整理方面，目前已完成分户测量约14.67公顷（220亩）。在补充耕地方面，对约3.33公顷（50亩）以上的连片潜力地块共53.87公顷（808亩）已完成土壤检测，对约0.33公顷（5亩）以上3.33公顷（50亩）以下连片潜力地块共约140.33公顷（2105亩）进行土壤检测；第四，已实施完成新湖广重晶石矿山修复项目[复绿面积7.73公顷（116亩）]、丹霞机场周边石山削坡岭头绿化美化项目；第五，湿地公园项目建设基本完成。

4. 启示

乳源瑶族自治县桂头镇整治是建立在现有产业结构和经济发展状况上开展的。桂头镇素有韶关"菜篮子"之称，农用地面积10630.92公顷，占全镇面积的85.41%，其中耕地面积2591.02公顷，永久基本农田面积2326.19公顷，用地结构决定了桂头镇的整治应建立在重视现代农业建设的基础上，通过全域土地综合整治，将耕地地块图斑集中连片，促进农作物机械化种植。在提高粮食产量、巩固粮食安全后，应积极挖掘当地特色文化，结合交通设施的建设，大力发展农旅观光产业，承接周边城市人群，逐步改善和转变产业结构，促进一二三产业的协调发展，建设空港特色小镇。可见，高效现代农业引领型全域土地综合整治，并不是要求试点只发展农业，只重视农业生产，模式是引导试点有序开展整治行动，利于试点抓住当前的主要矛盾，集中力量解决实际关键问题，避免空想和不切实际的整治活动。

5.1.6 肇庆市怀集县冷坑镇全域土地综合整治试点

本试点实践做法参考《广东省肇庆市怀集县冷坑镇水口村、谭庙村、龙岗村、双甘村全域土地综合整治试点实施方案》[92]。

1. 试点概况

试点项目所在的冷坑镇位于怀集县西北部，是广东西北部通桂达湘的要道，也是国内大西南川、滇、黔三地通粤而达港、澳沿海的门户，是泛珠三角的咽喉，位于泛珠三角核心区的中心地带。

怀集县是粤港澳大湾区中面积最大的县，拥有广东省山区县中最大的平原。该县林地面积超过约2666.67平方千米（400万亩），是广东省重点林业县，拥有丰富的杉树、松树、杂树等林木资源，其名声早已广为人知。怀集县是广东省农业大县，拥有约426.67平方千米（64万亩）优质无污染的耕地，河流众多，被称为"一江八河二十一水"，水资源丰富，水域面积达1.67万公顷。此外，怀集县也是肇庆市矿产资源最丰富的县之一，截至2000年，已探明的矿产达31种，矿产地94处。

怀集县积极发展"一村一品"特色农业产业。汶朗村（汶朗蜜柚）被列为第九批全国"一村一品"示范村镇，冷坑镇被列为省级"一村一品、一镇一业"专业镇。怀集县的谭脉西瓜成功入选省第一批特色农产品优势区，并荣获"粤字号"2019年县域名特优新农产品区域公用品牌。怀香稻大米产自新辉园，也荣获"广东省名牌产品"称号，怀集县蔬菜产业园被列入第二批省级现代农业产业园。近年来，当地举办了"中国农民丰收节"暨第三届品茶节、第二届谭脉西瓜节等农业文化节，旨在打造当地特色的农业品牌。

怀集县内共有235处文物点，并编制了《怀集县不可移动文物名录》。自2010年以来，县政府公布了13处县级文物保护单位和134处不可移动文物点。怀集县成立了县非物质文化遗产保护中心，并在非物质文化遗产普查中收集了852条非物质文化遗产线索，重点立项普查了44项。

2. 主要做法

怀集县在农业生产、农产品加工和乡村生态旅游三个产业的融合发展上进行探索。该县打算将冷坑镇水口村、谭庙村、龙岗村和双甘村的全域土地综合整治试点区域打造成现代农业旅游综合体，并划分为六个主要分区：高效农业示范区、生态涵养区、园林休闲区、综合服务区、绿色生态宜居区和森林康体度假区。

根据"一村一亮点"的要求，怀集县对冷坑镇水口村、谭庙村、龙岗村和双甘村的全域土地进行了综合整治。在此过程中，打造了一系列特色精品样板工程，如冷坑镇大湾区蔬菜基地建设工程，谭庙村美丽乡村建设项目，三坑东、西渠涌清淤修缮工程建设项目，历史文化保护修缮及活化工程，冷坑水河碧道打造项目和水口村冷坑水支流两岸景观提升项目等。这些精品样板工程展示了怀集县整治工作以现代农业建设为核心，关注民生工程，重视旅游业发展，全面规划可实施的项目（表5-4）。

怀集县特色整治项目表　　表5-4

序号	项目名称	整治内容
1	冷坑镇大湾区蔬菜基地建设项目	建设蔬菜基地及相关基础设施
2	谭庙村美丽乡村建设项目	三清三拆三整治、村庄美化等
3	三坑东、西渠涌清淤修缮工程建设项目	水库渠涌整治，周边景观提升
4	历史文化保护修缮及活化工程	当地传统文化保护与活化
5	冷坑镇水河碧道打造项目	碧道建设
6	水口村冷坑水支流两岸景观提升项目	河岸景观提升

（资料来源：根据《广东省肇庆市怀集县冷坑镇水口村、谭庙村、龙岗村、双甘村全域土地综合整治试点实施方案》整理）

3. 建设成效

肇庆市怀集县冷坑镇全域土地整治建设成效预估如下：

（1）经济效益

项目区实施土地综合整治后，可形成耕地指标和建设用地节余指标。目前，全省的耕地指标和建设用地节余指标可以通过公共资源交易平台进行交易。这些指标优先用于满足规划期内肇庆市和怀集县重点发展地区对耕地和基本农田保护任务的调整补划以及乡村振兴相关产业用地的需求。多余的耕地指标和建设用地指标可以通过资金交易方式提供给其他有需求的市县，为项目区带来可观的经济收益。

通过完善项目区的交通设施，扩建现有道路，并在试点项目范围内新建沿河景观慢道，打造特色乡村慢行游廊环线，形成乡村休闲旅游的新亮点。按照线性开发带动面状发展的模式，激活慢道沿线村庄的内生动力，带动可观的旅游收入。试点区域范围内耕地质量等级有了较大程度的提升，耕地的增加扩大了试点区域的农作物生产力。通过提质改造，计划新增水田指标约为38.67公顷，按照市场价每亩水田指标60万元计算，项目提质改造指标预计收益约为3.48亿元。

（2）社会效益

试点项目的实施，能够有效改善农业耕作条件，实现人力、物力和财力的节约。通过进行土地平整工程、灌排工程等建设实施，可以改善农田水利和田间道路的通达性，为人工和机械化田间作业以及农产品收获、运输等提供便利，提高耕作效率，降低成本。这为今后实现规模化经营和机械化作业的现代农业经营方式奠定了基础，并为其他地区的农业生产规模化和现代化经营提供了示范作用。此举还有助于培育壮大集约化、专业化、组织化和社会化相结合的新型农业经营主体，构建集约化、专业化、组织化和社会化相结合的新型农业经营体系。同时，通过整治推动乡村旅游的发展，营造项目区乡村旅游和农业体验等氛围，促进乡村振兴的发展，为全面提升广佛肇（怀集）经济合作区的建设水平，加快建设粤港澳大湾区绿色农副产品集散基地，以及在建设肇庆城市副中心中开创新局面提供支持。在土地综合整治的过程中，还对乡村风貌和历史文脉进行了整体性的梳理，加强了对古建民居和特色民俗文化的保护和利用。以水口古村落为抓手，将农业休闲旅游和当地文化特色深度融合，通过社会参与、遗产活化、文创开发和品牌建设等方面的持续探索和创新，通过试点区的实施，使得传统建筑、人居环境等方面得到了较大的提升。

（3）示范效益

首先，把冷坑镇水口村、谭庙村、龙岗村、双甘村4个村作为全域土地综合整治试点，试点所选村庄的土地利用现状地类较为齐全，地类分布特征具有普遍性；其次，这些村庄现存问题具有普遍性，涉及土地利用、基础设施、产业发展、农业生产、生态环境等方面；再次，试点项目涵盖了多样化的预实施项目，特别是在规划和统筹整治类项目方面；最后，该项目采用了"三整治、三发展、三融合"的实施模式，具有一定示范性作用。

截至2023年10月，该整治试点实施情况如下：第一，怀集县国土空间规划正在编制阶段，冷坑镇镇域规划及本项目涉及的水口村、谭庙村、龙岗村、双甘村实用性村庄规划已编制完成并批复（批复文号：怀府函〔2022〕37号）；第二，在资金方面，资金主要来源为县财政资金9959.71万元、上级专项资金11111万元、社会资本资金3547.88万元，指标收益为试点项目内补充耕地产生的约38.67公顷（580亩）耕地指标收益，约5800万元。

4. 启示

肇庆市怀集县冷坑镇水口村、谭庙村、龙岗村、双甘村整治试点有效将全域土地综合整治融合美丽乡村建设，通过细致的实地调研，听取各村意见，打造符合当地的特色工程，探索地方特色的"三整治、三发展、三融合"模式，为大部分同类型的农村做先行者。另外，我们关注到，当地制定特色工程建成后效益发挥参考指标表，如冷坑镇大湾区蔬菜基地建设项目的效益参考指标包含基地内农民的入社率、农民参与培训率以及人均收入等，证明当地特色工程是惠民生、增收入的好工程。因此，我们在开展整治项目时，应换位思考，政府要心系于民，为人民谋福祉，既可以调动农民的积极性，增加收入，也可以促进当地整治工作的良性循环发展。

5.1.7 小结

广东省全域土地综合整治各试点结合自身自然条件和农业发展需求，在高效现代农业建设实践中体现以下特征：

第一，重视农业科技创新和推广。农业科技是提升农业现代化水平的关键因素，需要构建技术攻关能力有保障、科技成果能落地、体系健全、运作有效的农业科技政策体系。同时，构建了多元互补、高效协同的农技推广体系，推动信息技术和农业机械的深度融合，大力发展智慧农业、数字农业、高效设施农业。

第二，积极健全农业农村支持保障制度。要稳定种粮农民补贴，让种粮有合理收益。加强粮食生产功能区和重要农产品生产保护区建设。建立健全防灾、减灾、救灾机制，提高应对自然灾害和市场风险的能力。

第三，以个人和集体为单位，发展多种形式的适度规模经营。相关部门积极健全农业社会化服务体系，为小规模经营者提供生产资料供应、技术指导、产品加工、市场销售等服务。

5.2 产业生态资源融合型

5.2.1 产业生态资源融合的背景

建设生态文明，重点是要在保持经济增长，人民收入和生活水平稳步提升的情况下，通过发展生态产业，减少污染，提高循环经济所占比重[93]。推动产业生态化和生态产业化，有助于落实高质量发展战略，推动经济发展和生态保护协同互动、深度融合，提高绿色发展水平[94]。

历年来，我国高度重视生态文明建设和绿色发展。2017年10月，党的十九大报告中提出，实施乡村振兴战略总的要求是产业兴旺、生态宜居、乡风文明、治理有效、生活富裕。产业兴旺是重点，生态宜居是关键，产业与生态的有机结合，为乡风文明、治理有效、生活富裕提供重要支撑。推进产业生态化和生态产业化，是深化农业供给侧结构性改革、实现高质量发展、加强生态文明建设的必然选择。2021年"十四五"规划指出，到2035年，我国应广泛形成绿色生产生活方式，为达成此远景目标，应推动产业转型升级，完善绿色制造体系，转变城市发展方式，推进新型城市建设。2023年1月，国务院新闻办公室发布《新时代的中国绿色发展》白皮书，强调了坚定不移走绿色发展之路，包括坚持以人民为中心的发展思想，着眼中华民族永续发展，坚持系统观念统筹推进，共谋全球可持续发展等方面。城市需要谋发展，产业需转型升级，当下应有序引导产业与生态资源融合，推动区域绿色发展，加快产业结构持续调整优化，构建绿色生产、绿色生活、绿色生态的新格局。

5.2.2 产业生态资源融合型的内涵

产业生态资源融合型是以生态保护为前提，以生态资源与产业融合发展为核心，通过科学规划生态资源开发权，引导生态修复和生态产业置入，推动生态资源和自然资源的整合，促进"产业生态化"与"生态产业化"互利共生。

具体而言，在生态产品保护补偿机制和生态产品价值实现保障机制的支持下，首先通过全域土地整治实施乡村生态环境保护修复、生物多样性保护、耕地整治和垦造水田等项目，达成美丽乡村的构建以及人居环境和生态环境的优化。基于此，结合现有资源引入相关产业，推动生态资源与产业发展的融合，构筑"耕地保护、农村整治/生态保护修复—农业/生态产品—农业/生态价值实现"的新型土地整治实施路径。通过以绿色为基调的产业经济发展模式，统筹推进全域土地综合整治，走向可持续发展（图5-5）。

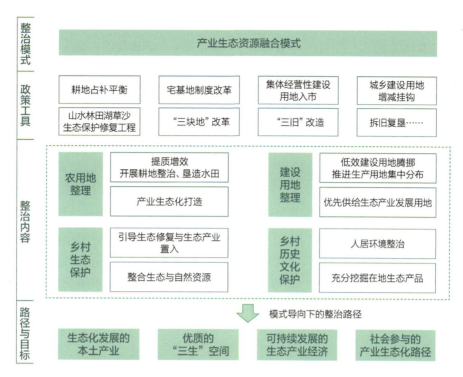

图5-5　产业生态资源融合模式

5.2.3　产业生态资源融合意义和作用

产业与生态资源融合的意义和作用如下：

首先，确保粮食及主要农产品供应的安全性。通过融合农业产业与生态资源的发展，可以通过改进农业生产结构、提升作物的单位产量以及扩展产业链条等手段，来增加农业总产出和附加价值。

其次，推动农民收入增长和乡村复兴。农业产业与生态资源的融合发展，主要体现在：第一，产业带动绿色农产品的供给效率；第二，融合生态促进产业业态多元化以提高农民的收入和就业渠道；第三，生态资源要素整合推动精准扶贫[95]。同时，通过普及农业机械化、发展具有特色的种植养殖业、强化农产品的深加工等具体举措，以减轻农民的体力劳动、提升劳动效率，拓展就业和创业的机会，增强农民的收入来源。

最后，致力于生态环境和资源的保护。生态效益与经济效益存在矛盾对立关系，在获得经济利益时往往造成生态效益的缺失[96]。但应寻求经济效益和生态效益的统一，转变发展思路，以生态效益为基础，推动产业发展。农业产业与生态资源的融合发展，通过合理配置农业资源、促进资源的高效利用和生态保护等措施，突破土地和淡水资源的限制，减少化学肥料和农药的使用，实现农业生产与生态环境的和谐共生。

5.2.4　广州市从化区全域土地综合整治试点实践

本试点实践做法参考《广东省广州市从化全域土地综合整治试点实施方案》[97]。

1.　试点概况

从化区是广州市的建城区，位于广州市东北面、广东省中部。它地处粤港澳大湾区核心区和北部生态屏障的交汇地，是广州市面积最大的行政区，也是湾区北部的生态高地。从化区拥有丰富的山水林田湖草沙和城市乡村要素，具备优质的自然资源和独特的区位优势，人均生态资源及生态环境质量在广州市排名第一。该区拥有两处国家级森林公园,拥有100多个大小湖泊、87座水库以及从都湿地公园等景点,森林覆盖率达到69.1%,被评为"中国十佳绿色城市"之一。此外,从化区以其温泉而闻名,被誉为"中国温泉之都",是世界上仅有两处的珍稀含氡苏打温泉之一。

从化全区永久基本农田面积174.84平方千米,现状建设用地152.76平方千米,非建设用地1831.33平方千米。从化区历史悠久、文化底蕴深厚,是岭南文化的发祥地之一,传统村落和文化资源极为丰富。

2. 主要做法

第一,打造多元共生岭南都市田园综合体。整治工作涵盖了岭南风貌的田园与乡村的全面治理。通过采用农业旅游和城郊农田等新型模式,构建了从农用地整理到农产品生产再到农产品流通的完整链路,推动了该地区经济的健康循环与发展,成为城乡一体化发展的新典范。在国家级田园综合体试点的框架下,从化区对两块万亩的优质田地、一块千亩的良田和十个特色农业园区进行多方位共生性整治。此外,该项目采用了综合治理的模式,通过融合岭南田园特色、产业、综合体发展和特色小镇建设,打造了一个充满活力的岭南田园和宜居乡村区域。在这种模式的指导下,有效推进了水田开垦、标准化农田建设和现代农业技术的引入。通过发展奶牛、生物技术、蛋鸡以及实验性动物养殖等现代化农业项目,有效地支持了大湾区多个"菜篮子"项目的实施(图5-6)。

第二,加强动植物生境保护,促进生物多样性发展。从化区流溪河上游地区集中了23个自然保护区、7个生态公园及3个关键水源保护区。这些地区承担着维护野生娟鱼迁徙通道以及国家二级保护物种唐鱼的重要使命,对于保持生物多样性至关重要。从化区通过增强生态产品的保护补偿策略,加强了上游地区水资源的养护和生物多样性的保护,为创造极具价值的生态群落提供了支持。这种措施有利于促进生态价值的流转,并显著提升该流域自然生态的整体素质(图5-7)。

第三,重视"两山转化",保障生态价值。从化区通过实施一个综合性生态链,包括生态维护、产品开发和价值转换,推动以环保为核心的经济增长模式和结构调整。该区充分挖掘中上游地区的高品质森林生态资源,规划了集生态旅游、森林养生和特色农业生产为一体的产业模式。同时,引进国家级文化项目、生态创新小镇和马术中心等高端元素,提升整个生态产业链附加值(图5-8)。

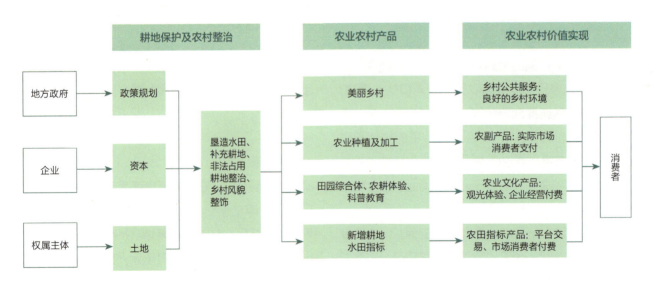

图5-6 从化区岭南都市田园模式
(资料来源:根据《广东省广州市从化区全域土地综合整治实施方案》改绘)

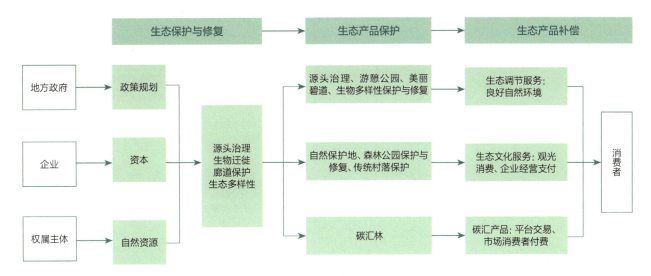

图5-7　从化区源头生态修复模式

（资料来源：根据《广东省广州市从化区全域土地综合整治实施方案》改绘）

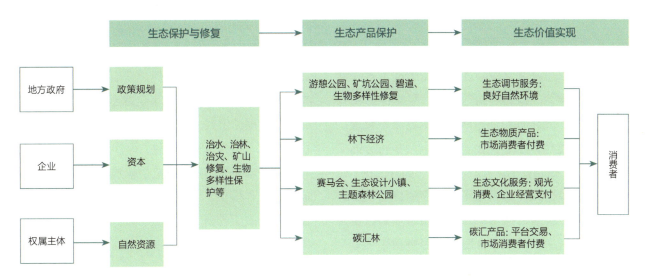

图5-8　从化区生态价值彰显模式

（资料来源：根据《广东省广州市从化区全域土地综合整治实施方案》改绘）

第四，创新推动"生态券"政策机制，积极探索生态产品价值实现从化模式。"生态券"机制贯彻了"污染者负担、受益者得益"的理念，为实现生态用地无净损失和全面提升生态质量提供了保障。从化区围绕着"增绿"（增加绿色空间）、"增地"（扩大农耕地面积）、"增质"（提升建设用地与企业资源使用效率）和"减量"（减少污染排放）四个核心策略，推动了政府、企业和民众三个层面上可度量和可交易的"生态券"制度。在操作层面上，实施"增绿"策略意味着扩展森林和草原等自然区域的范围，"增地"强调增加农业用地和耕作地的面积，"增质"注重提高建设地使用效益和企业资源利用效率，"减量"专注于减少工商业和居民排放总量。此外，政府将根据不同指标的成本和监测数据，逐步将这些指标纳入政府、企业和居民管理的范畴（图5-9）。

第五，建立项目的动态评估与循环执行机制。在试点试验阶段，从化区将整治与"十四五"

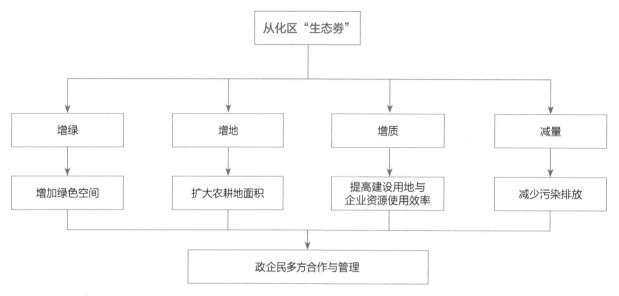

图5-9 从化区"生态券"
（资料来源：根据《广东省广州市从化区全域土地综合整治实施方案》改绘）

重点项目、从化区土地规划（2020—2035年）的重要工程、国家融合发展试验区和国家水系联通试点紧密结合，构建了动态管理、科学评估和有序推进的多元化项目储备库。针对农用地整理、建设用地整理、生态保护与修复以及乡村历史文化保护四个核心任务，向政府部门、国有企业、私有企业和乡村集体等开放了土地整治储备项目的申请机会。根据各整治单元的发展需求和存在问题，进行有序、科学、合理的项目协调和规划，融合各项目的特色，促进多个项目的同步发展，确保所有工程都纳入到全域土地综合整治的总体框架内。

3. 建设成效

广州市从化区全域土地综合整治建设成效预估如下：

第一，探索全域土地综合整治的"五个一"成果。探索形成县（区）为单元的全域土地综合整治试点"五个一"成果，根据主体功能分区和整治潜力，按照"4+X"模式（下文有具体解释），推动资源统筹、资金统筹、部门统筹的综合整治方案"一张图"；建立起一个可动态滚动实施的整治项目储备库；实施一批精品示范工程；探索创新一套配套政策改革机制；形成一个促进整治项目滚动实施的指标"周转池"。通过从化区全域土地综合整治试点工作，在理论研究、实践操作和技术应用等多个层面，孵化一系列具有示范性、可广泛传播的创新成果。这些成果为依托生态文明构建的土地整治和生态恢复工作提供了宝贵的经验和参考。预计将孕育出一系列政策创新，包括但不限于农用地和建设用地的精细化整理、生态保护与恢复的策略以及"生态券"管理方法等。

第二，建立"4+X"一体化整治路径，实现"三统筹"。通过建立"4+X"一体化整治路径，实现高质量修复。"4"是4类基本整治任务，包括农业用地整理、建设用地整理、生态修复和历史文化保护，"X"是在基本整治任务基础上叠加富农产业引入、生物多样性保护、历史文化遗产活化利用、留用地兑现、水系连通等内容，通过"土地整治+"模式，实现全域全要素治理。"三统筹"是指统筹不同试点的任务和支持政策、不同部门资金、不同层级政府力量，实现高效率地组织实施。以整治区域为重点来"一揽子"整合各类整治工程，整体统筹推进，统一规划、统一立项、统一实施，探索EPC等一体化推进模式。

第三，促进生态环境修复，助力生态价值实现。落实绿色发展理念，让绿水青山发挥真正的生态价值和社会经济价值，挖掘生态价值转化机制。

第四，推动耕地质量提升，实现一二三产融合。在保护生态环境的前提下，保护耕地和永久基本农田，提高项目区内耕地质量，通过水利灌溉排涝、田间道路修筑及其他农业配套设施建设，提高土地生产能力，改善农田生态系统，打造万亩良田，拟建成高标准农田70.64公顷，新增水田133.47公顷，新增耕地面积113.82公顷，整治区域内耕地图斑数量从整治前2656块下降到整治后2158块，1公顷（15亩）以下耕地从整治前820块降低到整治后755块，有效提升耕地连片程度，避免耕地碎片化。增加土地产出和粮食产能。通过粮食产能提升，预计增加收益200~500元/亩[1]。

第五，提升乡村"造血"功能，促进农民收入提升。将全域土地综合整治与乡村振兴结合，探索生态资产转化和生态价值实现提升路径，为乡村振兴注入活力和提升"造血"功能，创造彰显生态魅力和地方特色的粤港澳大湾区城乡融合示范区。通过农用地整理，形成高标准、高质量的农田，增加农作物产量和村民收入。通过自然资源保护和价值外溢，带动产业导入，结合乡村旅游发展和各类生态产业的引进，形成生态价值转换新路径，推动乡村经济发展，预计引入新业态、新产业项目9个，吸引社会资本投资72.18亿元。

截至2023年10月，该整治试点实施情况如下：当地积极落实《从化区国土空间总体规划（2021—2035）》（在编）提出的"一带四区、一核多点"总体空间格局，衔接村庄规划等详细规划；新增耕地306.78公顷，耕地图斑连片度提升8.4%，碎片化耕地图斑（≤1公顷）减少了16.3%，形成连片耕地95平方千米。

4. 启示

广州市从化区作为广东省唯一以县域为实施单元的国家级试点，基于现状优越农业、生态、产业条件，在开展全域土地综合整治中有机结合三者，形成产业生态融合的特色整治模式，在保护生态环境的基础上，有效延伸了生态产品的价值，使生态资源转化成经济价值，带动了当地的产业结构转型升级，提高了从化区城乡之间的互动，激活了乡村积极性和自我造血能力。

5.2.5 陆河县新田镇全域土地综合整治试点实践

本试点实践做法参考《广东省汕尾市陆河县新田镇全域土地综合整治试点实施方案》[98]。

1. 试点概况

陆河县位于汕尾市北部，处于港澳、深圳、东莞、惠州、河源、梅州、潮汕揭等地区1~3小时的生活圈内。新田镇地形复杂，境内多山地丘陵，地势整体呈西北高、东南低的特点。新田河横贯镇域，沿河流域地势相对平坦，农田和村镇大多分布在河流沿岸。

新田镇所在区域在地质构造上属于闽粤东部沿海具有明显差异性的断块活动区。山地土壤主要为花岗石风化形成的红壤土和赤红壤，含沙量较高，团粒结构较差，抗蚀性和抗冲能力较差，容易发生地质灾害。新田镇所在的陆河县是国家重点生态功能区和广东省林业生态县，辖区内林业、湿地和水资源丰富。

2. 主要做法

第一，"红城绿土，生态新城"整治理念，实现促耕保、优生态、理格局、宜人居的综合效益目标：

---

[1] 1亩约等于0.067公顷。后文将不再作解释。

①依托其深厚的红色革命文化内涵，致力于提升激石溪和湖坑村的红色历史地标影响力，发展独特的"红色"旅游路线（图5-10）。②"绿土"指的是严格的耕地保护政策，实施粮食安全战略。通过扩增耕地面积、提升耕地管理效能、改善耕地生态条件和优化耕地分布。③"生态"旨在加强生态安全防线，提高城乡生态质量，恢复新田镇的森林覆盖和水域清澈度。通过促进生态资源的价值转换，打造和增强新田特色生态产业体系。

第二，新田镇紧紧抓住康养产业迅猛发展的机遇，依靠丰富的温泉资源成功引进了嘉华温泉酒店、陆河县生态养老产业园（泰颐温泉养生旅游度假区）等尖端产业集群的投资。利用社会资本以对新田的投入为契机，实现了生态与经济层面的叠加效益。计划将拆旧复垦腾退指标预留，并将其与配套指标一并用于园区的发展，以确保产业项目的用地需求得到满足。同时，引导社会资本在沿河生态岸线建设中进行投入，减轻政府财政在生态恢复和人文景观提升方面的经济压力。

图5-10 激石溪村革命根据地先烈纪念园
（图片来源：陆河县新田镇人民政府）

3. 建设成效

陆河县新田镇全域土地综合整治建设成效预估如下：

（1）经济效益

全域土地综合整治将低产低效的农用地转化为高产的耕地，解决了地块分散和不连贯的问题。这一举措不仅改变了传统的种植模式和习惯，还显著提高了土地产出率和单位面积粮食产能，有利于保护优质耕地，避免土地荒芜现象的发生。同时，以红色旅游和乡村观光为契机，推动了餐饮、住宿等相关产业链的增长，预计经济收益将显著提升。此外，乡村风貌提升项目直接促进了当地就业，缓解了就业压力。

（2）社会效益

通过耕地破碎化治理和农业基础设施建设，在不影响原有土壤物理和化学特性的前提下，将大幅提升土地的整体质量和有效产出潜力，为可持续发展打下坚实基础。同时，这项整治工作有利于改善农民的生产和生活条件。项目区农业基础设施的全面升级不仅为农业生产提供了有力保障，还改善了交通、电力、水务等基础设施。整治工作还通过腾挪低效用地和整合建设用地资源，为全域旅游的持续发展提供了土地保障，促进了旅游基础设施的完善。

（3）生态效益

全域土地综合整治后，有利于减轻水土流失、农药污染，也有利于改善生产、生活条件，为农业的可持续发展提供可靠保证。

截至2023年10月，陆河县新田镇全域土地综合整治试点建设成效如下：①当地已启动镇村集成规划的立项编制工作。②经具体筛查，可腾挪建设用地面积约20公顷（300亩），未来整治着重将空心村腾挪至镇圩周边村落，优先满足富民兴村产业项目用地。③近期生态修复项目以地灾整治与河道治理为主，目前地灾整治项目已经完工验收，河道治理项目即将竣工；中远期拟对森林水源地林业生态修复，具体以退桉，改种单一树种，增加本地树种，沿高速路两旁，主要道路旁绿美种植等。风貌提升项目主要以人居环境整治、美丽圩镇改造、污水设施提升及基础交通优化为主，除基础交通项目即将开工外，其余项目即将竣工。

4. 启示

新田镇自身有明确的定位和发展意愿，以目标为导向，通过全域土地综合整治整合资源要素，着力发展温泉产业、康养产业、生态产业和红色旅游产业，实现生态与产业的融合与有机互补，建议广大相似试点可参考新田镇相关理念和做法，在保护修复下，将生态条件转变为产业发展条件。

5.2.6 惠州市白花镇全域土地综合整治试点实践

本试点实践做法参考《广东省惠州市惠东县白花镇全域土地整治试点实施方案》[99]。

1. 试点概况

试点所在地为惠州市惠东县白花镇。惠州市位于粤港澳大湾区东岸，是珠三角中心城市之一。惠东县位于惠州市的东南部，历来是粤东重要的交通枢纽和商品集散地，享有"岭东重郡""粤东商埠"的美誉。

经查阅资料，2019年，白花镇固定资产投资8.0亿元，其中重点工业投资2.5亿元，基础设施投资0.7亿元。规模以上工业增加值15.0亿元，同比增长13.3%；税收总额1.5亿元，全镇工业企业共268家，其中外资企业28家，规模以上企业62家，高新技术企业10家；现状村庄整体建设风貌不统一，新旧混杂，少量荒废无人管理。村居建房选址随意，缺乏规划。

在农业方面，白花镇是香港最主要的蔬菜和肉类供应基地，部分农产品经过深加工后远销到东南亚、欧美等国际市场。在工业方面，白花镇拥有较好的传统工业基础，工业主要集中在中航谟岭工业园、大统营工业园、白花工业区和太阳坳工业区。然而，镇域内存在较多矿山，矿山开采导致耕地破坏、地质灾害和生态环境破坏等问题显著。目前已关停的矿山总面积约391.22公顷，需要进行修复工作。在文化和旅游业方面，白花镇拥有苏丰革命老区、白水寨瀑布、石陂樱花谷、湖球御上园、黄塘紫竹林、中山寺和鲁班庙等多个景点。

根据惠州市惠东县白花镇全域土地综合整治实施方案，该地整治区域的土地总面积为2359.53公顷。目前土地利用现状以林地和园地为主，植被覆盖率较高，园地面积占比26.12%，林地面积占比31.98%。

2. 主要做法

第一，低冲击整治理念。低冲击整治是指在尊重和保护城市原貌的基础上，减少开发建设活动对城市原有生态、社会、经济、产业、文化等方面的影响的开发模式[100]。在全域土地综合整治中，白花镇采用耦合低冲击理念的方式，即尊重当地"三生"空间发展现状，并以和谐、循序渐进的方式指导土地整治实践。通过采取最大限度减少对项目区自然和社会要素扰动的低冲击整治策略，以更好地与生态文明理念和乡村振兴战略相协调（图5-11）。

第二，"小流域、多效益"的全域土地综合整治模式。白花镇依托岭南水乡独特的文化特色，致力于打造岭南特色的滨水风光带，通过优化"三生"空间，推动耕地连片提质建设，提高农民的收入水平。同时，结合点状供地策略，积极支持乡村旅游发展，为乡村振兴注入活力。

第三，"一矿一策"，推动矿业绿色发展。采用

图5-11 白花镇垦造水田项目
（图片来源：惠州市自然资源局）

"先急后缓、全面治理"的措施，按照"谁破坏、谁治理"的原则，针对废弃和关停的矿山进行"一矿一策"的复绿治理方案。通过制定具体的策略和计划，针对每个废弃和关停的矿山，制定相应的复绿方案，包括恢复植被、修复地质环境、改善生态系统等措施，以实现矿山区域的可持续发展和生态修复。

3. 建设成效

惠州市惠东县白花镇全域土地综合整治建设成效预估如下：

（1）经济效益

全域土地整治的实施促进了农业土地的产量和价值提升，同时增强了农民的经济收益和优化了地区产业结构。具体而言，通过重新规划农用地，将中低产田提升为高效益耕地，预计每亩增收200~400元。此外，新开垦的水田预计将直接贡献经济效益约2.28亿元。整合农用地和建设用地，实施多样化的农作物种植，将显著增加农民的家庭收入。此外，农产品的加工、销售以及农业旅游项目的推行将提供大量就业机会，增加农户的收入。

通过发展田园综合体和现代农业产业园，以及鼓励农家乐、电子商务和专业合作社等自主创业活动，不仅促进了农民收入的增长，还展示了土地整治在推动绿色可持续发展方面的示范作用。

（2）社会效益

全域土地整治进一步加强了土地的开发与保护工作，在提升白花镇旅游业发展水平方面取得了显著成效。这不仅促进了地方财政收入的增长，还通过居民参与旅游业提高了村民的经济状况。在整治过程中，充分利用了当地丰富的文化资源，包括农耕、饮食和旅游文化，创造了一个综合性的体验空间。这些项目以生态、休闲、有机、观光和旅游为主导，不仅充分挖掘了土地整治的文化价值，还为社区带来了可观的文化收益。

通过打造综合性的旅游体验项目，白花镇成功地将土地整治与文化资源相结合，为游客提供了丰富多样的生态、休闲和观光体验。同时，这些文化项目的开展也为社区注入了新的活力，促进了当地文化的传承和发展。总之，全域土地整治在提升白花镇旅游业发展水平、促进地方经济增长和改善居民生活水平方面取得了显著的成效。

（3）生态效益

科学的规划和实施对于白花河流域的综合整治具有极其重要的意义：①通过优化防洪排水布局和采取精细化的工程措施，为白花镇提供了可靠的防洪排涝基础设施。流域的综合整治不仅提升了水景的美观度，还显著改善了居住环境的质量，打造了一幅宜人的田园景观。这些措施不仅为发展生态旅游和支持乡村振兴提供了坚实的支持，也为当地经济的可持续发展奠定了基础。②通过科学规划和实施综合整治工程，白花河流域得到了有效的治理和改善。优化的防洪排水布局有效地减少了洪水灾害的风险，提高了居民的安全感。同时，综合整治也注重提升景观质量，使得河流景观更加美丽，为居民提供了宜居的环境，不仅有利于发展生态旅游，吸引更多的游客，还为当地推进乡村振兴提供了充足的动能。全域土地综合整治的成功实施为白花镇的可持续发展奠定了坚实的基础，为未来的发展提供了良好的环境和支持。

截至2023年10月，广东省惠州市惠东县白花镇全域土地综合整治实施进展如下：第一，整治区域联进村、石陂村、坦塘村、高埠村与集联村5个行政村已编制村庄规划，分别为《惠东县白花镇联进村村庄规划（2021—2035年）》《惠东县白花镇石陂村村庄规划（2021—2035年）》《惠东县白花镇坦塘村村庄规划（2021—2035年）》《惠东县白花镇高埠村村庄规划（2021—2035年）》《惠东县白花镇集联村村庄规划（2021—2035年）》，目前5个村庄规划初稿已完成；第二，白花河流域综合整治项目涉及联进村、坦塘村、高埠村，全长14千米，主要进行河道综合治理、新建及达标加固堤防及新建分洪隧洞、新开截洪河道、新建水闸与泵站等工程，目前主体工程已完成98%。第三，引进了花果山传奇庄园项目、"一村一品"专业村建设项目和粤茗湖农村产业融合发展示范园项目。

4. 启示

广东省惠州市惠东县白花镇全域土地综合整治试点依托现有资源和优势，积极转变发展模式，在矿山复绿的基础上，积极开展田园综合体项目，大力发展农业观光、青少年研学等产业生态资源融合的农旅项目，同时深化产业链，发展预制菜加工厂、康养产业等，有效盘活闲置资源，促进经济发展。

5.2.7 湛江红树林生态修复保护实践

红树林保护是绿美广东建设的重点项目，促进红树林生态修复与生态价值转换，是广东产业生态资源融合发展的特色整治项目。此处以湛江红树林保护为例，总结现有做法与成效，为后续涉及红树林等特色生态系统的整治活动提供借鉴。

1. 项目概况

2023年，习近平总书记在广东省考察调研期间前往了湛江市麻章区湖光镇金牛岛红树林。在察看红树林长势及生态环境之时强调，这片红树林是"国宝"，一定要保护好[1]。

红树林是热带、亚热带海岸潮间带特有的胎生木本植物群落，素有"海上森林""海洋卫士"之称。在广东省湛江市，是全国红树林分布最多的地级市。湛江市通过成立广东湛江红树林国家级自然保护区，对辖区内红树林进行统筹规划、统一保护修复，形成了中国面积最大、最为集中的红树林自然保护区，保护区总面积达到了2.03万公顷，区内红树林面积更是达到了7228公顷（数据来源：《湛江年鉴2022》）。开展红树林建设与保护，并非一蹴而就的工作，而是久久为功、不懈努力的成效。湛江红树林自1990年由广东省人民政府批准成立湛江红树林省级自然保护区以来，已经过二十余年的努力建设成为全国面积最大的红树林保护区。其间通过设立省级保护区管理站、出台法律条例加强管护、编制规划与行动方案确保红树林保护与修复发展方向等，逐渐奠定了其生态保护发展基础。

2021年12月，湛江市委、市政府制定了《湛江市建设"红树林之城"行动方案》，规划将湛江市打造成"红树林之城"，并在新时代背景下将"湛江红树林"打造成为广东生态文明建设的新名片。

2. 主要做法

第一，以立法手段为红树林生态保护与修复提供法律保障。湛江市基于人民诉求、红树林保护与修复原则等方面，通过立法手段解决红树林实际建设与保护中遇到的现实问题。2017年，湛江市政府颁布实施《广东省红树林国家级自然保护区管理办法》，为湛江市辖区红树林及相关资源的保护提供切实可靠的法律依据，使得红树林保护区的保护、修复与管理工作真正有法可依、有章可循。

第二，积极探索红树林生态保护与修复新方法新路径。通过加强红树林保护相关执法队伍力量、健全红树林巡护管理制度、提高巡护与管理强度等方式，对红树林保护区实行全方位的管护工作，严厉打击一切破坏红树林、生态湿地等违法违规行为。同时对违法违规行为进行处罚，并责令责任方开展复绿工作，有效加强了红树林保护执法力度，有力推进了红树林保护工作。

第三，引入多元主体开展红树林生态保护与修复工作。推进保护区当地居民参与红树林保护区调查、巡护、监督管理与参与造林工作，解决社区就业问题。开展红树林科普活动，让红树林科育知识与意识走进村庄、走进居民与学生群体，让群众充分认识红树林保护的背景、作用与意义，提高群众红树林保护意识，逐渐完善多元主体参与红树林保护的参与机制与社会爱护保护红树林氛围的营造。

第四，将红树林资源积极融入文旅产业链条

---

❶ 张晓松，朱基钗，杜尚泽，等. 在推进中国式现代化建设中走在前列[N]. 人民日报，2023-04-15（001）.

中。广东湛江红树林国家级自然保护区被2021年广东省关注森林活动执委会评为"广东省十大最美森林旅游目的地"，是当年粤西唯一入选森林旅游目的地的项目。

湛江通过打造"红树林之城"实施方案路径，推进了湛江高桥红树林风景区、霞山特呈岛红树林生态湿地公园、雷州九龙山湿地公园、麻章通明港红树林"十里画廊"等红树林旅游景点，同时规划与设计了多条关于红树林精品主题旅游线路，将湛江红树林资源与文旅产业、休闲旅游进行深度融合。使得红树林不仅能发挥生态价值，更能使其生态价值向经济价值转化。

3. 建设成效

（1）经济效益

湛江市不断推进红树林保护修复与红树林开发利用，积极探索红树林等生态产品价值向经济价值转换的实现路径，让红树林真正成为造福湛江市的"金树林"。2021年，"湛江红树林项目"通过核证碳标准开发和管理组织Verra的评审，成为全球首个同时符合核证碳标准（VCS）及气候、社区和生物多样性标准（CCB）的碳汇项目。同年，该项目也成为全国首个蓝碳交易的项目。在我国首个蓝碳交易项目签约仪式上，北京市企业家环保基金会购买了"湛江红树林造林项目"产生的5880吨二氧化碳减排量，用于抵消基金会日常工作和开展活动产生的碳排放。红树林的生态产品价值，真正实现了生态价值转化，在未来蓝碳交易、碳中和等战略上具有重要的示范性意义，为促进红树林的生态修复提供源源不断的动力。

（2）社会效益

通过红树林项目碳汇交易后所获收益，能充实红树林保护与修复的基金库，用于红树林修复管护、科普宣传教育、文旅产业打造等方面，打通了社会资本参与红树林生态修复通道，建构了可持续的生态修复工作机制，使得群众能真正从红树林保护建设中获益，形成红树林保护与修复的正循环。

（3）生态效益

通过扩大红树林种植面积，区域生态系统质量及其稳定性得到了一定程度的提升。广东湛江红树林国家级自然保护区是国际候鸟的重要迁徙通道，同时也是各类鸟类、生物的栖息与繁殖地。通过红树林保护与修复，有效恢复了因人工开发导致的滨海湿地破坏，进一步构建了红树林生态圈，提升了区域生态种群数量与生态系统稳定性，坚定不移地走出生态优先、绿色低碳的湛江发展之路。

5.2.8 小结

广东省全域土地综合整治各试点结合自身自然条件和农业发展需求，在产业生态资源融合与建设实践中体现以下特征：

第一，建设生态农业。通过利用生态系统的循环模式，实现农林结合、种养结合、农牧结合等多种形式的农业生产，提高农业的生产效率、质量和竞争力，同时保护农业生态环境和资源。例如，广东特色的"桑基鱼塘"农业模式，利用低洼地挖深为塘养鱼，将挖出的泥土堆在塘边为基种桑，以桑叶养蚕，以蚕沙、蚕蛹等作鱼饲料和肥料，以塘泥作桑树肥料的生产方式。这种方式形成了桑、蚕、鱼、泥之间的良性循环，既提高了农业的生产效率和质量，又保护了生态环境和资源。

第二，发展生态旅游。指以生态资源为基础，提供旅游观光、休闲度假、文化体验等服务，实现旅游业与生态保护的良性互动。例如，从化区在全域土地综合整治中，打造多元共生的岭南都市田园综合体，通过构建"农村整治—农业产品生产—农业产品消费"的全链条，为当地农民增产增益，同时采用"岭南田园+三产融合+田园综合体+特色小镇"的整治思路，增加农产品的附加值。

第三，重视生态修复。应科学调查并研判当地生态环境，统筹制定生态修复计划，有序开展生态修复工程，并利用现代大数据等科学技术，实时观测生态系统的保育和恢复情况。

5.3 建设用地集约利用型

5.3.1 建设用地集约利用的背景

建设用地是承载人口和经济的重要国土资源，发挥多种社会和经济功能，其利用水平直接影响各相关要素的发展程度[101]。建设用地集约利用有利于解决人地矛盾、耕地资源减少等问题，是解决城市无序扩大发展和盘活农村闲置低效用地的必有选择，利于提高土地利用效率[102]。

我国历年来重视建设用地集约利用。2014年，自然资源部（原国土资源部）发布《节约集约利用土地规定》，旨在贯彻最严格的耕地保护制度和最严格的节约集约用地制度，提升土地资源对经济社会发展的承载能力，促进生态文明建设。该规定从规模引导、布局优化、标准控制、市场配置、盘活利用等五个方面，提出了一系列节约集约用地的政策措施。2017年10月，党的十九大报告中提出必须树立和践行"绿水青山就是金山银山"的理念，坚持节约资源和保护环境的基本国策，像对待生命一样对待生态环境，推动资源的集约利用，在此基础上，集约理念备受全国关注。2021年，国家"十四五"规划提出要健全城乡融合发展体制机制，依法把有偿收回的闲置宅基地、废弃的集体公益性建设用地转变为集体经营性建设用地入市。同时，加快推进城市更新，推动城市存量片区更新。2023年9月7日，广东省自然资源厅印发《广东省自然资源厅关于加强自然资源要素保障助力实施"百县千镇万村高质量发展工程"的通知》，提出应大力盘活存量建设用地。落实最严格的节约集约用地制度，鼓励开发利用地下空间，用存量换增量、用地下换地上、用资金技术换空间。鼓励通过依法协商收回、协议置换等措施，推动城镇低效用地腾退出清。

5.3.2 建设用地集约利用型的内涵

建设用地集约利用型是指以提高土地利用效率和产业集聚水平为引领，通过科学规划授权地块开发权利，通过土地流转实现低效用地腾挪和闲置用地盘活，有效推动建设用地空间布局优化，提升建设用地市场化配置效率，提高单位土地产出率。

具体来说，应以盘活闲置用地、优化用地结构布局为目标，推动废弃宅基地、零碎且分散的村级工业园、废弃工矿用地等低效建设用地腾退工作，为相关产业的发展提供空间，保障城乡提质发展所需的用地指标；统筹推进产业升级改造、"三旧"改造等城市更新项目，最大限度释放存量建设用地资源潜力，推进建设用地集约高效利用。建设用地集约利用型土地整治重点考核城乡建设用地人口密度、建设用地平均固定资产投资、节地率、单位GDP增长消耗新增建设用地量、新增耕地和建设用地节余等指标（图5-12）。

5.3.3 建设用地集约利用的意义和作用

推动建设用地的集约化利用具有深远的意义：第一，极大地提升了土地资源的使用效益。面对不断上升的城市人口和有限的土地资源，集约化利用能极大地提升土地利用率。通过科学的规划和设计，可以实现土地用途的合理配置和空间的充分利用，避免土地资源的无谓浪费。第二，促进了城市的可持续发展。建设用地的集约化管理有助于减轻城市对周边农业和自然资源的压力。这有利于农村环境与生态系统的保护，减少土地退化和污染问题。同时，减缓交通拥堵与资源的无效耗散。第三，集约化利用能够增值土地。通过合理的规划和提高开发的密度与效率，土地价值得以提升。这不仅让土地拥有者和开发商获得更高的经济回报，还为城市带来更丰厚的土地税收，有利于城市经济的

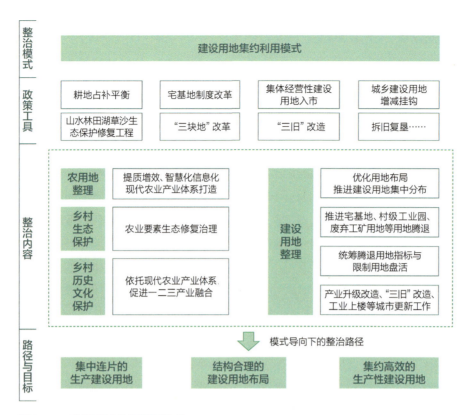

图5-12　建设用地集约利用模式

繁荣和财政的稳健。第四，优化了城市居住条件。通过集约利用土地，城市能够增加绿化面积、公园和开放空间，显著提升居民的生活品质。减少拥堵和交通问题，也使得居民出行更加方便快捷。第五，集约利用还有助于降低基础设施的成本。由于建筑与设施的集中，如供水、供电、污水处理等基础设施的建设和维护成本得以降低。第六，激发了经济的增长动力。集约化利用土地能提高土地的开发效率，吸引更多投资和企业，为城市创造更多的就业机会，推动经济发展。

5.3.4　佛山市南海区全域土地综合整治试点实践

本试点实践做法参考《广东省佛山市南海区全域土地综合整治试点实施方案》[103]。

1. 试点概况

试点位于广东省中南部、珠江三角洲中心，以及佛山市中心区域的南海区，承担着广佛同城化发展的重要角色。随着工业化与城市化的深入推进，南海区正面临着土地空间利用布局的无序、土地利用效率低下、耕地逐渐转为非农业用途、城乡景观及居住环境欠佳、生态环境品质下降以及高质量发展受空间限制等多方面挑战。

南海区希望借助全域土地综合整治项目，优化空间结构，提升产业发展水平，改善城乡环境质量，实现将南海区打造成为制造业创新中心、粤港澳大湾区西部的交通枢纽、水乡生态名城以及具有岭南特色魅力的城市的宏伟蓝图。

在总规模达到107181.71公顷的全域土地综合整治试点中，覆盖了桂城街道以及大沥镇、里水镇、狮山镇、丹灶镇、西樵镇、九江镇六个镇区。通过这项试点项目的实施，利于迈向更加和谐、可持续的发展道路。

2. 主要做法

第一，"三券"制度创新。自2022年1月成为广东省唯一以县域为实施单元的全域土地综合整治省级试点后，为扎实推进全域土地综合整治工作，落实建设广东省城乡融合发展改革创新实验区要求，构建城乡空间集聚新格局，佛山市南海区立足于低效零散建设用地腾退、产业用地集聚提升及生态用地精细修复需求，于2022年8月出台《佛山市南海区人民政府办公室关于开展"三券"推动全域土地综合整治的指导意见》（以下简称《"三券"指导意见》），探索建立地券、房券以及绿券制度，通过构建利益平衡机制，激发市场主体参与，破解土地利用碎片化问题，推动逐步实现国土空间腾挪和土地集中归并。

第二，产业改造提升。南海区遵循"减量、集聚、整合、提升"的原则，对混乱的工业园区进行逐步地拆除和建设，通过连片产业改造促进产业结构的转型升级。通过协议出让和市场引入改造主体，将开发过程分为前期土地改造整理与后期开发建设两阶段，确保了20个具有强大影响力和示范效应的产业社区改造项目的实施。

第三，创新实施"4PMI"+三级联动整治工作体系。"4PMI"是指"4+P（policy）+M（model）+I（item）"。在该工作体系和国土空间总体规划引领下，引导全域空间布局形成"四个集中"，形成推进项目实施的配套政策体系和契合南海实际的整治模式，并建立起整治项目库。同时，在区级、镇（街道）、村三级同步开展不同尺度、不同深度的全域土地综合整治工作，采用"上下结合"的工作方式，对重点整治指标进行分解，实现整治任务层层传导、整治任务精准落地的三级联动工作体系。

第四，全方位配套政策。南海区建立了全方位、实施性强的配套政策体系，涉及用地整治、项目管理、资金补偿、区域协调发展等。

3. 建设成效

南海区全域土地综合整治建设成效预估如下：

（1）社会效益

第一，整治工作有效指引空间结构向"四集中"模式转变，成功减少了28个零散耕地图斑，打造了5个占地万亩的农业示范片区，初步构筑了"一带五区多园"的农业发展新格局。通过实施建设用地腾退项目（共计367.68公顷），引导了产业用地向工业区集中，进一步提升了产业空间的集约化。此外，通过万里碧道建设、河心岛修复及万亩级公园项目，改善了生态空间的连通性，助力构建了一套"一山三江，九片八廊多节点"的生态安全体系。第二，促进城乡高质量融合发展。项目区完成了建设用地腾退并通过产业保障房安置节省了222.31公顷的建设用地指标，这些指标被优先用于支持乡村一二三产业的融合用地和区内重点产业平台的建设。通过东西部的交易机制，促成了工业向农业的资源反哺，平衡了区域发展。城中村改造及产业连片社区改造等措施有效提升了土地的集约使用，促进了南海区城乡的高质量一体化发展。第三，改善城乡风貌。城中村改造、低效建设用地的整治以及生态修复工程的实施，显著提升了居民的生活品质和城市的整体形象。第四，增加就业保障能力。通过5个万亩农业示范区的建设和通过节约用地指标支持的二三产业平台建设，增加了就业岗位，进一步强化了当地的就业保障能力。第五，为其他区域提供整治样本。南海区的整治实践考虑到发达地区的具体需求，开辟了一条新的土地整治途径。这一经验为其他类似地区提供了宝贵的参考，有助于他们根据自身情况采取相应的土地整治策略。

（2）经济效益

第一，实现农业生产提质增效。试点期间，通过耕地恢复和开垦耕地新增耕地343.83公顷，同时，旱地改造成水田并通过高标准农田建设提升了田间基础设施，有效提高了农业生产效率。这些措施预计将新增粮食产能约500万公斤。此外，5个万亩农业示范片区的建设极大地促进了农业产业链的延伸，显著提升了整个农业领域的经济收益。

第二，助力工业产业转型升级。试点期间，南海区通过重点发展面积在千亩以上的工业园区和产业社区的连片改造，创建了20个具有强大震撼力和示范作用的产业社区，带动整个区域的产业结构优化。

这不仅打破了以往村级工业园区发展的低效局面，还实现了产业形态的根本转型和升级。第三，助力GEP（生态系统生产总值）大幅增长。据统计，整治完成后，南海区的物质产品总价值达到165.29亿元，调节服务产品总价值为80.37亿元，文化服务产品总价值为127.38亿元，累计总价值达到373.03亿元，较2021年增长了12.98亿元。

（3）生态效益

第一，通过万里碧道建设、河心岛修复、公园建设以及城中村改造等项目，南海区形成了一个蓝绿交织的生态网络。这些努力共同构建出了一条既能够承载洪水又充满生态和休闲功能的江河系统，丰富的生态道和休闲道促进了自然与城市的和谐融合。此外，通过增加森林覆盖率和优化田园景观，创建了一个具有浓厚乡村韵味和天然野趣的生态开放空间，实现了城市建成区、自然村落、森林、田园和水系的有机结合。第二，随着生态保护红线、水利蓝线内低效建设用地的复绿，生态用地面积增加了13.55公顷。河心岛的整治不仅丰富了当地的生物群落，提高了森林覆盖率，还促进了该岛生态系统的恢复与环境改善。第三，综合整治通过提高耕地质量和生态恢复，促进了耕地面积的增加和土壤有机碳含量的提升，这样不仅增加了生态碳汇，也通过转变建设用地用途、优化国土空间布局、减少高能耗产业的空间，从而减缓了耕地减少和碳排放。综合应用林业质量提升、矿山植被恢复、农村人居环境整治等措施，系统性地提升了生态系统的功能。

截至2023年10月，根据南海区政府网站数据收集，该试点整治进展如下：第一，在"三券"制度实施方面，自2020年以来，南海区共开展地券项目（城乡建设用地增减挂钩项目）14个，总面积约65.18公顷（977.72亩），其中3个项目共25.51公顷（382.67亩）已完成区级验收，8个项目共28.87公顷（443.02亩）已立项。开展绿券项目10个共30.82公顷（462.32亩），其中已验收项目5个共13.65公顷（204.69亩）[已发放绿券项目4个共12.11公顷（181.66亩）]，2个项目共4.99公顷（74.82亩）已立项。开展房券项目2个共4.09公顷（61.37亩），均在推进中。2022年和2023年市局下达南海区"三旧"改造成效统计完成任务量合计253.33公顷（2022年120公顷，2023年133.33公顷），截至2023年9月28日，2022年和2023年南海区"三旧"改造成效统计完成任务量合计184.98公顷（2022年120.07公顷，2023年64.91公顷）。第二，在耕地方面，自2022年以来，共完成268.82公顷（4032.24亩）耕地恢复面积，耕地布局优化（长期稳定利用耕地5234公顷和15度以下耕地面积5204公顷）、耕地连片度2000平方米（3亩）以下耕地图斑减少数量19966个，面积减少355公顷或10000平方米（15亩）以上耕地图斑提升数量191个，面积增加980公顷）。南海区耕地流转每亩平均成交单价为3799.54元每年。第三，在生态修复方面，截至2021年底，南海区江心岛生态修复累计拆除岛内违建总面积约11.87万平方米，累计复绿面积约20.53万平方米，累计提质复绿面积约28.97万平方米。2022年底，南海区8个万亩公园、5个（含市承建）已全部完成建设并对外开放，并于2023年第一季度通过市自然资源局验收。按照《佛山市碧道建设总体规划大纲（2019—2035）》，南海区结合水道、绿道等多项线性绿色基础设施现状，融入自然生态、历史文化、乡村振兴、特色小镇等多样化要素，构筑碧道系统，在全市"三环六带"的碧道规划结构基础上开展建设工作。2022年建成碧道95.6千米，2023年计划建成碧道78.15千米。第四，引导社会资本参与方面，南海区印发《佛山市南海区全域土地综合整治市场化运作的指导意见》，充分利用开发性金融机构、政策性银行和社会资本等对全域土地综合整治的支持作用，促进南海区全域土地综合整治工作长效、高效开展，相关创新模式仍在探索中。

4. 启示

佛山市南海区是以县域开展全域土地综合整治的经典案例，创新通过"三券"制度，有效在南海区域内进行指标的流转使用，使整治项目稳步推进。通过低效用地的整合，促进"工业上楼"，推动了产业结构转型升级，改善了原有零散工业用地周边的人居环境，是建设用地集约节约引领的先行者。

5.3.5 佛山市杏坛镇全域土地综合整治试点实践

本试点实践做法参考《广东省佛山市顺德区杏坛镇全域土地综合整治试点实施方案》[104]。

1. 试点概况

杏坛镇位于顺德区的西南部，北部保留着传统的风貌，南部则展现现代化的氛围。这个地方承载着古村落的乡愁和水乡文化，同时与顺德高新区的现代产业气息相邻，与港口经济相接，具备独特的地理优势，正在逐步形成全新的发展形象，成为顺德西南片区进步的关键支点。杏坛镇不仅拥有丰富的水资源和典型的岭南水乡风情，还具有深厚的文化底蕴，拥有许多历史遗迹和文化遗产。这里被誉为"广东省民间文化艺术之乡"，拥有佛山市独一无二、完整保留的传统意义上的水乡——逢简古村，是"广东四大水乡"之一。

在产业结构方面，杏坛镇是顺德区农业的重要支柱，展现出了多元化的发展趋势。它不仅保留传统的种植、养殖等农业活动，还发展了食品加工、农渔产品深加工和文化旅游等特色产业。水产养殖和农产品生产是当地的主导产业。最近，杏坛镇致力于农业产业园区的建设，重点发展国家级预制菜产业园、高品质水产养殖产业园和珠三角美丽大渔场等。通过不断提升农业生产要素的整合力度，实现产业升级。

近年来，杏坛镇深入挖掘并整合本地丰富的岭南文化和农耕资源，引入休闲旅游等新元素，充分发挥现代农业产业园区的优势。通过举办"桑基鱼塘文化节""岭南乡建艺术节"和"桑麻黑毛节瓜美食文化节"等节庆活动，积极探索农业与文化、旅游的融合新路径。

2. 主要做法

第一，杏坛镇致力于水域空间的全面整顿，依托"以水美城、以水兴城"的理念，执行佛山市建设生态屏障的"百千万工程"，采取联合治理的方式不断提升水质。为此，该镇推动了"八大行动"，包括岸线和水源净化、水质提升和智慧管理等方面的措施。以"还岸于民、还绿于民"为核心，重塑滨水魅力，确立杏坛镇作为岭南水乡的新典范。

此外，杏坛镇采取了综合性的措施。他们注重保护岸线和水源的清洁，通过净化工程来提高水质。同时，他们还积极引入智慧管理技术，以提高水资源的利用效率和管理水体的能力。这些行动的核心在于回归民生，让岸线和水域资源更好地造福于当地居民。通过这一系列的努力，杏坛镇计划重塑滨水地区的魅力，确立自己作为岭南水乡的新典范。此外，杏坛镇的努力旨在创造一个更美丽、更宜居的水域环境。通过整治和管理水域，他们致力于提升水质和保护岸线，使杏坛镇成为一个具有吸引力且独具特色的水乡地区。这不仅有助于提升居民的生活质量，还为当地的旅游业和经济发展提供了新的机遇。杏坛镇的努力将为岭南水乡的发展树立新的典范。

第二，通过基塘改造提升，杏坛将水产养殖转型为生态循环产业，遵循国家现代农业发展规划，加强池塘标准化和尾水治理。目标是将渔业生产与自然和人居环境协调统一，创造岭南水产养殖的生态模式。

第三，面对耕地分散化的挑战，杏坛采取制度创新以提高耕地保护和利用效率。通过政府引导、社会资本参与的多方合作，拓宽资金来源，并探索耕地战略储备等新机制，增加财政支持，激发农户种粮热情，有效防止耕地撂荒和非粮化。

第四，以村庄改革为契机，杏坛镇推进城乡结构和产业空间优化，转型提升低效产业园区，释放更多土地供农业和生态用途，同时加大污染治理和绿化力度。统筹"一港七园三平台"的布局，构建

"3+X"产业体系，将杏坛发展为粤港澳大湾区产业转型和"产城人文旅"深度融合的示范区。

3. 建设成效

佛山市顺德区杏坛镇全域土地综合整治建设成效预估如下：

（1）经济效益

第一，试点地区的土地整治预计将促进产业集聚和升级，淘汰低端产能。通过采取城乡建设用地增减挂钩策略，预计将释放约8.75公顷的用地指标，以实现高质量的产业空间。预计这将显著提升市场活力，并推动新兴产业如新能源、电子信息和智能制造的快速发展，打造高产值的产业集群。第二，土地整治预期将显著提升土地利用效率和产出效益。农用地通过整治预期将增加耕地并提高土地的经济效益。建设用地的优化，特别是工业园区的改造，预计将提升单位的产值和税收，增强地方政府的财政收入，并通过奖补资金降低改造成本。第三，全域土地整治预计将推动一二三产业的融合发展，加强乡村振兴。整治预计将改善乡村人居环境和基础设施，提升杏坛水乡旅游业的吸引力，并降低农业耕作成本，提高交通通达率。此外，预计将促进农业产业链的延伸和农产品深加工的发展，进而推动地区经济的全面提升。

（2）社会效益

第一，全域土地综合整治将有助于减轻耕地及永久基本农田的保护压力。整治后将实现净增耕地32.24公顷，即增加区域耕地总量的24.76%。同时，通过整治对少量耕地面积的调整（约3.2公顷），可以有效补偿，从而提高整体耕地的平均面积，使土地利用更加集约化。第二，整治方案设计了一系列旨在复兴岭南水乡文化和促进生态旅游产业发展的项目。通过对桑基鱼塘的整改、新的展览馆建设以及河涌系统的整治，将促进物质及非物质文化遗产的保护和利用。计划通过水陆交通的有机结合，如建设碧道和风景道，全面展示该区域独特的岭南水乡景观。第三，整治计划旨在全面提升城市功能品质，为新型城镇化和乡村振兴战略开辟路径。通过全域性的土地综合整治，预计将推动一批落后产能的淘汰和产能的转移。此外，通过新建现代化主题产业园区和复垦绿化已开发用地，整治计划预计将实现全区域土地的优化使用，为产业转型提供空间，加速现代化产业体系的构建，并促进城乡空间结构的合理重组，实现以存量优化驱动高质量发展的新模式。

（3）生态效益

第一，水域环境改善与活水系统建设。试点计划旨在通过对镇内水系进行系统性整治，执行"以水兴城"的综合行动，包括河涌整治、污水处理、污染截断和水质监测等方面。其目标是恢复和优化主要河道，提升水质。该项目旨在利用自然水文条件，构建一个集引水、蓄水、灌溉和排水功能于一体的生态水系，促进水生态的恢复与自净作用，打造与自然和谐共存的宜居环境。第二，产业升级与绿色发展。本试点方案针对杏坛镇内的工业结构，特别是塑料产业对生态环境的影响，提出了工业园区的改造和产能的更新计划。该计划涉及淘汰落后产能、推动节能减排、加强绿化以及构建专门处理污染的设施。第三，生态空间优化与乡村生态体系重构。试点计划采用城乡建设用地增减挂钩政策，对低效用地进行生态恢复，扩展生态空间，促进滨江景观带的建设。通过古村落活化、风貌提升项目以及绿道建设等措施，助力乡村生态文明的建设，为乡村生态环境的美化和高质量发展提供支撑。该计划将引导集体和企业投资于生态产业，强化绿色发展理念，推动生态旅游，构建绿色经济的新高地。

截至2023年10月，顺德区杏坛镇整治成效如下：第一，顺德区国土空间总体规划成果正在编制中，全域土地综合整治实施方案与最新的顺德区国土空间规划成果相衔接。在村庄规划方面，9个村已经编制完成村庄规划，7个村正在编制村庄规划，11个村已经编制完成控制性详细规划，3个村正在编制控制性详细规划。方案与村庄规划和控制性详细规划衔接一致。第二，正探索城乡建设用地增减挂钩管理模式和构建耕地价值实现机制，破解耕地破碎化困境。第三，创新改革支持政策，顺德区总结出政府挂账收储、政府直接征收、政府生态修复、企业长租自管、政府统租统管、企业自主改造等多种改造模式、一二级联动开发、国有集体混合开发、"改造权+土地使用权"公开交易等九种改造模式。其中"改造权+土地使用权"公开交易模式就是杏坛首创。

4. 启示

顺德区杏坛镇在全域土地综合整治中有效结合当地现有布局和水系特征，以水为脉开展整治工作，通过腾退低效建设用地工业厂房，系统梳理工业用地、人居环境和滨水水系的关系，打造富有岭南特色的水乡风情，在充分挖掘当地文化元素的基础上，发展特色文化旅游产业，提高当地的知名度，推动外部资本投资建设，促进产业转型升级，最终实现一二三产业融合发展。

5.3.6 小结

结合广东省发展现状和客观经济条件，建设用地集约利用可采取以下做法：

第一，严格控制城乡建设用地规模。在新的国土空间规划下，应严守"三区三线"，县市城乡建设用地规模刚性约束，定期调查、排查违法建设行为，遏制土地过度开发和建设用地利用低效。

第二，着力盘活存量建设用地。着力释放存量建设用地空间，提高存量建设用地在土地供应总量中的比重。如佛山市南海区通过"三券"制度，积极盘活区内低效厂房用地，以"减量、集聚、整合、提升"的思路，对区内混杂的工业园区有步骤地拆建并举、拆绿并进、拆复同步，以提升产业产出效益，促进"工业上楼"，同时引进社会资本，积极探索当地低效、低价值工业产业结构的转型升级。

第三，探索建设用地指标流转体系。应探索一定区域内指标流转体系建设，通过增减挂钩、耕地占补平衡、工矿废弃地复垦利用指标的流转，促进区域协同发展，实现城乡发展空间的平衡，增加土地利用的价值。

第四，搭建全方位、落地性强的配套政策。为顺利推进南海区全域土地综合整治项目实施，在原有的政策基础上制定了涵盖各类用地整治、项目实施管理、资金补偿、区域平衡协调发展、市场化推进、项目审批、绩效考核、领导干部追责等全方位的，面向可实施的配套政策体系，为鼓励市场主体参与整治工作、激发整治工作活力提供重要配套和保障。

5.4 海陆统筹生态保护型

5.4.1 海陆统筹生态保护的背景

海陆统筹的本质是将陆地和海洋视为一个整体，进而探索实操性更强的高水平治理新路径[105]。广东省海岸线总长度4000多千米，海域面积居全国第二，在全域土地综合整治中重视海陆统筹规划，利于整合优质海岸带生态资源，实现高质量发展。

2010年，海陆统筹首次写入国家规划，确立了海洋在我国经济社会发展的重要地位。2016年，在《中华人民共和国国民经济和社会发展第十三个五年规划纲要》中，提出要坚持海陆统筹，发展海洋经济，科学开发海洋资源，保护海洋生态环境，维护海洋权益，建设海洋强国。2017年，党的十九大报告中提出要坚持海陆统筹，加快建设海洋强国。建设海洋强国是全面建设成社会主义现代化强国的重要组成部分。2019年，中共中央、国务院发布《关于建立国土空间规划体系并监督实施的若干意见》，海陆统筹被确立为国土空间规划编制和海陆空间开发保护的基本原则[106]；2021年"十四五"规划中，提出坚持海陆统筹、人海和谐、合作共赢，协同推进海洋生态保护、海洋经济发展和海洋权益维护，加快建设海洋强国。要建设现代海洋产业体系，打造可持续海洋生态环境。2022年10月，在党的二十大上，提出要深入实施区域协同发展战略，大力发展海洋经济，保护海洋生态环境，加快建设海洋强国。2022年1月，生态环境部、发展改革委、自然资源部、交通运输部、农业农村部、中国海警局联合印发《"十四五"海洋生态环境保护规划》（以下简称《规划》），规划中提出应深入贯彻习近平生态文明思想，以海洋生态环境突出问题为导向，以海洋生态环境持续改善为核心，聚焦建设美丽海湾的主线，更加注重群众亲海亲水需求，更加注重整体保护和综合治理，更加注重示范引领和长效机制建设。

5.4.2 海陆统筹生态保护型的内涵

海陆统筹生态保护型是以海洋生态保护与海岸带修复治理为引领，统筹部署海岸线综合整治、海岸堤防建设、海岸湿地建设、红树林种植等任务，建设和恢复海洋生态系统，保护自然岸线，保护海洋生态多样性，统筹海陆开发利用的协同。

具体来说，"海陆统筹生态保护型"强调对海洋生态与陆地生态进行一体化修复与协同治理。这要求建立一个跨领域的协作框架，涵盖修复主体、责任分配、资源共享与资金支持等多个方面，目的是实现陆地与海洋生态环境的综合治理。重点治理项目包括沿海地带的生态修复工作，例如，近岸水域的水质改善、红树林恢复、沙滩保护、盐沼修复、珊瑚礁养护以及围填海区域的生态治理。

同时，针对特定地区可能遭受的风暴潮灾害和生态损伤的具体情况，要进行细致的分析，并在预定的整治区域内执行如生境重建、水动力调整、植被恢复、海堤生态化和基础设施整治等一系列措施。治理工作要重视生态景观的聚集性和连通性，推动生态修复的整体格局形成，这包括点状的生态节点、线状的生态走廊和面状的生态区域。通过海岸线的清理整治、生态化海堤建设和红树林种植等行动，将提高海岸线的生态和景观价值，增强生态服务功能及防灾减灾能力（图5-13）。

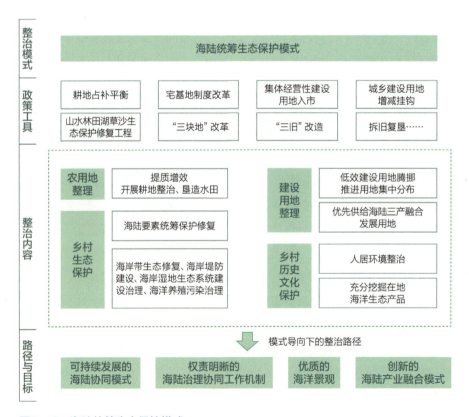

图5-13 海陆统筹生态保护模式

5.4.3 海陆统筹生态保护的意义和作用

海陆统筹是我国开展海洋强国建设的一项重要政策，从国家经济社会发展的高度将海洋和陆地进行整体部署，促进海陆在空间布局、产业发展、基础设施建设、资源开发、环境保护等方面全方位协同发展。开展海陆统筹生态保护，具有以下作用：第一，优化资源配置。通过海陆统筹，可以实现资源的最优配置，提高资源利用效率，促进经济社会持续健康发展。第二，保护生态环境。海陆统筹强调在开发利用的同时，注重生态环境保护，实现海域、陆域经济发展与生态环境保护的平衡。第三，提升国家安全。通过海陆统筹，可以加强海洋权益保护，提升国家安全。第四，推动区域协调发展。通过海陆统筹，可以推动区域间的协调发展，缩小区域发展差距，使得海域与陆域发展要素相互补充。其中，两者的互补与协同体现在经济、政治、文化、社会和生态要素的交互和自由流动，是落实"五位一体"总体布局重要体现。第五，促进科技创新。通过海陆统筹，可以推动科技创新，提高我国在海洋科技领域的竞争力。

5.4.4 潮州市黄冈镇全域土地综合整治试点实践

本试点实践做法参考《广东省潮州市饶平县黄冈镇全域土地综合整治实施方案》[107]。

1. 试点概况

黄冈镇位于广东省饶平县，地处闽粤交界的南海沿岸，东邻福建省诏安县，西连钱东镇，南至南海，北接联饶镇，位于汕头和厦门两个经济特区之间，被称为广东省的"东大门"。黄冈镇距离汕头约58千米，距离揭阳机场50千米，距离厦门约190千米。黄冈镇通过厦深高速铁路、沈海高速公路和国道324线与东西方向相连，距离潮州港20千米，距离正在建设中的厦深铁路饶平站场7千米，交通便利，地理位置优越。这使得黄冈镇成为粤、闽、台经济辐射的交汇点。

黄冈镇的整治区域拥有丰富的矿产资源，主要以高岭土和稀土为主。同时，该区域海产资源也十分丰富，以水产养殖业为主要开发对象，形成了海水网箱、对虾、鳗鱼和贝类四大养殖基地。此外，整治试点区域还拥有丰富的旅游资源，山水相依，包含着山地、河川、湖泊和海洋等自然景观，被誉为"岭南佳胜地，瀛洲古蓬莱"。整治区域的总面积为2674.52公顷，下辖24个村、12个社区和1个直属场，户籍人口为19.5万人，常住人口为19.1万人。此外，还有大约2.6万名海外侨胞在这里居住。

在产业结构上，第一产业以水产养殖业为主导产业。拥有长达10.5千米的海岸线，孕育了丰富的水产资源，并被评为"全国农业技术推广先进单位""省水产养殖万吨镇"，获得"全国农牧渔业丰收奖"，农业总产值达到11.23亿元。第二产业主要包括水族机电、食品加工制造业和毛织服装三大支柱产业。已建成城东台商投资区（省级）、城西和城北工业园区，目前有1000多家工业企业，其中7家企业入选潮州市2019年"四梁八柱"民营企业，产品远销30多个国家和地区。已建成1个省级台商投资区和2个县级工业园区。产品种类涉及近20个门类，超过4000个品种，产品远销我国香港和台湾地区，以及东南亚和欧美等40多个国家和地区，形成了以工业为主体、外向型经济发展为重点的经济格局。第三产业主要以传统服务业为主，生产性服务业的发展相对滞后。排名前三位的服务业包括公共服务及其他、批发和零售业，以及房地产业，而住宿和餐饮业排名较低。

2. 主要做法

第一，宅基地实行"三权分立"制度，完善土地流转模式。在宅基地管理方面进行了探索，实现了宅基地所有权、资格权和使用权的"三权分立"。具体形式包括确立宅基地的集体所有权，保障宅基地农户的资格权和农民房屋的财产权，并适度放活宅基地和农民房屋的使用权。县级政府鼓励各地各村结合乡村旅游、新产业业态的发展，以及下乡返乡创新创业等实践，探索有效利用闲置宅基地和农房来增加农民财产性收入的方法。预计通过盘活存量建设用地4.06公顷，以实现建设用地布局的优化目标。

第二，注重海洋生态修复，提高生态系统完整性。为充分利用饶平县独特的山海优势，建立完善的生态系统保护治理协调联动机制，需要打通陆地水域、上中下游、山上山下、地上地下等各个层面，加快推进从"单个因子"保护修复模式向"山水林田湖草沙"系统保护修复模式的转变。通过实施乡村生态保护修复计划，进行海岸线整治清理和红树林种植，有效控制水产养殖的污染源，促进生态用地布局的优化。此外，还要大力推进水源涵养林、水土保持林、沿海防护林、生态景观林带、城乡绿化等建设工程，以及自然保护区、森林公园、生态园林等的建设。通过这些举措，可以全面提升森林质量，构建一个强大、健康、稳定的生态体系。

第三，创新红树林种植工程方法，逐步恢复生境。为了解决红树林种植过程中部分树苗死亡的问题，饶平县采用了创新的红树林种植工程方法，采取围容器布置种植法。这种方法是通过在直径为100厘米的水动力防护圈周围布置牡蛎壳围栏，以防止水流侵蚀红树苗，从而提高红树苗的成活率。同时，这一方法还能够实现牡蛎礁的建设，因为牡蛎礁主要利用当地废弃的牡蛎壳作为材料，因此也起到了废物利用的作用。此外，还采用直径为60厘米、高度为50厘米的水泥涵或围容器（也称为黑胶板）对红树苗进行保护。与此同时，开展红树林种植需要选择适宜的季节种植，以春季至秋季（3~11月）种植为宜，同时尽量避开鸟类集中迁徙时间；需要根据实际种植情况进行地形地貌改造及及时补植；针对海域海水深、风浪大的区域采用水泥涵、围容器或牡蛎壳等进行保护；加强后期管护，至少三年，直到红树林郁闭成林（图5-14、图5-15）。

图5-15 红树林生境恢复近景
（图片来源：《广东省潮州市饶平县黄冈镇全域土地综合整治实施方案》）

第四，建设海洋文化主题博物馆，提升区域旅游吸引力。汛洲岛拥有丰富的人文资源和独特的自然资源。连片渔排形成的"海上村庄"壮观而独特，白鹭蹁跹，绵延几千米的海岸线，"叠石""仙脚印""铜鼓石"等怪石嶙峋，洗衣坑、石洞等红色文化印迹。抓住沿海经济带建设中的乡村机遇，打造博物馆小镇，为海岛插上文化翅膀。以此为引擎，文旅融合，深度融入沿海经济带建设。以潮汕优秀传统文化为主题的博物馆聚落是项目的重点打造内容。汛洲岛博物馆文化小镇，将打造八大主题博物馆，包括八六海战博物馆、潮汕传统文化博物馆、

图5-14 红树林生境恢复

潮州历史名人馆、潮汕华侨博物馆、潮汕戏剧博物馆、黄冈丁未起义展览馆、自然保护博物馆、力诚当代艺术馆，形成汛洲岛特色博物馆聚落，营造滨海文化品牌。

第五，加强组织保障，推动土地整治有序进行。由县领导小组统筹，建立规章制度，做好组织可行性研究论证、规划设计编制、项目实施监管、验收及信息报备等工作。县政府充分利用各种宣传媒介，建立完善的土地综合整治信息公示制度。这一制度广泛宣传土地综合整治规划、年度实施计划、投资融资情况、工程招标投标信息以及整治重点项目的实施效果，以扩大公众对土地综合整治工作的了解。同时，完善公众参与制度，最大限度动员社会各界力量积极参与土地整治，并接受公众的监督。严格实行工程项目招标投标，加强廉政建设，保证工程质量；加强监督检查，成立土地综合整治工作督导检查组；严格资金管理，严格执行专款专用。

3. 建设成效

潮州市饶平县黄冈镇全域土地综合整治建设成效预估如下：

（1）经济效益

第一，改善农业生产基础条件。规划期内，通过补充耕地和农用地整治，成功新增了16.67公顷耕地，并提高了0.01等级的耕地质量。整治后，耕地种植粮食的面积达到209.53公顷。第二，该规划的实施对土地整治、海岸线整治和生态修复等项目对饶平县的经济发展产生了重大影响。通过海岸带综合示范区的生态修复建设，建立了防护林，有效地预防了该区域经常发生的风暴潮、海浪和赤潮等自然灾害。饶平县海岸带综合示范区的建设还能够恢复红树林、沙滩景观，将自然景观与人文景观完美融合，使其成为重要的生态旅游资源，成为饶平县的旅游亮点。同时，还能促进影视产业、游船、餐饮、住宿和纪念品消费等相关行业的快速发展。

（2）社会效益

第一，改善农业生产条件。采取了农用地综合整治的措施，包括对中低产田进行改造和对未利用地进行开垦，以增加耕地面积和提高耕地质量。这些举措从根本上提高了粮食生产能力，进而提高了当地农民的收入。第二，改善农村居住环境。通过农村人居环境整理，加强农村和城镇的基础设施和公共服务设施建设，改善农村居住环境为城镇发展用地需求提供保障，不断完善城镇的功能布局。第三，加强基础设施建设。以满足城镇发展的用地需求，并进一步完善城镇的功能布局，提高城镇的综合竞争力。同时，也加强了农村和城镇的基础设施建设，为经济发展提供了必要的支持。

（3）生态效益

第一，促进清洁高产、可持续农业的发展。通过土地综合整治，充分挖掘宜耕后备资源潜力，并实施补充旱地工程。通过积极推进土地整理复垦和开发补充耕地，大大加强了农村土地整理工作，增加了有效耕地面积，提高了耕地质量。第二，人居环境得以优化。这些举措提高了村庄基础设施的配套水平，提升了村民的生活质量。第三，海岸带生态功能与生态承载力得以提升。通过海岸带示范区建设工程的实施，建立了由红树林组成的天然防护堤，保护了海岛的安全。这不仅有利于改善生态环境，促进植物群落的发育，提高了环境质量，还美化了海岸线，维护了海岸带的生态安全。该工程对提升海岸带的生态效益非常显著。

4. 启示

潮州市饶平县黄冈镇全域土地综合整治试点实施方案是响应国家政策，推进全域土地综合整治，优化生产、生活、生态空间布局，构建城乡融合发展新格局，促进自然资源高水平保护、高效率利用，支持高质量发展，助推乡村全面振兴。

方案按照保护优先、绿色发展的原则，以科学规划为前提，实行全域、全要素综合整治，优化国土空间格局，引导空间腾挪、布局优化、集约高效。总体目标定位为旅游风情小镇，整合各类优势资源，集中打造海洋生态区、都市农业区、休闲农业区、观光旅游区、水产养殖区、农居点集聚区、城镇发展区七大片区。有效促进了国土空间的优化配置，提高了土地资源的利用效率和集约化水平。通过农用地整理项目，增加了耕地面积和质量，提高了粮食产能和安全；通过建设用地整理项目，盘活了闲置和低效用地，节约了建设用地指标；通过乡村生态保护修复项目，改善了生态环境质量，恢复了生物多样性；通过乡村风貌提升项目，美化了农村人居环境，提升了乡村形象。

同时，整治有效推动了乡村产业的转型升级，增加了农民收入。通过打造旅游风情小镇，整合各类优势资源，集中打造海洋生态区、都市农业区、休闲农业区、观光旅游区、水产养殖区、农居点集聚区、城镇发展区七大片区，使七大片区之间形成良性互动，改变传统产业结构及经营模式，形成完善的现代化产业链条。同时，通过土地流转和合作社等方式，实现农业适度规模化经营，提高农业生产效率和附加值。此外，整治实施有利于乡村振兴战略的实施，促进城乡一体化发展。通过全域土地综合整治平台，统筹推进农用地整理、建设用地整理和乡村生态保护修复，整体协调"山水林田湖草沙"全要素，优化生产、生活、生态空间格局，促进耕地保护和土地集约利用，解决一二三产融合发展用地，改善农村人居环境。

5.4.5 汕尾市捷胜镇全域土地综合整治试点实践

本试点实践做法参考《广东省汕尾市捷胜镇全域土地综合整治试点实施方案》[108]。

1. 试点概况

捷胜镇是广东省汕尾市城区下辖的一个镇，位于汕尾市城区东南侧的红海湾畔。全镇辖区总面积47.97平方千米，拥有长达12千米的海岸线，并且拥有美丽的附属海岛——龟龄岛。捷胜镇距离汕尾中心市区约18千米，距离汕尾高铁站和红海湾经济开发区约10分钟车程，地理位置优越，交通条件便利。

捷胜镇拥有丰富的人文历史底蕴和优越的自然生态环境。海洋历史文化悠久，滨海景观资源丰富，同时具有独特的渔港景观。

目前，捷胜镇存在以下问题：第一，耕地保护压力大，现代农业发展受限。捷胜镇的耕地面积为852.26公顷，耕地相对集中连片，但耕地质量不高，保护压力较大。根据国家级土地利用等级划分，其中四等级面积占比为45.85%、五等级面积占比为24.09%、六等级面积占比为3.22%、七等级面积占比为24.26%、八等级面积占比为2.58%。捷胜镇主要种植水稻、番薯、花生、蔬菜等农作物。然而，由于种农作物的经济效益不高、田间基础设施滞后以及海水倒灌导致耕地盐碱化等原因，部分耕地不得不被撂荒。第二，部分建设用地布局不合理，城镇建设发展空间受限。捷胜镇地理上背靠大伯山和虎洞山，面临红海湾，境内还有烟墩山和云山，被九佰岭分隔为两个部分。在捷胜镇的中部地区，地势稍高，而主要农业和城镇发展空间集中在前进水库下游平缓处和西南部沿海平原。随着捷胜镇经济的不断发展，现有城镇空间发展已经受到严重限制。同时，南部地区需要扩大海军部队的海上训练基地，为了满足国防建设的要求，该地区的建设用地需要逐步迁出。部分村庄整体迁出后，将增加镇区的建设用地承载压力。此外，捷胜镇镇区还拥有历史悠久的古城，作为一个具有600多年历史的海防所城文化古城，拥有众多文物古迹。然而，城镇内部的更新潜力有限，城镇建设发展空间也受到限制。第三，生态保护任务繁重。捷胜镇拥有丰富的滨海资源，特别是其标志性的12千米海岸线。然而，一方面，由于缺乏治理和合理规划，该地沿海低洼地区面临一系列海洋环境生态问题，如海水倒灌和土地沙化等。另一方面，农民在生态环境建设和环境保护责任方面的意识相对较弱。加之长期以来形成的粗放式自然资源利用方式，导致自然环境遭受了破坏。第四，部分历史文化正在逐渐消失。捷胜镇建立之后，部分官兵留在当地屯军戍守，他们与当地居民一同生活和繁衍（现在全镇拥有86个姓氏）。这些驻扎在捷胜镇的官兵多来自中原和东部各省，他们各自带来了本地的知识、技艺和习俗等文化元素。数百年来，内外文化在这里相互交融、共同促进，积淀形成了富有包容性的文化底蕴。在捷胜镇，白字、西秦、正字、古建筑、贝雕、木雕、石雕、泥塑等具有独特的风格。然而，随着时代的发展和科技的进步，互联网的快速发展，外来文化对当地文化产生了冲击。由于捷胜镇缺乏系统的文化传承理念，加之越来越多的年轻人对传统历史文化缺乏兴趣，缺乏对历史文化的认同感和归属感，他们较少主动学习和了解本地区独特的优秀历史文化。因此，部分传统文化和手艺的传承面临困境。

2. 主要做法

打造农业示范观光区。在前进村、大流村、埔尾村是捷胜镇农业生产的核心区，区内耕地分布广，地形较为平坦，道路交通便利，且上游前进水库（正常年份，水量充沛）基本能够满足农业生产灌溉需要，因此作为农用地整理的重点区域。具体做法有：第一，致力于建设粮食高产高效示范区。通过对现有耕地进行改造，将旱地改造为水田，以转变种植结构、提升耕地质量等级。同时，进行现有耕地的集中连片整理，将零散的其他农用地整治为耕地，逐步退出坡度较大的坡耕地，以确保耕地资源的数量、质量和生态安全。第二，调整农业种植结构。通过调整种植产业结构，将传统的分散种植模式转变为集中种植模式。通过提升地方特色农产品的知名度，打造一批特色农产品优势区，将本地的土特产和小品种发展成为能够带动农民增收的大产业。捷胜镇的特色农产品包括花生、甘薯等。同时，积极探索新型农业生产模式，如"公司+合作社+农户"的模式，推行集约化规模化和智慧农业发展，以提高农产品质量和效益为核心，以创新转型升级为主线，积极推进农业品牌建设，培育农产品地理标志。第三，拓展发展观光农业。对现有农业资源进行整合、优化、拓展和提升。结合捷胜镇前进河碧道观光旅游路线的建设，拓展观光路线。

打造园景式农村新区——军船头村。具体做法有：

第一，打造农村新社区。对军船头村的产业发展特点和保护重点进行探索，并结合当地实际情况制定村庄规划，合理布局产业规划和资源分配，兼顾经济发展、土地利用、生态保护和传统文化保护的最大限度。在改造过程中，在尊重原有村庄整体结构和特点的基础上，打造具有当地独特人文氛围的建筑风格，提高土地利用效率和质量。

第二，延长荷塘产业链。通过实施"一村一品"规划，建立葛薯种植产业基地、荷塘酒店和荷花莲藕生态基地等相互融合的特色产业模式。这将延伸荷塘产业链，整合资源，提高产业附加值，打造产品丰富、业态多元的发展模式，助力乡村振兴发展。

第三，建设沙角尾海滨文旅观光基地。利用当地丰富的海岸线和迷人的海滩景观，致力于发展沙角尾村的民宿、农家乐、休闲游艇和游客服务中心等服务业配套设施，同时推广红色"文化游"、蓝色"海上游"和绿色"乡村游"，打造捷胜海鲜一条街。通过将红色教育、传统文化、美丽乡村、休闲渔业、生态旅游和美食体验等元素有机结合，全面发展乡村文化旅游产业。

第四，构筑前进河乡村生态碧道。构建河道的生态、生活和生产空间的新格局，以形成畅通的行洪通道，保持碧水畅流和江河安澜；打造水清岸绿和鱼翔浅底的生态廊道，为生物提供良好的栖息环境；融入自然元素，打造适合休闲和健康的漫道，为人民群众提供美好生活的场所。此外，这一举措还有助于提升前进河的生态调蓄能力，并将现有自然景观进行微调，使其与捷胜的文化特色相融合。适度布局小型旅游服务设施，推动碧道生态观光旅游的发展。

3. 建设成效

汕尾市捷胜镇全域土地综合整治建设成效预估如下：

（1）经济效益

通过进行农用地整理，有效增加耕地面积，切实实现全区新增占补平衡指标，解决一些项目落地难的问题，从而推动产业的发展。在确保建设用地总量指标不超过规定限制的前提下，将腾退的建设用地用于指标流转交易，最大限度地释放建设用地潜力，为农业、农村生产发展、村庄建设和产业发展提供更多活力。通过增加耕地面积、提高耕地质量和改善养殖水质等措施，可以推动第一产业产值的提升。通过采用综合发展模式和塑造旅游文化，结合生态、农业和旅游，提高旅游知名度和品牌效应，为当地群众带来可观的收益。同时，通过建设开发旅游景点和举办旅游活动，打造捷胜旅游品牌的知名度，提高当地人均旅游消费和游客数量。此外，增加利用社会资本，加强当地产业引导。当地政府积极招商引资，充分挖掘社会资本潜力，积极鼓励私营企业、民营资本与政府合作，加强公私合作模式，促进多方互利共赢。利用当地的自然资源，引导企业向生态文化旅游发展转型，延长生态文旅产业链。

（2）社会效益

在确保永久基本农田数量和质量不下降的前提下，通过合理整治现有永久基本农田，促进永久基本农田布局更加合理，提升生产能力，实现从单一的数量保护向数量、质量和生态三位一体保护的理念转变。从单一的保障粮食安全转变为保护耕地、集约用地、优化空间和生态修复的目标。通过空间调整和产业布局优化，实现耕地集中连片。推动农户保底收益加上二次分红，促进农户、集体和经营者的收益。这有效增加了贫困户和村集体的经济收入，同时也带动了一部分配套产业的发展，增加了就业机会。全域土地综合整治对农村建设用地和城镇建设用地进行综合整理，优化了土地布局，提高了土地利用效率，促进了产业转型升级的发展。通过改善和提高农业生产基础条件，推动了农村面貌的改善和农村环境的提升，为现代化农业的发展奠定了坚实的基础。

（3）生态效益

通过田块合并和质量改进，专注于解决农田水利发展不平衡和不充分的问题，致力于补齐农田水利建设的短板，确保有效供应水资源，全面改善农业农村基础设施条件和农村生态环境。通过进行相关河道和水域的淤泥清理工作，促进河湖功能的持续发展和利用。通过综合整治和生态修复，修复现有生态空间，并通过海岸线保护和人居环境整治，严格控制海岸线的污染排放，建设美丽的海洋，实现"水清、滩净、岸绿、岛美"的目标，保护海洋生态的良好发展，从中获得更大的回报。按照"山水林田湖草沙"综合治理的要求，在不减少林地面积和不破坏生态环境的基础上，优化调整林地、水域等生态用地布局，保护水源涵养地，维护生物多样性，使山水与乡村相融合，自然与文化相互促进。丰富环境中的生物多样性，提升生态环境指数和生态系统服务的价值。

4. 启示

汕尾市捷胜镇海岸水资源丰富，有优美的滨海景观和渔港景观。在整治实施规划中，积极将全域土地综合整治工作实施海陆统筹，充分发挥地域优势，形成鲜明的地域特色。此外，依托当地红色文化资源，大力发展红色教育旅游产业，有利于弘扬革命文化、社会主义先进文化，是提高国家软实力的重要举措，能改变传统旅游同质化、单一化状况，推动当地旅游产业提质提优。

5.4.6 小结

开展海陆统筹生态保护型全域土地综合整治，应把握以下几点：

第一，开展海陆统筹与保护，应统筹协调海陆功能与空间格局。实现海陆主体功能的有机衔接，统筹调整岸线两侧的海陆功能，统筹海陆空间开发保护格局，严控城市新区无序扩张，同时结合全域土地综合整治，制定海陆统一的自然资源开发规划，规范自然资源开发行为，健全自然资源法律保护体系。

第二，统筹海陆产业的布局与发展。应统筹海陆产业布局，优化配置海陆资源，多层次和大空间促进资源要素的合理流动和高效集聚，强化海洋产业的辐射和带动作用。统筹海陆产业发展，以陆域产业和技术为依托，延伸海陆产业链条，有效整合海陆产业链条。

第三，重视海洋资源环境保护与修复治理。统筹优化海陆生态环境保护网络，构建一体化生态网络。统筹水环境污染治理，实施海陆污染一体化综合治理。

5.5 城乡融合发展综合型

5.5.1 城乡融合发展的背景

我国城乡二元结构问题是指在经济和社会发展中，城市和农村之间存在着明显的差距和对立，表现为城乡之间的资源配置不合理、要素流动不顺畅、公共服务不均等。这一问题是我国长期实行计划经济体制和城乡二元户籍制度的历史遗留问题，严重制约了我国经济社会的协调发展和城乡居民的共同富裕。

城乡融合发展是指在市场机制和政府作用下，城乡之间的要素自由流动、平等交换、优化配置，城乡之间的产业互补、互惠互利、协调发展，城乡之间的公共服务均等、共享、共建，形成工农互促、城乡互补、全面融合、共同繁荣的新型工农城乡关系。

关于我国城乡二元结构形成以及向城乡融合发展方向推进，大致经历了如下阶段：第一，中华人民共和国成立初期，由于工业化和社会主义改造的需要，实行了城乡二元体制，形成了城乡分割、工农对立的格局。城乡之间在户籍、土地、财政、金融、公共服务等方面存在着严重的制度隔离和不平等，导致了城乡发展差距的扩大和农民利益的损失。第二，自改革开放以来，我国逐步放松了城乡户籍限制，推动了农村土地承包制度和集体经营性建设用地入市的改革，加大了对农业农村的财政投入和公共服务供给，促进了进城务工人员就业和农村产业多元化发展，缓解了城乡之间的经济差距。第三，自党的十八大以来，我国不断推出国家层面战略，加强城乡融合发展制度供给，夯实城乡一体化发展基础。

2019年4月，中共中央、国务院印发了《关于建立健全城乡融合发展体制机制和政策体系的意见》，这是我国第一个专门针对城乡融合发展的顶层设计文件，提出了总体要求、基本原则、主要目标和重点任务，推动公共服务向农村延伸、社会事业向农村覆盖，健全全民覆盖、普惠共享、城乡一体的基本公共服务体系，推进城乡基本公共服务标准统一、制度并轨，完善城乡基本公共服务设施、基础设施共享共建共治。

2020年4月，国家发改委印发了《2020年新型城镇化建设和城乡融合发展重点任务》，这是落实《关于建立健全城乡融合发展体制机制和政策体系的意见》的具体行动计划，围绕推进农业转移人口市民化、优化城镇化空间布局和形态、加强基础设施互联互通、提高基本公共服务均等化水平、促进产业融合创新发展等方面，提出了具体任务和措施，突出以城带乡、以工促农，健全城乡融合发展体制机制，促进城乡生产要素双向自由流动和公共资源合理配置。

2021年3月，中共中央、国务院印发了《国家新型城镇化规划（2021—2035年）》，这是我国又一个全面规划布局新型城镇化建设的纲领性文件，提出了以习近平新时代中国特色社会主义思想为指导，全面贯彻党的十九大和十九届历次全会精神，坚持稳中求进工作总基调，完整、准确、全面贯彻新发展理念指导思想，坚持统筹谋划、协同推进以及稳妥有序、守住底线等基本原则，落实了到2025年我国新型城镇化战略的主要目标和重点任务，为推动高质量新型城镇化和城乡融合发展指明了方向和路径。

2022年3月，国家发改委印发了《2022年新型城镇化和城乡融合发展重点任务》，这是落实《国家新型城镇化规划（2021—2035年）》的年度工作要点，围绕提高农业转移人口市民化质量、持续优化城镇化空间布局和形态、加强基础设施互联互通、提高基本公共服务均等化水平、促进产业融合创新发展等方面，提出了具体任务和措施。

当下，国家高度重视城乡融合发展理念，始终把城乡一体化发展、破解城乡二元结构放在关键突出位置，不断通过顶层政策规划布局引领全国城乡融合发展。未来，需要响应国家战略要求，加强城乡一体化建设，城乡融合发展是推进我国城市与乡村提质发展的必由之路。

5.5.2 城乡融合发展综合型的内涵

以城乡一体化发展目标引领，在城乡接合区域部署"三旧"改造和居民点更新改造、基础设施与服务设施均等化建设、城乡土地综合整治与流转等项目，优化城乡用地布局、提升人居环境质量，促进城乡要素有效流动（图5-16）。

5.5.3 加强城乡融合发展的意义与作用

第一，有利于促进经济社会协调发展。城乡融合发展是实现现代化的必然要求，是解决我国城乡二元结构问题的根本途径。通过推动城乡要素自由流动、平等交换、优化配置，可以实现城乡产业互补、互惠互利、协调发展，提高城乡经济效率和社会效益，促进国民经济的平衡增长和结构优化。通过推动城乡公共服务均等、共享、共建，可以实现城乡居民的基本权利和利益保障，提高城乡居民的

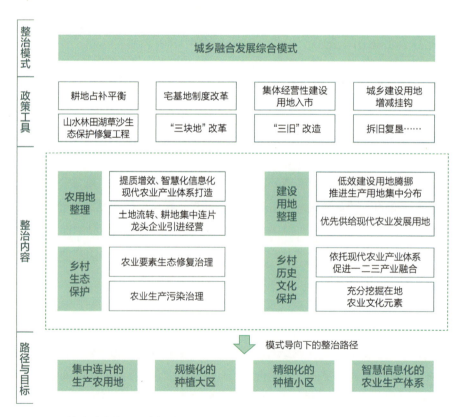

图5-16　城乡融合发展综合模式

生活水平和幸福感，促进社会公平正义和社会稳定团结。

第二，有利于推进农业农村现代化。农业农村是我国经济社会发展的重要基础，是我国最大的潜力所在和最广阔的市场所在。通过加强城乡融合发展建设，可以实现农业的数字化、智能化、绿色化转型，提升农业的质量、效益和竞争力，保障国家粮食安全和农产品供给。通过加强城乡融合发展建设，可以实现农村的产业多元化、功能多样化、空间优化发展，提升农村的活力、魅力和吸引力，实现乡村振兴和美丽中国建设。

第三，有利于促进人口城市化和市民化。人口城市化是衡量一个国家现代化水平的重要指标，也是推动经济社会发展的重要动力。通过加强城乡融合发展建设，可以实现人口在城市的合理分布和有效集聚，提升城市综合承载能力和竞争力，形成具有特色和魅力的现代化城市群。通过加强城乡融合发展建设，可以实现农业转移人口的全面市民化，消除城乡二元户籍制度障碍，保障进城务工人员在城市享有平等的就业、教育、医疗、养老等权利和待遇，增强他们对城市的归属感和认同感。

第四，有利于保障生态环境安全和应对气候变化。生态环境安全是人类赖以生存和发展的重要基础，也是人类面临的共同挑战。通过加强城乡融合发展建设，可以实现城乡绿色发展和低碳发展，推动能源资源节约和循环利用，减少污染物排放和温室气体排放，改善城乡生态环境质量和人居环境品质，构建生态文明体系，实现美丽中国目标。

5.5.4　广州市鳌头镇全域土地综合整治试点实践

本试点实践做法参考《广东省广州市从化区鳌头镇全域土地综合整治实施方案》[109]。

1. 试点概况

从化是从都国际论坛、世界生态设计大会、世界机器人大赛等众多国内外高端会议活动的举办目的地。近年来，广州从化区承担了新时代文明实践中心全国试点、全国乡村治理体系试点示范、国家水系连通及农村水系综合整治、鳌头镇全域土地综合整治等多项国家级试点试验任务，改革意识强、实践经验丰富，在城乡区域推进一二三产融合发展、田园综合体与特色小镇建设等方面成效显著。

2019年，从化区作为广清接合片区的试验主阵地，入选了国家发改委组织的国家城乡融合发展试验区，为全国11个试点之一；2021年，广州市从化区越秀风行国家级田园综合体建设试点实施方案获得财政部备案，成为全国13个田园综合体建设试点之一，涉及鳌头镇龙潭、横江、乌石三村。多个国家试点、试验区、综合体建设动能注入，为从化区以县域为单元开展全域土地综合整治提供了契机和动力。

从化区是广东省以县域为单元开展全域土地综合整治的国家级试点，辖区各镇及各街道有着不同的特色与禀赋。鳌头镇因其职能与区位特色，是以城乡融合发展为特色的镇域试点。因此，本书选取鳌头镇作为重点介绍案例。

鳌头镇是广州北部的重要门户、从化区西部中心镇，邻近清远市及佛冈县，同时也是邻近国家城乡融合发展试验区广清接合片区的核心区域，战略地位与区位优势突出。此外，鳌头镇是从化区的人口大镇，户籍人口数量占从化区的23.55%。近年来，随着经济发展，鳌头镇常住人口逐步增加。

在产业发展方面，鳌头镇具备优良的产业基础，2020年全镇完成地区生产总值（GDP）50.66亿元。农业总产值达到22.43亿元，为从化区第一；规模以上工业总产值18.78亿元，是从化工业、农业大镇。鳌头镇作为传统的农业大镇，土地资源丰富、农业生产条件优越，开展土地综合整治潜力大。

2. 主要做法

第一，打造多元共生、产业融合的岭南都市田园综合体。通过对岭南田园和乡村的综合整治，运用农业观光和都市田园等方式，实现农田农村整治、农业产品生产和农业产品消费之间的无缝衔接，以增加农产品产量和农民收入，推动区域经济良性循环发展，并引领城乡融合发展。结合国家级田园综合体试点建设工作，对两片万亩锦田、一片千亩良田和十大特色农业园进行多元共生的岭南田园整治。采用"岭南田园+三产融合+田园综合体+特色小镇"的整治思路，打造多元共生的岭南田园和美丽乡村带。同时，统筹推进水田开垦、高标准农田建设、现代农业引入等项目，开展奶牛养殖、生物基因、蛋鸡养殖、实验动物猴养殖等现代农业，为大湾区的"菜篮子"工程提供服务（图5-17）。

第二，构建动态评估、滚动实施的项目工作机制。试点期，建立起与"十四五"重大工程、从化区国土空间规划（2020—2035）重大工程、国家融合发展实验区与国家水系连通试点相衔接的制度，形成动态管理、科学评估、有序推进山水林田湖草沙多要素、多内容的储备项目库。围绕全域土地综合整治的农用地整理、建设用地整理、生态保护修复、乡村历史文化保护四大任务，向政府部门、国有企业、私有企业、村集体等项目实施主体开放全域土地综合整治储备项目申请。有意向申报储备项目的实施主体需填写《全域土地综合整治储备项目申报表》，确定项目名称、项目位置、涉及村庄（社区）、投资估算、开工日期、计划完工日期、权属变更情况、土地利用现状、建设目标任务、项目特点

图5-17 从化区鳌头镇万亩锦田示范项目施工现场

特色等内容，并提交至区试点领导小组审查。

针对全域土地综合整治的农用地整理、建设用地整理、生态保护修复和乡村历史文化保护四项任务，开放给政府部门、国有企业、私有企业和村集体等项目实施主体，以申请参与全域土地综合整治的储备项目。有意向申报储备项目的实施主体需要填写《全域土地综合整治储备项目申报表》，确定项目名称、项目位置、涉及村庄（社区）、投资估算、开工日期、计划完工日期、权属变更情况、土地利用现状、建设目标任务、项目特点特色等内容，并将其提交给区试点领导小组进行审查。

储备库项目的纳入应遵循生态环境和自然资源承载能力、经济效益、社会效益、国土空间规划符合性和权属调整可行性等方面的严格论证。经区试点领导小组同意后，储备项目可以转为正式项目。对于转为正式项目的储备项目，需要结合国土空间规划的目标任务和整治单元进行分类整治的思路进行统筹考虑。根据各整治单元的发展方向和亟待解决的问题，要有序、科学、合理地协调安排储备项目，并根据各储备项目的特点，多个项目同步推进、相互促进，将单一的田地、水域、道路、林地、村庄和城市的各项工程整合到全域土地综合整治框架体系中。

项目资金方面，积极落实《国务院办公厅关于鼓励和支持社会资本参与生态保护修复的意见》（国办发〔2021〕40号），牢固树立绿水青山就是金山银山理念，充分发挥市场在资源配置中的决定性作用，鼓励和支持社会资本参与生态保护修复项目的投资、设计、修复和管理等全过程。围绕生态保护修复开展生态产品开发、产业发展、科技创新和技术服务等活动，对区域生态保护修复进行全生命周期的运营和管理。目前，储备项目库中约有354个项目，其中包括社会投资在内的总投资额预计超过500亿元。

第三，从化区以多种要素耦合发展、多种模式协同推进全域整治。首先，从化区采用"土地整治+现代农业"模式开展工作。目前，鳌头镇已经

建立了生猪、奶牛、蛋鸡等养殖基地，以及水果、花卉、水稻、有机蔬菜等现代农业基地。通过农田整治手段，如垦造水田和高标准农田建设，提高耕地的连片程度和质量。这将促进鳌头镇现代农业产业的发展，同时也有助于保障粤港澳大湾区的优质农产品供应。其次，从化区采用"土地整治+空间优化"模式开展工作。鳌头镇拥有广东从化经济开发区明珠工业园、鳌头工业基地、大石古食品工业园、现代物流园、北部能源片区、西塘童话小镇、青龙牛奶基地、国家级万亩高产示范片、特色农业基地等产业发展载体。本次全域土地综合整治试点将通过整理低效建设用地，优化全镇建设用地的空间布局，提高建设用地的利用效率，为城乡产业协同发展提供支撑。再次，从化区采用"土地整治+生态修复"模式开展工作。鳌头镇拥有良好的自然生态资源基础，并将进一步推进生态保护修复，巩固生态环境底线。重点工作包括水环境治理，实施生态清洁小流域建设，并鼓励在不占用永久基本农田和不超过耕地保有量的前提下，稳步实施退耕还林还草、退田还湖还湿等措施，以保护自然生态环境。最后，从化区采用"土地整治+休闲旅游"模式开展工作。目前，鳌头镇的年旅游收入和旅游人数分别超过1亿元和60万人次。西塘童话小镇建设进展顺利，相关规划和建设方案相对完善，基础设施建设也在稳步推进，具备一定的接待能力。通过本次全域土地综合整治，将对特色小镇和特色乡村旅游景点周边进行用地整理，不断完善旅游基础设施建设。这将有助于将农田体验、农田观光、乡村历史、乡村建筑、自然风貌、人文风俗等资源进行有机连接，打造出精品线路品牌，推动乡村旅游的发展（图5-18）。

3. 建设成效

广州市从化区鳌头镇全域土地综合整治建设成效预估如下：

（1）经济效益

第一，通过改善区域内的基础设施并减少生产

图5-18 从化区鳌头镇农产品加工企业

投入，可以将整治区域内原本的中低产田转变为高产农田，增加农作物的产量。例如推进高标准农田建设，预计每亩作物收益可增加200~500元。此外，通过垦造水田建设增加水田面积、提升耕地质量、提高粮食产能。通过建设用地整理，优化调整区域内的土地利用结构和空间布局，促进乡村振兴和产业发展，带动区域经济的全面发展。另外，通过建设特色小镇，发展乡村生态休闲旅游，提高农民收入，有效拉动内需。第二，优化三产结构。立足于鳌头镇原有的产业基础，通过再打造生态产业发展平台，突出农业的"拳头"产品。结合建设用地布局优化和乡村文旅发展，实现三产的融合发展，延伸产业链条，打造农村产业集群，构建以农业为基础，以生态经济、休闲观光为特色的现代化产业体系。第三，提升土地价值。通过夯实整治区域内的基础设施建设和推动生态经济新兴业态的落地，能有效提升周边土地的价值，从而产生间接的经济收益。

（2）社会效益

第一，提升乡村"造血"能力。通过农用地整治，形成土地连片度高、耕地质量高的农田基地，可增加农作物产量，提高农民收入，改善农民生活条件，维护社会稳定。通过对低效建设用地进行盘活和利用改造，能有效提高土地利用的集约程度和效益，缓解土地供需矛盾，为产业转移和结构调整

腾出土地空间。第二，改善乡村人居环境品质。乡村地区可通过增加绿化面积和加强公共配套设施建设来改善农村居住环境，提高农村居民的生活质量。

（3）生态效益

第一，保护整体生态环境。坚持生态保护优先原则，完善农业面源污染治理措施。通过农用地整理，可以改善局部生态环境，提高农业生产抵御自然灾害的能力，减轻自然灾害对农业生产的危害程度。农用地开发整理所采取的工程生物等措施，能有效保护水资源环境，防止水土流失。通过高质量水源林建设，提高植被覆盖率，增强森林的碳汇能力。第二，提高农用地生产力。通过农用地的整治，包括土地平整和改良土壤结构等措施，可以提升耕地质量，增加农地有机质含量，提高农地保水保肥能力，提高农用地的综合生产力，实现项目区的旱涝保收，促进农业生产的可持续发展。第三，保障水系互联互通。通过水系整治工程，将整治区域内的多条河流串联起来，推动"鱼道"和"鸟道"的互通，保障生物活动通道，促进生物多样性的提升。

4. 启示

第一，建立领导小组、落实责任分工。建立由镇党委、镇政府主要领导任组长，分管规划和自然资源、农业农村的镇领导任副组长，各相关职能部门主要负责人为成员的领导小组，统一领导协调全域土地综合整治试点工作，及时研究、解决遇到的困难和问题。领导小组下设办公室，办公室设在规划建设办。相关部门根据各自的职责既要牵头抓总体，又要协同配合，根据项目区的潜力情况，整合资源和资金，优先把各项任务在项目区内立项实施，共同支持全域土地综合整治工作推进。建立"镇—村（社）"二级联动机制，建立"政府主导、部门联动、村社主体、多方参与"的工作机制，由镇政府统筹安排推进鳌头镇全域土地综合整治工作，由镇作为整治项目的实施主体，积极推进本次试点工作。

第二，加强系统思维，以流域生态治理促进农业高质量发展。鳌头镇通过系统性的流域修复治理，将流域要素串联城乡要素进行综合治理，实现"串珠成链"。鳌头镇以潖江（二）河、棋杆河流域为脉络，分析生态涵养林修复、地质灾害点修复、矿山修复、河道整治、水系连通等重要生态功能恢复点，以流域统筹思维，以线串点，形成流域上、中、下游一体化综合整治和修复模式，上游山地丘陵水库地区做好水源涵养，中游乡村集聚改善人居环境，下游平坦广阔整治万亩良田。

第三，构建逐级传递的整治传导体系。鳌头镇充分衔接从化区整治目标与整治任务，通过分区实施、以点带面的方式，协调全区全域土地综合整治中鳌头的整治任务，建立"整治格局—整治单元—整治区域—整治项目"四级整治传导体系，根据鳌头自身特征和发展诉求，结合村民意愿情况，分片区推进实施项目，保障实施有序。

5.5.5 东莞市塘厦镇全域土地综合整治试点实践

本试点实践做法参考《广东省东莞市塘厦镇全域土地综合整治试点实施方案》[110]。

1. 试点概况

东莞市位于中国华南地区、广东省中南部、珠江口东岸，西北接广州市，南接深圳市，东北接惠州市，位于粤港澳大湾区内，是珠三角的中心城市之一，也是深圳都市圈的一部分，具备雄厚的经济实力。东莞市下辖4个街道和28个镇。

塘厦镇是广东省的中心镇之一，也是东莞市的五强镇之一，同时被评为中国千强镇（排名第五）、国家卫生县城（乡镇）、国家园林城镇和广东省生态示范镇，下辖21个社区，根据第七次人口普查数据，全镇的常住人口总数为62.90万人，位居全市第三，占全市总人口的6.01%。目前，塘厦镇的四个社区主要发展第二产业，第一、第三产业为辅助，制造业基础雄厚。农业发展也逐渐展现出良好的势头。该地区乡村资源丰富，正在初步规模化开发。

2. 主要做法

第一，探索减量规划实施途径，加强建设用地保障。该镇正在进行建设用地清退传导机制的研究，以探索减量规划的实施途径。在"三线划定"的源头上进行了良好的顶层设计，推动镇村进行土地综合整治，以实现高水平的保护和高效率的利用。低效违法用地的清退与建设规模的增减挂钩，集中清退建设区外的违法用地和低效用地（例如生态保护线内、饮水源河道管理廊等与控制要求不兼容的地块），并与建设用地的规模增减相挂钩。此外，还将建立建设用地图斑转移机制，建立健全的国土空间规划实施机制，推动镇街进行建设用地清退工作，并将清退的规模转移到弹性发展区，实现"完成一块转移一块"的原则。塘厦镇还积极贯彻落实国家和省级关于用地计划指标管理改革的精神，将闲置土地的处理与用地计划指标的配置相挂钩。对于未能完成闲置土地处理任务的镇街，将考虑暂停其批次报批或成片开发方案的审批。

第二，结合重大交通设施布局，探索TOD模式优化城镇低效用地盘活。塘厦镇充分利用东莞南站建设的机遇，结合TOD模式，对城镇中低效的建设用地进行优化，为大湾区在新时期提供了全新的高质量发展思路。在东莞积极推进TOD项目的背景下，塘厦镇通过建设用地整理，将分散零散的旧村庄和旧工业片区的建设用地进行空间腾挪，并以类似地券的方式进行集中优化，以活化闲置土地并推动低效利用的建设用地再利用。通过这种方式，塘厦镇探索了城镇中低效建设用地整治的模式，努力打造成为大湾区新型高质量发展的示范镇。

3. 建设成效

东莞市塘厦镇全域土地综合整治建设成效预估如下：

（1）经济效益

第一，通过整理农用地，形成了1.75公顷的水浇地指标，按照每亩14万元的测算，预计可获得约367.42万元的指标产出金额。这些收益将优先用于乡村振兴。同时，根据《塘厦镇土地征收、地上建（构）筑物拆迁以及青苗补偿的若干规定》，还需进行地上建（构）筑物的拆迁和青苗补偿计算，以核减补偿金额；通过农用地整理工程，如耕地提质改造、高标准农田建设和宜耕后备资源开发等，成功提高了耕地的质量。整理后，新增了22.06公顷的耕地，占整治区域的耕地比例为19.23%。耕地得以集中连片，质量等级提高，进一步提升了农业生产效率和效益，推动了现代农业的发展，为保障粮食安全作出了贡献；第二，通过项目实施，塘厦镇推动了区域经济结构的调整。通过充分挖掘土地利用潜力，有效增加耕地数量和提高耕地质量，土地潜力得以有效发挥。全域土地综合整治后，可以促进种植业、农业休闲、旅游观光等各类产业的融合发展。结合原有的第二产业基础和第一产业的自然优势，推动第三产业为第一、二产业提供服务，实现经济结构的转型；第三，结合"三旧"改造、河道生态治理和"工改工"展示厅等项目，展示了当地的特色和高质量发展成果，吸引社会资本参与投资，吸引高附加值和优质企业入驻。为创新创业人才提供宜业宜居宜游宜创的空间，最终实现经济总量和优质企业效益的倍增。

（2）社会效益

第一，典型示范效应。对珠三角地区和东莞市其他地区在产业升级模式、农业模式创新、土地资源利用效率提升和土地资源空间配置优化方面提供了示范。在产业升级模式方面，通过农村建设用地整理和土地二级市场政策的运用，优先为镇村经济发展提供用地空间。通过再利用低效闲置的建设用地，促进了镇域城镇化和工业化，特别是产业集聚区的发展。在农业模式创新方面，通过农用地整理，新增了43.61公顷的面积，其中耕地面积增加了22.06公顷，占整治区域现有耕地面积的不少于5%；永久基本农田面积增加了0.09公顷，不少于永久基本农田调整面积的5%。这有效增加了耕地面积，提高了耕地的生产能力，有利于推动农业规模经营。

此外，在综合整治的基础上，通过完善项目区的农田水利设施、交通设施和水土保持措施等，极大地改善了项目区的农业生产条件，提高了土地利用率和农业生产效率，推动了现代农业示范区的建设，为土地使用权流转和现代农业的发展奠定了基础。在提高土地资源利用方面，塘厦镇以"三旧"改造为重要抓手，调整结构、优化布局，提高土地的利用价值，解决了布局不合理和容积率较低的问题。通过拆除和改建旧厂房，"三旧"改造的面积将达到27.95公顷。这些举措有助于提升土地资源的利用效率，为塘厦镇的发展打下坚实基础。第二，石马河道生态治理项目成为河道生态治理的典范，将生态文明建设理念纳入高速可持续城市发展的规划中，践行了"两山"理念，促进了生态价值的转化。在解决河道生态问题的基础上，该项目以修复河道的生态基础、恢复河道原有生态价值为首要目标，同时挖掘河道的游憩、历史人文和景观价值，满足公众对美好生活的追求。此外，以景观环境为引导，带动沿岸产业的升级与更新，为高质量发展的生态活力滨水经济区提供了空间载体。

（3）生态效益

第一，为了促进农田的可持续发展，塘厦镇倡导采用科学种植方法，通过工程措施和生物措施的结合，协调生物与环境以及生物与生物之间的关系。通过采取一系列综合配套措施，如推广良种良法、改进农机农艺、调整农业结构、提倡节水增产和标准化生产等，充分利用自然资源，提高农田的质量，减少环境污染。第二，为改善滞后的河道整治现状，塘厦镇提出了生态景观的提升措施。首先，实施碧道建设工作，控制河流污染源头，解决河流污染问题；其次，建设塘厦镇中心森林公园，减少温室效应，降低自然灾害的风险，促进林业的发展；最后，将建设和完善万里碧道工程，改善人居环境，优化廊道的生态、生活和生产空间格局。第三，通过构建绿色生态和经济发展相互促进的新格局，塘厦镇致力于创建优良舒适的居住环境，实现生态与经济双赢。

4. 启示

塘厦镇紧抓粤港澳大湾区战略机遇，通过实施方案落实重点优化空间布局、盘活建设用地、提升人居环境品质和修复生态本底，塑造美丽田园新景象、焕发百亩土地新活力、勾勒百里碧道新画面的愿景，以实现"理格局、宜人居、优生态"的目标，推进以优化建设用地布局、腾挪空间为突出手段，结合农用地整理、生态保护修复手段，统筹整合"三生"空间，推进城乡空间融合治理，力争打造生产空间更加集聚，生活空间更加舒适，生态空间更加安全的优质"三生"空间乡村格局。

5.5.6 广州市石滩镇全域土地综合整治试点实践

本试点实践做法参考《广东省广州市增城区城乡融合示范区增江东岸专项试验区（石滩镇）全域土地综合整治试点实施方案》[111]。

1. 试点概况

广州市增城区城乡融合示范区增江东岸专项试验区位于广州市都市近郊区，拥有优越的土地资源和区位优势，是与都市区发展要素联系最紧密的区域。该区域承载了都市区生产生活功能的外溢和辐射，城乡关系和经济社会特征正在发生根本性变化。其中，石滩镇增江东岸更是作为乡村振兴和城乡融合的热点地区和前沿地带。

近年来，石滩镇试点区凭借得天独厚的区位优势，依托荔三公路形成了荔三产业经济带，成为广深地区产业、技术和资金外移的重要地区。荔三公路沿线分布着众多产业，村级工业产业分散且以传统制造业为主，具备一定的产业基础。石滩镇近年来努力实现"东部门户、智造高地、都市田园、幸福石滩"的定位目标，积极推进产业经济发展，取得了实质性进展。

石滩镇积极推进农业产业化和一二三产联动发

展，通过统筹土地流转、农业现代化经营和特色产品培育等模式来实现这一目标。通过家庭承包耕地的流转，石滩镇实现了规模化、集约化经营，总计耕地面积达到31.06平方千米（46594亩）。以高标准农田建设为重点，共完成7087.4公顷的耕地提质改造，其中增江东岸占比68%，为农业规模化和产业化发展提供了生产空间。

此外，石滩镇大力发展香蕉、石榴、甘蔗（葵湖、元美）等特色经济作物，形成了祥惠香蕉生产基地、石厦石榴生产基地、吓岗黄皮生产基地等规模化的农业园区。此外，还创建了广州市幸福田园蔬菜产业园、增城花果小镇等两个省级现代农业产业园，建设了六个粤港澳大湾区的"菜篮子"基地，九家区级家庭农场，四家市级以上示范合作社（其中包括一家国家级示范社），培育壮大了九家农业龙头企业。这样形成公司（专业合作社）+基地+农户和产销一体化的现代农业产业生产经营模式。

2. 主要做法

第一，完善土地整治相关制度，加强土地整治制度保障。

该区积极探索城乡融合与土地利用布局优化政策，为全域土地综合整治试点提供了良好的制度基础。在农村集体经营性建设用地方面，2021年12月，增城区人民政府发布了《广州市增城区人民政府办公室关于印发增城区集体经营性建设用地使用权入市实施办法（试行）的通知》（增府办规〔2021〕7号），推动解决集体建设用地与国有建设用地的二元体制问题，实现同权、同价、同等入市。

针对低效建设用地改造，2022年7月，增城区人民政府发布了《广州市增城区人民政府办公室关于印发增城区推进存量工业用地高质量利用实施办法的通知》（政府办规〔2022〕8号）。该通知从土地政策和财政支持等方面明确了对"工改工"试点项目的重点支持。首先，试点项目的产出监管要求相对较高；其次，鼓励小面积用地与周边用地联合，实现片区连片改造。这些举措旨在进一步推动土地整治工作，优化土地利用结构，提高土地利用效率，并为城乡融合发展提供有力的制度支持。

资金支持方面，2022年7月，增城区人民政府发布了《广州市增城区人民政府办公室关于印发广州市增城区金融支持城乡融合发展若干措施的通知》（政府办规〔2022〕7号）。该通知旨在推动金融支持城乡融合发展，健全农村金融服务体系，加强农村信用环境建设，完善农村产权抵押担保权能，加强资金融通，促进农村经济发展。这为资金支持城乡融合发展提供了政策依据。

此外，石滩镇积极探索村民自治的新模式。针对村民自治中普遍存在的民主选举与民主决策、民主管理、民主监督等长期脱节的问题，石滩镇选择以围村为试点，以镇党委和村党组织为主导，以村民代表会议制度为核心，以村民议事厅为平台，运用民主法治思维和方式，创新性地探索了一种低成本、可复制、可推广的基层治理新模式。这为全域土地综合整治提供了一定的地方组织制度基础。

第二，以产业布局为核心，组团构建高质量产城融合发展，促进城乡融合高质量发展。

在岗尾村北部已形成的东鹏特饮、生命健康产业园基础上，规划并扩大用地规模，集聚发展高新技术产业园，引进增江西岸前海人寿、低碳总部等产业，以推动各发展轴的带动和辐射效应。此外，增城区将以六个不同方向的功能组团和发展核心构建石滩镇全域土地综合整治的整体格局。这包括积极加强产业集群、生态湿地、文旅服务和现代农业升级等建设。

第三，以产业发展与城乡融合为目标，创新区域用地腾挪工作机制。

为促进产业发展与城乡融合目标的实现，增城区采取了创新的用地腾挪机制。在试点区，村民主要从事传统农业生产，产业层级较低，产业和产品的附加值和利润较少，因此村民的收入相对较低。村内发展的产业主要以低端服务业为主，该产业具有较强的可替代性，工艺相对落后，产业链较短，产品结构单一，难以引入技术型产业，吸引大企业入驻，也难以进行有效的招商引资。这种情况下，村庄难以留住人才，为乡村建设作出贡献，并无法创造内生动力和引入高质量资源，从而限制了乡村优势资源的转化。

为改变这种局面，增城区通过用地腾挪机制，积极推动产业结构的转型升级和城乡融合发展。通过合理规划和调整，改变原有产业布局，引入高科技产业和先进技术，吸引大企业投资，提升产业链条，推动产业升级和增值。这样可以为乡村提供更多就业机会和创业机会，提高村民收入水平，同时为乡村建设注入内生动力，并引入高质量资源，促进乡村优势资源的充分利用。

在规划期内，增城区将以全域土地综合整治为契机，调整乡村产业发展思路，优化乡村产业布局，实现乡村与城市地区的产业互联，加速与区域发展的大产业链融合。其中，石滩镇增江东岸片区将成为城乡融合产业发展的核心区域，依托增江高质量发展带、荔三产业带和丰富的环境资源，探索优化土地布局和引入产业的机制。

通过制定石滩镇全域土地综合整治推进城乡融合集聚发展的土地利用方式的相关措施，允许土地空间进行灵活调整，促进同类土地的整合和集中利用。全面调查并确认区域内零散、分散的低效建设用地，制定腾退、复垦和复绿的任务清单。明确腾退所释放的建设用地指标及规模优先用于满足连片产业发展的需求。严格管理和控制腾退区域土地的利用，在划定的腾退区域内，禁止进行新建、加建、改建、扩建等行为。试行由同一主体统筹开发利用，鼓励土地产权的整合，促进连片开发的实施。

3. 建设成效

广州市增城区城乡融合示范区增江东岸专项试验区（石滩镇）全域土地综合整治建设成效预估如下：

（1）经济效益

第一，提升区域土地价值，推动生态价值转化。通过土地综合整治和土地流转，可以消除农田承包经营制度下的碎片化土地限制，实现农田集约化经营和种业发展的规模化推行，有效引入产业和吸引招商引资。同时，通过拆除部分现有建设用地，进行复垦和整理补充耕地，选择低效利用的非可调整园地，实现与周边耕地的集中连片效果，推动土地集约和节约利用。通过高标准农田建设、优化建设用地布局、提升基础设施和公共服务设施，提高土地利用效率，进而增加土地价值。对于生态用地，通过生态修复和打造精品工程，可以提高生态系统的服务价值，从而产生生态溢价。通过探索土地整治价值链，可以实现土地整治成果的价值转化，形成可持续的土地整治价值实现体系。第二，推动产业结构升级，促进三产融合发展。结合村庄的自然资源和人文资源，积极打造未来社区的主题商业和服务配套设施，形成集田园教育、农旅、民宿、农教、文化和现代农业于一体的产业体系。第三，采取多种措施拓宽农民增收渠道，推动农村经济发展。通过将传统农业转型升级为三产融合新产业形态，推进乡村的城市化进程，拓宽农民的就业机会，促使当地农民转变为就业工人、基地康养服务岗位工人、基地商业就业者以及自主家庭农场主、餐厅和超市等岗位，丰富当地农民的就业形式。

（2）社会效益

第一，促进城乡要素流动，推动城乡融合发展。通过全域土地综合整治，统筹全域、全要素资源，整合村庄用地布局，修复乡村生态环境，实现生产、生活、生态的"三生"空间优化。推进优化产业布局，实现乡村与城市地区的产业互联，加快与区域发展的大产业链融合，推动增江东岸专项城乡融合发展试验区的高质量推进。第二，保障区域的粮食安全，防止耕地的非粮化，根据省级试点的要求，在整治区范围内原有的耕地面积为898.7公顷，需要补充约44.94公顷的耕地面积。在试点期间，农用地整理项目的面积为187.98公顷，可以新增耕地49.91公顷，新增耕地的比例达到5.55%，有效增加了耕地面积。第三，探索社会资本的参与，形成社会示范效应。采取了"政府主导、企业运营、村集体参与"的联合整治主体，探索全域土地综合整治的新模式，包括"城乡融合+旧村改造+土地综合整治+乡村振兴+农村股份制改造"。社会资本的参与一方面减轻了石滩镇政府的财政压力，有效拓展了项目的资金来源；另一方面提高了全域土地综合整治项目的建设效率，降低了项目成本，为项目的推进注入了新的动力。

（3）生态效益

第一，改善区域生态环境，提升生态品质。通过石滩镇的全域土地综合整治项目，农用地整治工程将促进田间工程的配套建设，提高水资源的利用效率。通过建设农田防护林网体系，增加林木的覆盖率，形成完善的防护林体系，改善当地的小气候状况，增强对洪涝灾害的抵御能力，同时提高农田的生物多样性保护功能。第二，改善农村的人居环境，推动美丽乡村的建设。通过整理农村建设用地，提高公共服务设施的配套水平，改善村庄道路设施，解决晴天尘土飞扬和雨天积水难排的问题。淘汰和改造低产能、高污染的产业，可以减少污水对环境、地下水和土壤的污染，降低疾病传播的风险，有效控制村庄生产和生活垃圾对环境的污染，为石滩镇打造美丽乡村作出贡献。第三，生态资源也能够转化为生态效益。综合考虑项目的实施，能够有效促进生态产品的价值转化，推动生态旅游和生态农业的发展，提高建设用地的效益。预计可以获得233697.65万元的收益。

4. 启示

第一，加强社会资本参与全域土地综合整治模式探索。作为广东省全域土地综合整治试点，石滩镇全域土地综合整治是一次社会资本深度参与的全新尝试。为了最大限度发挥各方优势，结合增江东岸村庄连片成片改造的有利条件，有益探索由市场主导的全域土地综合整治试点模式，采取了"政府主导、企业运营、村集体参与"联合整治主体，探索"城乡融合+旧村改造+土地综合整治+乡村振兴+农村股份制改造"的全域土地综合整治新模式。新的发展模式改变了以往专业化程度低和发展效率低下的问题，极大地提高了招商引资的档次与质量，让大项目落户村庄成为可能。此外，社会资本参与全域土地综合整治项目建设能有效减轻地方财政负担，提高整治项目建设效率，极大地增强了整治项目的操作性和可落地性。

第二，践行以生态整治为导向的整治模式。城乡融合的最终目标是实现乡村振兴，其中"生态宜居"与"产业兴旺"是达成乡村振兴的必要要件。2018年，全国生态环境保护大会上提出了新时代推进生态文明建设六大原则中的首要原则是"坚持人与自然和谐共生"。试点以EOD模式系统串联六大整治板块，构建全域土地综合整治价值转化体系。该体系将生态资源变成资产，融入经济建设、文化建设、社会建设的各方面和全过程。这一模式坚持人与自然和谐共生的理念，推进山水林田湖草沙一体化保护、系统性修复，提高绿水青山的"颜值"和"价值"，为实现生态文明建设和乡村振兴提供了新支撑和新保障。

第三，构建土地整治共同体。发挥政府引领作用，引入社会资本，在充分尊重农民意愿的前提下，组建形成"政府主导，企业运作，村集体参与"的联合开发主体，搭建全域土地综合整治实施平台。激活市场主体对全域土地综合整治的有效力量，让城乡融合和乡村振兴的表达形式更具可操作性和持续性。

坚持尊重农村集体经济组织和农民意愿，引导社会广泛参与，发挥叠加溢出效应，形成工作合力，构建宜居、宜业、宜游、宜学、宜养的全域土地综合整治共同体。积极引导农民等主体参与土地整治工程项目规划、管理及实施，避免土地综合整治决策过度行政化；积极转变政府职能，完善和创新基层民主管理制度，发挥农民在土地整治中的主体作用。

5.5.7 小结

广东省全域土地综合整治各试点结合自身自然条件和城乡融合发展需求，在城乡融合发展引领的土地整治的实践中体现以下特征。

1. 重视国土空间布局优化。为突破过去土地布局不合理、土地资源利用效率低等问题，各试点通过全域土地综合整治，突破传统的单一项目、单一要素、单一区域的整治方式，实现土地资源的系统性、综合性、协同性的优化配置，促进土地节约集约利用，保护和修复乡村生态环境，构建国土空间开发保护新格局，实现山水林田湖草沙一体化保护和城乡融合发展。

2. 重视产业发展融合。通过产业升级和产业融合，能带动土地价值和地方经济增长，是地方"自我造血"的强大动能。各试点通过全域土地综合整治，整合乡村产业用地，助推农业产业现代化，加快推进建设用地腾挪空间，为产业布局和落地提供用地保障，多要素多方向共同推动一二三产业融合发展，加快融入区域发展大产业链，提速区域经济发展。同时，通过土地规模流转、设施配套、三产融合打造等手段，拓宽农民就业渠道，增加农民收入，建成农田集中连片、建设用地集中集聚、空间形态集约高效的美丽国土新格局。

3. 积极探索社会资本参与下的全域土地综合整治模式。由于全域土地综合整治工作范围广、整治要素多、周期长，整治项目的资金投入也较大，通过地方财政难以长期支撑土地整治建设。因而社会资金的投资参与土地整治，推进地方、企业和农民合作形成共赢就成为关键。各试点通过完善社会资本参与的相关政策，制定切实可行的综合整治优惠政策，营造良好的建设环境，引导社会资本参与，形成社会力量参与土地整治的多样化途径，创新公众参与土地整治的途径和渠道。

5.6 乡村特色文化保护型

5.6.1 乡村特色文化保护的背景

2023年，财政部、住房和城乡建设部公示了2023年传统村落集中连片保护利用示范县（市、区）。目前，已有8155个传统村落列入名录、实施挂牌保护制度。尽管乡村文化保护得到一定程度的重视，但我国的乡村特色文化保护形势依然严峻。

乡村特色文化保护是我国乡村振兴战略的重要内容，是传承发展农耕文明、提升乡村人文价值、丰富农民精神文化生活的必然要求，是构建新型工农城乡关系的根本路径。近年来，我国高度重视乡村发展和乡村保护，推出了一系列的政策文件加强相关工作建设。

2021年2月，中共中央、国务院印发了《关于全面推进乡村振兴加快农业农村现代化的意见》，这是我国第一个全面部署乡村振兴战略的纲领性文件，提出了总体要求、基本原则、主要目标和重点任务，为推动乡村全面振兴指明了方向和路径。文件指出要全面推进乡村产业、人才、文化、生态、组织振兴，其中文化振兴是乡村振兴的重要内容和重要支撑，要传承弘扬农耕文明，深化优秀农耕文化的传承、保护和利用，加强对非物质文化遗产的保护和传承，加强对传统村落、古建筑等历史文化遗产的保护和利用。

2018年2月，中共中央、国务院印发了《乡村振兴战略规划（2018—2022年）》，这是我国第一个全面规划乡村振兴战略实施的纲领性文件，提出了指导思想、基本原则、主要目标和重点任务，为推动高质量乡村振兴作出具体部署。文件指出要坚持以人为本，促进共同富裕，牢牢守住保障国家粮食安全和不发生规模性返贫两条底线，强化以城带乡、城乡互促。文件明确提出要实施乡村文化振兴行动计划，加强对非物质文化遗产的保护和传承，加强对传统村落、古建筑等历史文化遗产的保护和利用，加强对民间艺术、民俗风情等特色文化资源的开发和利用。

2021年4月，《中华人民共和国乡村振兴促进法》正式颁布实施，这是我国第一部专门针对乡村振兴战略实施的法律文件，为推动乡村全面振兴提供了法治保障。法律指出要统筹推进农村经济建设、政治建设、文化建设、社会建设、生态文明建设和党的建设,并提出要有计划地建设特色鲜明、优势突出的农业文化展示区、文化产业特色村落,发展乡村特色文化体育产业,推动非物质文化遗产活态传承。

2021年9月,中共中央办公厅、国务院办公厅印发《关于在城乡建设中加强历史文化保护传承的意见》,文件提出了总体要求、基本原则、主要目标和重点任务,为推动城乡建设中历史文化保护传承提供了根本遵循和行动指南。文件指出要坚持以人民为中心,坚持保护优先、合理利用、传承发展,坚持统筹兼顾、协调推进,坚持创新驱动、科学引领,坚持开放包容、共享共治。文件明确提出要加强对传统村落、古建筑等历史文化遗产的保护和利用,加强对非物质文化遗产的保护和传承,加强对民间艺术、民俗风情等特色文化资源的开发和利用。

5.6.2 乡村特色文化保护引领型的内涵

以乡村特色文化保护为引领,部署乡村生态治理、农房风貌提升、历史建筑活化、传统聚落保护等项目任务,提升乡村自然资源利用水平,优化土地利用布局,保护历史文化聚落,提升乡村自然与历史人文资源价值(图5-19)。

5.6.3 乡村特色文化保护的意义与作用

1. 优化乡村文化资源布局。全域土地综合整治通过对乡村人地关系的再调整以及文化要素和形态的再塑造,优化重构乡村文化要素格局,有效推进乡村文化保护工作。

2. 促进产业与文化要素融合发展。通过全域土地综合整治,整合乡村特色文化资源,助推乡村文化产业化发展,加快推动一二三产业融合发展,深度融入区域发展大产业链,使得乡村文化资源能有效实现价值转换,为乡村特色文化保护可持续发展提供坚实后盾。

3. 提升城乡区域文化资源供给水平。通过全域土地综合整治,完善乡村基础设施和公共服务设施,加强乡村特色文化保护创建,从而提高乡村生活品质和安全感,缩小城乡差距,加强文化要素和

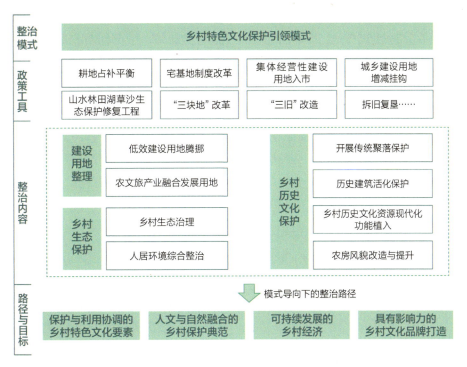

图5-19 乡村特色文化保护引领模式

资源在城乡之间流通，促进城乡居民共享文化保护与利用的发展成果。

4. 弘扬乡村文化特色。通过全域土地综合整治，保护和传承乡村历史文化遗产，挖掘乡村特色文化内涵，打造区域有影响力和竞争力的名镇名村名品，提升乡村文化自信和软实力。

5.6.4 江门市塘口镇全域土地综合整治试点实践

本试点实践做法参考《广东省江门市开平市塘口镇全域土地综合整治试点实施方案》[112]。

1. 试点概况

作为全国著名的华侨之乡、建筑之乡、碉楼之乡和文化艺术之乡，开平市是广东省唯一的世界文化遗产所在地。近年来，塘口镇通过三清三拆、拆旧复垦、人居环境整治、中小河流整治等专项整治行动。试点项目以塘口镇为基本实施单元，涵盖强亚村、宅群村、升平村、仲和村、裡村村、北义村、潭溪村、以敬村、南屏村9个行政村，总面积达3266.72公顷。

塘口镇的总面积约72.18平方千米，下辖1个社区和16个行政村。根据第七次全国人口普查数据，塘口镇的户籍人口约为3.16万人，分布在世界58个国家和地区，共有8600多户。其中，华侨、港澳台同胞有4万多人，塘口镇以其"华侨之乡"的声誉而闻名。

塘口镇在2021年的一般公共预算收入为1385万元，同比增长了5.4%。全年规模以上工业增加值达到4024万元，同比增长了6.8%。全社会固定资产投资为75215万元，同比增长了4.5%。外贸进出口总额约为4000万元。塘口镇目前正在推进多个重点项目，包括泉林水禾田酒店项目、升平村城市客厅、冈陵生态田园综合体等。

2. 主要做法

（1）塑造现代农业与侨乡文化生态旅游产业协同发展新模式。该镇在布局精品工程方面，致力于打造北义现代农业示范基地。该基地包括大田整治、鱼塘改造升级、游客中心、道路、生态渠、栈道、现代高效农业大棚建设以及水电等基础配套建设。计划将大田整治、水田开垦、低效果园地整理等项目与各相关部门进行整体设计，结合整治后形成的自然田园风光以及农业、山林湖、旅游等资源，统一打造一个集现代休闲农业和碉楼观光为一体的侨乡生态旅游产业。该项目计划投资3631.37万元，资金来源于社会投资（社会融资）。

（2）以"三旧"改造为抓手推进镇域建设用地腾挪。塘口镇计划在整治区域内实施7个"三旧"改造项目，总面积约2.04公顷。结合文化旅游项目，通过"三旧"改造，旨在将试点区域内低效、粗放的建设用地转变为高效、集约的建设用地，以改善建设用地紧张的问题。通过腾出的建设用地来改善乡村面貌和人居环境，打造环境优美、设施齐全的生活空间。这类项目由塘口镇人民政府主管，总投资预算为12100万元。

（3）创新乡村文化传播和保护途径，推进乡村历史文化数字化进程。塘口镇制定了多元计划，引入先锋书店品牌、社会资本，逐步对闲置旧圩粮仓进行微改造，采用创新的本土文化传播和保护方式。同时，现代科技的发展为历史文化资源在数据采集、建档、管理、呈现和传播等方面提供了更多途径。

塘口镇坚持将传承历史文化与塑造现代风貌有机结合，注重保护和利用传统村落和历史建筑。同时，合理运用体现时代特色的现代技术和环保材料，分类整治并提升村庄的风貌。塘口镇重点布局乡村特色文化和历史文化遗产项目的活化利用，其中以纳入《世界遗产名录》的21座碉楼为核心对象，围绕它们展开整体性的乡村遗产保护和展示工作。通过应用先进的数字化技术，塘口镇致力于成为应用现代科技实现历史文化保护和传承的典范。

在遗产管理方面，对历史建筑等有形遗产和相关历史档案等资源进行调查摸底、数据采集，建立数据库、知识图谱，促进历史文化资源检索和利用效率。建立数字乡村管理系统，实现动态监管，有效推进遗产保护管理工作。

3. 建成效益

江门市开平市塘口镇全域土地综合整治建设成效预估如下：

（1）经济效益

主要在于整治后的经济效益，表现在土地增产增值、农民收入增加和产业结构优化等方面。首先，通过农用地整治项目，将中低产田转变为高产稳产农田，增加作物产量。例如，通过大田整治和耕地提质改造等项目，可以提升整治区域内耕地的平均质量等级，增加粮食产能，预计每亩耕地可增加收益200~400元；通过农田整治，新增水田面积69.93公顷，预计形成水田指标约50.13公顷（752亩），预计获得水田指标收益达到37908万元，有效推进了水田指标项目的实施。其次，通过建设用地整治项目，优化和调整区域内的土地利用结构和空间布局，推动乡村振兴和产业发展，促进城乡融合区域的全面发展。例如，通过复垦农村低效闲置建设用地，可获得约2.80公顷（41.95亩）的农用地复垦指标，预计获得拆旧复垦指标收益约1468.25万元，其中40%的规模用于保障产业用地需求。进一步优化整治区域内的土地利用结构和布局，促进产业发展，推动区域经济的全面增长。此外，通过旧城镇改造，重点发展特色小镇和乡村生态休闲旅游。

（2）社会效益

塘口镇试点项目的社会效益主要表现在吸引投资、创造就业机会，缓解农村剩余劳动力的就业压力，优化国土空间规划与功能布局，以及缓解土地供需矛盾等方面。第一，通过农用地整治项目的实施，可以改善农业生产条件，确保粮食产量和经济作物产量的稳定增长，提高农业对自然灾害的抵抗能力。第二，通过建设用地整治项目，可以优化国土空间规划与功能布局，缓解土地供需矛盾。第三，通过项目的实施，引入大量外来资金投入，大力发展旅游产业和高端农业，有效推动地区的投资和消费增长，并为整治区域内居民创造就业机会。另外，通过农村基础设施建设、乡村垃圾治理、历史文化名村保护等措施，对空心村进行整理，优化村庄布局，营造乡村景观，并完善各类设施，显著提升整治区域内村庄的整体风貌，改善农民的生活质量和人居环境。

（3）生态效益

本试点的生态效益主要体现在改善局部生态环境、提高抵御自然灾害的能力、改善整治区域土壤结构等方面。第一，通过实施河道整治、垃圾填埋场整治和生态护岸工程等措施，可以显著改善整治区域的水土保持、水源涵养和耐涝能力，明显改善生态环境和水土结构，形成良性循环的生态系统，促进生物多样性的提升。第二，通过水利灌溉排涝、田间道路建设和其他农业配套设施的建设，可以提高土地的生产能力，局部改善农田生态系统和田间的生产小气候，降低灾害发生的频率，增强农业生产风险的抵抗能力。还可以改善试点区域内的土壤结构特征，提高土壤中的有机质含量，促进和维持各农业生态系统之间的良性循环，积极维护和改善项目区内的生物多样性，推动多种作物种植的发展。第三，通过将低效闲置土地的"复绿"与大地景观营造相结合，整体提升整治区域的植被覆盖率，减少农村的脏乱差现象，减少土壤暴露，有效提升整个区域的生态环境质量，形成美丽的青山绿水景象。

4. 启示

第一，加强地方与产业平台公司合作，拓宽资金渠道。目前，市属国有企业跟塘口镇人民政府合作成立平台公司，为试点实施解锁行政枷锁，利用平台公司进行项目运作更加灵活高效，一来可以利用国有企业进行银行融资，二来可以利用塘口镇人民政府发行政府专项债券，多渠道保障试点资金需求。

第二，以乡村特色文化为主线，串联各整治要素。以问题为导向，因地制宜，根据整治区域的资源禀赋、发展需求、历史文化等特点，选择合适的整治模式和项目，如"不予不取、就地发展""全域土地综合整治+"等，实现土地资源的最优化利用。塘口镇依托其丰富的乡村历史文化资源，围绕该资源搭建了一系列产业平台，推动各产业与乡村文化深度融合，大力促进农文旅相结合的土地整治和乡村发展模式。

第三，创新乡村文化传播和保护模式。塘口镇引入先锋书店运营模式，打造先锋天下粮仓书店，积极推广本土文化。先锋书店不同于其他拓展模式的书店，其经营方向往往投向乡村，更注重对历史文化遗产的保护和再利用，充当着乡村文化传播与保护的重要现代媒介。书店根据塘口本土文化所打造的文创产品进行售卖，内部收纳一些在塘口生活创作的作家、塘口本土作家的作品以及有关塘口历史、侨乡文化、民俗风情、乡村振兴的书册等，整理改造后的书店将成为塘口镇的一个文化地标，一个文化公共社区。先锋天下粮仓书店位于试点范围内的宅群村，项目依托青年文创小镇的创建，由塘口镇人民政府制定改造计划，未来将通过引入先锋书店品牌的方式，引入社会资本，逐步对旧圩闲置粮仓进行微改造，活化闲置建设用地资源，保护和传承华侨文化，带动该区域全域旅游发展。

5.6.5 梅州市三河镇全域土地综合整治试点实践

本试点实践做法参考《广东省梅州市大埔县三河镇全域土地综合整治试点实施方案》[113]。

1. 试点概况

三河镇位于大埔县西部，地处梅江、汀江、梅潭河三江交汇处，为韩江的源头。它与梅县松口镇相邻，东接大埔县城的湖寮镇和茶阳镇，南连大麻镇，北临青溪镇，辖区总面积为152.24平方千米。大埔县三河镇全域土地综合整治试点区域为整个三河镇，镇域总面积为15223.54公顷，包括12个行政村和1个社区。其中包含200个村民小组，共计7513户，户籍人口20264人，常住人口7429人。户籍人口流出率为77.19%（数据来源于三河镇第七次人口普查）。

三河镇地势连绵起伏，气候炎热多雨。全镇基本位于海拔50~300米的河谷地带，大部分地区为低山丘陵和台地。镇的北部和西部边缘有笔架山、高莒陈、晒网岩、石子顶和袭衣山等山峰，南端有五龙陈和旗头啄等低山，海拔均在600米以上。

整治区域保留了许多具有重要历史和文化价值的物质和非物质文化遗产。在城镇化的发展过程中，许多具有当地特色的古建筑和特色民居因年代久远而无人居住，缺乏维护。同时，遗留下来的古码头和古驿道等资源也没有得到充分的挖掘和利用。这些散落在三河大地上的古村落、古驿道、古码头、客家文化和红色革命文化遗产需要进一步挖掘、激活和传承，以展示这些特色古建筑和文化遗产的历史价值和经济价值（图5-20）。

图5-20 三河坝战役纪念园景区
（图片来源：广东省住房和城乡建设厅）

2. 主要做法

第一，统筹规划布局整治区域历史文化项目。三河镇正在进行古驿道保护修复潜力和古村落与历史建筑保护修复潜力的调查与评估工作。利用三河镇得天独厚的地理位置、丰富的历史文物古迹和美丽的自然风光，将乡村景观环境以"山、水、林、田、居"为特色进行整体规划，将乡村历史文化资源与各产业进行统筹谋划。

第二，将乡村特色文化资源与自然、产业要素进行有机融合。三河镇以韩江源生态修复、古驿道保护修复和三河坝文旅综合开发为主导，实施一系列有示范意义的重点工程，推动耕地保护和土地节约集约利用，优化村庄布局，激活处于闲置状态的土地资源，提升居民的生活品质，促进流域生态环境的重建，改善区域的生态环境。按照"保护蓝色韩江、建设黄色农产区、留住绿色生态森林、传承红色革命精神、弘扬古色传统文化"的总体思路，推动城乡融合发展和农村一二三产业的融合发展。致力于将三河镇打造成为大埔西部的红色引领乡村振兴示范区，以三河坝为核心，成为宜居、宜业、宜游的"千年名镇·多彩三河"。

第三，盘活低效限制用地，保障文旅产业发展。通过有效利用闲置的建设用地或空间，为乡村发展腾出了空间，以满足农村住房和经营用地的需求。同时，借助三河镇丰富的历史文化资源，兴建了三河坝教育研学基地和大埔县三河坝旅游区等文化旅游项目，完善了村庄建设和旅游服务设施，为古镇注入新的活力。

3. 建设效益

梅州市大埔县三河镇全域土地综合整治建设成效预估如下：

（1）经济效益

第一，提高耕地质量等别，提高农民收入。通过农用地整理工程，三河镇提高了耕地质量等级，从而增加农民的收入。目前，整治区耕地面积为82.69公顷，占整个区域国土总面积的0.54%，耕地质量等级为5.84。在试点周期内，通过垦造水田、建设高标准农田等项目，整治区新增耕地面积为19.7公顷，其中水田面积增加了9.05公顷，新增耕地率达到23.82%，耕地质量等级提高了0.02。整治后，耕地得到了集中连片，降低了农业生产成本，优化了土地的投入产出比例。这不仅推动了现代农业的发展和粮食安全的保障，还有助于增加农民的生产收入。第二，在项目实施完成后，三河镇获得了指标收益。新增可交易的耕地指标为14.6822公顷（220.23亩）。按照目前市场交易价值10万元/亩计算，该项目可获得的收益为2202.33万元。此外，新增水田的可交易指标为8.45公顷，相当于126.74亩。按照目前市场交易价值75万元/亩计算，该项目可获得的收益为9505.46万元。两部分收益合计为11707.79万元。这些指标收益可以用于弥补项目的前期投资。

（2）社会效益

第一，提高人居环境品质，建设美丽宜居乡村。在整治区域内，三河镇依托"山—居—田—水"的客家村落格局，开展乡村风貌提升工程和人居环境整治。通过改善农村建筑的外观形象和乡村环境，推进存量农房的风貌提升和新建农房的风貌塑造，重新塑造乡村景观，进行农房微改造，美化绿化亮化村庄环境，完善基础设施和公共服务设施建设，综合提升田水路园林村的空间布局。同时，积极创建汇城传统村落AAA级景区和美丽圩镇，全面提高整治区人居环境的品质，打造生态美丽宜居村庄的典范。第二，通过调整产业结构，整治区域带动当地村民的创业和就业。三河镇促进旅游发展，以推动经济的发展。项目实施完成后，三河镇的整体建设得到了完善，土地的节约利用率提高，绿色、红色和古色旅游资源在境内得到整合，乡村建设与产业振兴相互融合。这不仅推动了当地及周边地区的经济发展，还增加了就业机会。同时，也带动了项目所在地周边文化和服务业的发展与繁荣，最终提高了项目所在地的国内生产总值，间接增加了居民的收入。

（3）生态效益

提升了区域生态质量，加强了生态环境防护体系构建。项目实施了生态修复工程，包括水土流失治理、河道清淤疏浚和水环境整治等措施。通过加强对河流岸线的整理工作，打造了整治区域内的"四江八岸"生态廊道，还加强了对整治区域自然生态空间的整体保护，实施了林分改造和森林公园建设等项目。通过优化森林结构，提升森林的固碳能力，修复和改善乡村的生态环境，有助于提升整个区域的生态功能和服务价值。这些措施的实施将带来生态环境的恢复和改善，为区域提供更好的生态服务，促进可持续发展和生态保护。

4. 启示

在乡村特色文化保护方面，三河镇不局限于对历史文化遗产作单一的风貌保护修复，而是结合自然资源、人文资源等物质要素和非物质要素进行串联布局，规划了古驿道保护修复项目、古村落保护修复，并开展文旅综合开发项目建设、特色产品加工基地建设，以多要素协同推进乡村特色文化资源保护，使得乡村特色文化资源得以保存、活化和利用。

5.6.6 小结

在开展乡村特色文化保护引领的土地综合整治工作中，应当注意以下方面：

第一，整治过程中秉持系统性思维。乡村特色文化要素，产生于乡村文明，相融合于自然环境，与周边要素紧密相连。在开展乡村特色文化保护时，必须坚持系统性思维，给予物质文化遗产和非物质文化遗产同样的关注和保护力度，同时将物质文化遗产保护与非物质文化遗产保护结合起来。

第二，整治过程中保护与利用并重。对于乡村遗产，保护是前提，利用必须是为了更好地保护。乡村遗产内容丰富，包括文物、古遗址、传统技艺、传统医药、农业文化景观、村志等，要分门别类、运用各种方式进行保护和重塑。此外，在开展乡村文旅项目规划建设时，应当处理好保护与旅游开发的关系，尽可能地保留乡村肌理与历史风貌，做好文化传承。

第三，加强乡村数字化建设。为更好地保护乡村特色文化，需拓展保护与利用模式。未来可加强数字化保护新模式，将乡村特色文化要素与数字文化产品相结合，对乡村传统文化进行更新再造，结合文化旅游产业，构建具有鲜明地域特色的文化产业，创新乡村特色文化保护、利用及传播方式。

5.7 矿山修复引导发展型

5.7.1 矿山修复的背景

我国是矿产资源丰富的大国，中华人民共和国成立以来，特别是改革开放后，随着我国经济的快速发展，社会对资源的需求与日俱增，大规模地开发矿产资源给生态环境带来严重的破坏，造成了大量的矿山开采占用损毁土地和历史遗留废弃矿山。

党的十九大报告中提出了构建政府为主导、企业为主体、社会组织和公众共同参与的环境治理体系；《关于统筹推进自然资源资产产权制度改革的指导意见》提出了按照谁修复、谁受益原则，通过赋予一定期限的自然资源资产使用权等产权安排，激励社会投资主体从事生态保护修复。

2019年5月，自然资源部办公厅、生态环境部办公厅印发了《关于加快推进露天矿山生态修复工作的通知》，提出了总体要求、主要任务和工作措施，为推动露天矿山生态修复工作提供了根本遵循和行动指南。

2019年12月，自然资源部印发了《关于探索利用市场化方式推进矿山生态修复的意见》，这是我国第一个专门针对矿山生态修复市场化机制的指导性文件，提出了总体目标、基本原则、主要内容和支持措施，为推动矿山生态修复市场化机制建设提供了具体部署。

2021年12月，财政部办公厅、自然资源部办公厅印发了《关于支持开展历史遗留废弃矿山生态修复示范工程的通知》，这是我国第一个专门针对历史遗留废弃矿山生态修复工作的指导性文件，提出了支持重点和范围、申报内容和程序、工作要求等，为推动历史遗留废弃矿山生态修复示范工程提供了政策支持。

目前，矿山生态修复面临着资金不足、市场化机制不完善、社会投入不足等问题，需要通过出台一系列的政策措施，明确激励政策，吸引社会各方投入，推行市场化运作、科学化治理的矿山生态修复模式，加快推进矿山生态修复，加强矿山开发后治理与地方进行一体化保护修复。

5.7.2 矿山修复引导发展型的内涵

以矿山生态修复与污染治理为核心，统筹实施矿产资源开发、土地综合整治、历史遗留矿山生态修复、地质灾害综合治理等任务，推动矿地综合发展，保护矿区自然生境和生物群落，减少地质灾害，提升自然与人居环境质量（图5-21）。

5.7.3 矿山修复的意义与作用

1. 改善生态环境，优化用地布局

矿山生态修复能够推进历史遗留损毁土地的复垦、复绿，改善生态环境，有助于恢复矿山开采地区的生态系统的稳定性、提高生物多样性，为在地居民创造更好的生活环境。同时，矿区开展生态修复保护，能有利于盘活存量建设用地，为乡村发展腾挪建设用地指标，提高土地利用效率和优化用地布局。

2. 落实环境污染治理责任，提升企业社会责任

矿山开采和运营过程中会造成大量的生态环

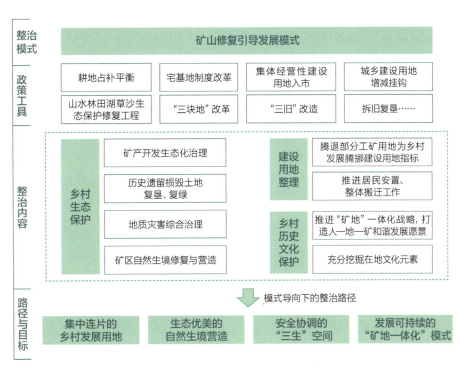

图5-21 矿山修复引导发展模式

广东省全域土地综合整治实施模式创新

境污染，造成当地生态系统服务能力下降、影响当地居民身体健康，是不可持续的发展道路。开展矿山修复及生态修复保护，落实责任主体，推进矿山开采企业主体参与矿山生态修复整治，提升企业社会形象，形成各利益群体和谐共融的矿山修复氛围。

3. 推动低碳经济发展，落实"双碳"国家战略

通过矿山生态修复，能加强矿区植被恢复、生态功能提升，增加碳吸收、减少碳排放，从而降低温室气体排放，不断推进低碳经济发展。同时，在矿山修复与整治过程中，需要统筹考虑矿区居民生活生产需求，通过规划布局生态修复项目、建设用地腾挪项目、污染治理等项目，推动整治区域形成绿色发展方式和生活方式并推动企业绿色转型，减少生产污染，真正实现矿地一体发展、保护的愿景。

5.7.4 龙门县龙江镇全域土地综合整治试点实践

本试点实践做法参考《广东省惠州市龙门县龙江镇罗洞村等3个村全域土地综合整治试点实施方案》[114]。

1. 试点概况

广东省惠州市龙门县龙江镇罗洞村等3个村全域土地整治试点位于广东省惠州市龙门县龙门镇。试点区域包括龙江镇罗洞村、龙江村和广尾村，总土地面积为3093.74公顷。龙门镇拥有丰富的矿产资源，尤其是石灰石、重晶石和铅锌矿等，已成为该市和县的重要灰制品生产区。试点区域内存在两处历史矿山遗址，属于地质灾害危险区，存在多个安全隐患，严重影响着村民的正常生产和生活。其中，资源枯竭的矿山公塘石场已经形成了南、北两个采矿坑（图5-22）。

图5-22 公塘石场绿色矿山修复
（图片来源：惠州市自然资源局）

2. 主要做法

第一，"土地、产业、资源"多要素融合推动矿地修复。推进土地融合强调土地和矿产资源的统一管理。在此过程中，盘活矿区土地使用权成为工矿废弃地修复的主要问题之一。对于采矿废弃区的土地使用权，大片废弃地经过复垦后可转化为农田，并由当地政府将复垦后的耕地承包给农业大户，明确土地使用权，推动土地规模经营，提高土地利用效率。这一措施有助于实现矿区土地资源的合理利用，促进农业可持续发展，并提高土地利用的效益。

第二，产业融合充分考虑产业之间的联系和区域可持续产业发展。在龙江镇的试点区域，矿山关闭后，存在大量闲置的矿区建设用地，这些矿区的面积大小不一且分布零散，难以进行大规模的利用。因此，在修复工作中，通过建设用地增减挂钩和耕地增减挂钩等手段对工矿废弃地进行整治。

第三，资源融合强调矿区资源和破坏的土地资源的协同利用。结合龙江镇的公塘石场、茶排铅锌矿区和文塘矿区，通过生态修复和地面旅游开发等综合手段进行开发利用。建设观景生态湖可以有效利用矿场的水资源。同时，通过制定矿产资源开发利用与保护规划，推进资源开发利用工作的实施，利用政府行政管理规划和协调手段，规范采矿企业的开采秩序，加强执法监察力度，创新运作模式，提高产业化和市场化水平。合理利用建设采空区的剩余矿产资源和土地资源，推动相关产业的发展。

第四，绿色发展理念引领区域工矿废弃综合治理。龙江镇的罗洞村等三个村以绿色发展理念为基础，以生态环境保护为前提，按照"保证安全、恢复生态、兼顾景观"的次序，坚持"宜耕则耕、宜林则林、宜水则水、宜工则工"的原则，进行生态修复整治工作，总面积44.17公顷，其中包括废弃工矿整治面积19.86公顷。龙门镇通过编制矿山生态修复方案，实施矿山生态修复项目，采用全域规划、全要素整治、全产业链发展的规划思想，对试点区域内的文塘石场、公塘石场及其周边区域进行生态修复整治。在生态修复过程中，采用了"剥离—排土—开采—复垦"的一体化工艺，并应用高压喷淋、喷雾抑尘和封闭式运输等技术，形成了"环保化开采、清洁化加工、无尘化运输"的绿色生产模式。生态修复工程的重点是消除地质灾害隐患，采用人工和自然相结合的生态恢复模式，实施回填、平整、边坡治理、边坡复绿、土地复垦等一系列矿山生态恢复工程。

第五，城矿乡统筹规划布局，逐步完善矿区基础设施建设。城矿乡统筹强调城市、矿区和农村的统一发展。由于矿区作为一个独立的特殊区域，其设施与城市的配套程度不相匹配，因此加快配套基础设施建设、强化城镇功能成为统筹城矿乡发展的重要任务。通过增加对矿区和"双农"基础设施问题的投入和支持，满足矿区工人和周边农村居民享受城市基础设施服务的需求。基础设施的完善有利于改善当地居民的生产和生活环境，解决因矿山开采所带来的地质灾害和环境问题，缓和矿山企业和当地居民之间的矛盾。

第六，规模化、集约化发展夯实产业发展基础。龙江镇的罗洞村等三个村以优质水稻为主要粮食作物，以梅菜、苞心芥菜等无公害蔬菜为创汇和创收作物。根据高标准农田建设的要求，对试点整治区域内的零星草地和坑塘水面等进行开发，转化为耕地，同时对农村道路和沟渠进行优化布局和整治，以满足大型机械的耕作需求。

在全域土地综合整治的基础上，巩固已建成的108.33公顷高标准农田，推进建设用地复垦工作，面积为29.78公顷，同时实施83.13公顷的高标准农田建设，改善农业生产设施，提升灌溉和排水条件。龙江镇罗洞村等3个村依托于集中连片开发整治基础，充分利用区位优势，主要凸显沿线绿道景观和田园乡野风情，打造集绿廊游憩、田园观光、农家体验、农田生产、果蔬采摘为主的田园综合体验区；以现代科技手段种植有机绿色瓜果蔬菜，开展采果休闲旅游，拓展生态、休闲、体验和观光等多种功能，增加三产产值。

项目实施后，形成田成片、路相通、林成行、渠成网的生产布局模式；有效增加耕地面积，提高耕地质量，增强耕地保水、保肥、抗灾能力。通过鼓励规模化、集约化、产业化和生态化生产经营，大力发展现代高效生态农业，促进区域协调发展，推动产业链条延伸和改善三产结构。

3. 建设成效

惠州市龙门县龙江镇罗洞村等3个村全域土地综合整治建设成效预估如下：

（1）经济效益

第一，新增水田、耕地指标收益。在试点区域通过矿山生态修复和农用地整理工作，可以新增耕地指标52.67公顷（其中二调为耕地26.57公顷，占补平衡指标26.1公顷）和新增水田指标60.75公顷（其中二调非水田45.99公顷）。这些指标由政府统筹安排，按照目前市场交易价水田指标为75万元/亩，新增耕地指标为3.00万元/亩计算，该项目可收益70708.66万元。第二，拆旧复垦指标收益。对采矿区罗洞村鹤山等五个村民小组整体搬迁后的建设用地进行综合整治，可形成拆旧复垦指标9.9110公顷。这些指标由政府统筹安排，按照目前市场价70.00万元/亩计算，可收益10406.55万元。废弃工矿用地复垦预计产生节余建设用地指标19.86公顷，可由县级统筹自用；第三，在试点整治区域实施后，新增水田45.99公顷（其中旱改水23.67公顷）。新增水田主要种植水稻，按照一年两熟，每亩产量1000千克，市场平均价为4.0元/千克进行计算，作物生长成熟后每亩年产值约为8000元，可产生经济效益551.90万元。垦造水田和城乡建设用地增减挂钩收益也可用于当地产业发展，推进休闲农业和乡村旅游深度融合，带动乡村旅游发展，促进乡村振兴。通过废弃矿山生态修复治理及绿色矿山建设，可改观矿业形象，在让土地得到合理利用的同时带动当地经济发展，形成更为高效、绿色的经济产业链，为当地的经济发展增加动力。

（2）社会效益

第一，夯实农业基础，延伸产业链条。项目实施后，将极大地改善农田的生态景观，形成连片的田地、通畅的道路、有序的林木和互相连接的水渠的生产布局模式。通过鼓励规模化、集约化、产业化和生态化的生产经营，大力发展现代高效的生态农业，促进区域的协调发展，推动产业链条的延伸，推进第一产业、第二产业和第三产业的融合。第二，增加发展潜力，带动实施乡村振兴战略。通过试点项目的实施，可以形成完善的生产、生活和经营服务体系，切实增加对当地经济和社会发展的保障能力，形成良性循环，增加发展潜力，激发区域发展的新活力，带动实施乡村振兴战略。第三，改善生活环境，缓解社会矛盾、人矿矛盾。试点项目的实施将有效改善当地居民的生产和生活环境，解决由矿山开采带来的地质灾害和环境问题，缓解矿山企业和当地群众之间的矛盾，对促进试点区域的社会稳定，加强矿地人民和谐发展都有重要的现实意义。

（3）生态效益

试点项目的实施能够改善矿区的生态环境，消除地质灾害隐患，推动环境的综合治理和生态的恢复，实现可见的山脉、可望的水域、农田、工地和矿区和谐共存的生产生活方式。通过实施全域土地综合整治，配套水利灌溉设施和农田防护林网工程，有利于改善水源涵养和水土保持、改善水土结构，改良田间生态系统的服务功能，提供更优质的生态产品。

4. 启示

第一，探索指标协调转化模式，优化土地利用格局。首先，优化新增耕地指标体系，基于二调和三调的数据中大差异情况，把新增耕地指标分为新增耕地指标和可认定新增耕地指标，提高治理后新增土地指标的灵活性和适用性。其次，对于土地权属类型进行确认，探索更加灵活合理的土地整治后土地利用类型的转化调整方式，促进指标间的合理转化。最后，加强建设用地的盘活赋能，结合国土空间规划制定合理的治理方案，对于老旧建筑进行翻新，促进土地资源的集约利用，提升村庄风貌，综合整治产业用地，集约式发展，产能低效的产业进行转型升级，提高产业效能，从多维度多层次推进土地利用格局的优化。

第二，多措并举推动矿山绿色开发，促进开发保护协同发展。一是要在开发前进行矿产资源的科学规划，以淘汰落后产能、提高产品质量、提高矿产开发集中度的目标，必须依据矿产资源禀赋条件，充分论证环境承载力，充分结合市场需求，对石材矿产资源地质勘查、开发与保护、开采总量等进行详细规划，科学划定矿区范围。二是采用先进工艺方法提高固体废弃物综合利用率，实现石材资源利用最大化。剩余的固体废弃物可作为生态修复填充材料、复垦土石方使用，实现矿产资源的"吃干榨尽"，并减少环境污染和破坏。三是加强矿山生态修复。结合自然、经济、社会等综合因素，探索采用生态修复+资源回收利用、生态修复+土地开发整理等创新模式，进一步提高生态修复的综合效益。

第三，探索矿山生产与民生安全合理途径，实现安全与发展双赢。首先，对再开发露天矿山的周围地质进行有效具体的分析，根据露天开采的基本要求，主要考察矿山周围的地质构造，分析矿山开采区对周围建筑物或其他设施的影响，加强前期评估监管，防止开采后产生的粉尘或有害物质对矿山周围的居民和生态安全产生威胁。其次，要注重开采后的合理运营和管理，在不影响居民正常生产生活的前提下，规划合理的开采区域、运输路线。

第四，构建完善居民就业生活配套设施，保障居民安居乐业。一是对标城镇社区配套，统筹规划构建一套综合性的农村农业基础配套标准，在农村配套方面，要充分考虑综合因素，水、气、电、暖的配套和生活服务设施，通盘考虑污水处理、垃圾清运、交通等问题。在农业方面，要满足高标准农田的建设要求，加强土地集中连片和土质提升，并充分保障大型机械化作业的空间，包括空中作业和地面作业，此外考虑合理的电力、通信设施的布局和配置，实现农业高质量发展。二是在充分尊重居民意愿的前提下，通过探索创新多样化的补偿机制。政府和市场两手应发力，建立健全搬迁补偿机制，提高补偿政策目标和政策结果的衔接程度。此外，政府要发挥好引导者、组织者和协调者的角色，进一步抓实补偿政策的顶层设计，资金优化安排和保障协调措施，提高政策实施的连续性。同时，引导市场多元力量参与，不断探索新的绿色产业发展和补偿新模式，真正达到既能较好地实现综合整治主目标又能兼顾其他次要目标，使增加农村居民的收入达到治理和发展双赢。

5.7.5 小结

开展以矿地一体化保护模式引领全域土地综合整治工作，应重点布局和开展以下工作。第一，加快推动矿山生产由要素驱动向创新驱动转变。要加强矿山生产、生态的协调发展理念，加快培育新方法、新技术、新制度，实施源头减损、源头减量，以创新矿山生产要素，加快矿地生态修复治理。第二，科学布局矿山生产要素，加强生产与在地环境相协调。科学规划设计矿山生产、运输、污染治理，提高资源开采效率、减少对在地居民生活、生产的影响，实现资源效益、环境效益、社会效益相协调。

5.8 重大工程推动整治型

5.8.1 重大工程的背景

在党中央的直接领导下，我国第一个重大建设工程——五年计划，简称"一五"计划，经全国人大一次会议审议通过。该计划的制定与实施标志着系统建设社会主义的开始。当时，"一五"计划的主要任务是集中力量进行工业化建设以及加快推进各经济领域的社会主义改造，"一五"计划期间在全国共布局了156项工程，这些重大工程主要集中在重工业领域，涉及钢铁、冶金、煤矿、石油炼油、重型机械、汽车、化工、电力等方面。上述在全国范围布局的重大工程为新中国工业化打下了基础，改变了中华人民共和国成立之初重工业产品"一穷二白"的困境。

尽管随着时间的推移和我国经济发展阶段的变化，重大工程项目的类型正不断变化，但是其作用与本质并未发生变化。布局重大建设工程项目，能推动经济社会发展、强化基础设施与公共服务设施战略谋划和布局、改善生产力布局等。

5.8.2 重大工程推动整治型的内涵

以重大基础设施建设、山水林田湖草沙一体化保护和系统修复、海岸带海湾综合治理、矿山生态修复等重大工程为引领，围绕重大工程布局整治项目，完善土地用途管制、土地指标生产交易规定，提升土地利用效率，引导市场主体参与整治（图5-23）。

5.8.3 重大工程推动整治的意义与作用

第一，推动经济社会发展。通过扩大投资带动重大项目落地、创造就业岗位，是国家重大项目带来的正面效应之一。重大项目推进本身也是拉动需

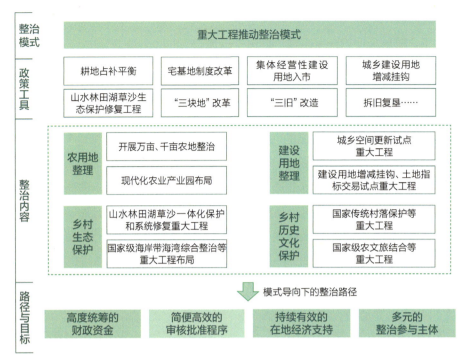

图5-23 重大工程推动整治模式

求的重要抓手,能够带动大量的采购,启动需求和生产,有助于为未来的经济增长打好基础,并带来相应的就业增长空间。

第二,发挥有效投资的关键作用。在当前国内外环境不确定、不稳定因素较多的情况下,宏观政策仍将保持连续性和稳定性,增强针对性,以保持经济运行在合理区间。

第三,优化审批核准程序。深化"放管服"改革,优化审批核准程序,保证项目尽早开工、资金高效使用。通过推进国家重大工程和项目建设,最终实现进一步激活市场主体活力、提升市场活跃度、发挥稳定就业和促进经济增长的作用。

第四,彰显中国特色社会主义制度优势。从南海之滨到北国雪原,从东部沿海到西北内陆,一个个重大工程相继问世,一项项发展成就硕果累累,汇聚成一幅波澜壮阔的时代画卷。这些都体现了中国工程建设的雄厚实力,彰显了中国精神和中国力量,更充分揭示了习近平新时代中国特色社会主义思想的实践伟力和我国社会主义制度集中力量办大事的独特优势。

5.8.4 梅州市新铺镇全域土地综合整治试点实践

本试点实践做法参考《广东省梅州市蕉岭县新铺镇全域土地综合整治试点实施方案》[115]。

1. 试点概况

为解决蕉岭县整治区域存在的耕地碎片化、建设用地散乱低效、产业发展支撑能力较弱、流域生态环境质量下降以及历史文化保护利用不足等问题,该县全面推进全域土地综合整治工作。2021年1月,蕉岭县的新铺镇被选定为全域土地综合整治的国家级试点项目。此外,于2021年5月,广东省南岭区韩江中上游山、水、林、田、湖、草、沙一体化保护和修复工程项目也成功申报,新铺镇成为该项目重点区域之一。

新铺镇位于梅州市蕉岭县南部,靠近韩江中游的石窟河畔。该镇历史悠久,在明清时期是"粤盐赣米"集散的商贸古镇,同时也是省级建材专业镇和富硒丝苗米产业园的所在地。全镇总面积为185.22平方千米，下辖21个行政村，常住人口为3.03万人，生产总值为27.78亿元。

此外，梅州市特别注重全域土地整治试点与山水生态修复试点的协同推进，将新铺镇全域土地综合整治作为全市山水项目示范工程之一。在工作组织、方案编制、资金使用和项目实施等方面，统筹推进"全域土地整治+山水保护修复"这两项重大工程。

2. 主要做法

第一，发挥重大建设工程引领作用，统筹政策、地方和市场多元资金。为实现蕉岭县打造"绿水青山就是金山银山"的战略目标，充分发挥蕉岭"全域土地整治+山水修复项目"的独特叠加优势，该县围绕此目标采取了一系列措施。首先，统筹整合中央和地方、市场和乡贤等多元资金，充分利用生态修复、土地要素市场化改革、城乡统筹和生态价值实现等多种政策，形成"资金+政策"双轮驱动的生态保护和修复动力。其次，强化实施监督和技术支持，确保在全领域、全要素、全过程上得到有效推进。同时，充分发挥中央资金试点项目的示范带动作用，放大其影响力。这些举措将形成"生态修复+"带动产业兴旺转化的蕉岭模式，为实现目标起到积极推动作用（图5-24）。

第二，高站位谋划，以重大建设工程理念引导全域土地综合整治推动乡村振兴。作为"全域土地综合整治+山水修复项目"双重国家试点县，蕉岭县采取高站位的规划，以生态修复理念引导全域土地综合整治工作，并将山水生态修复项目整合到全域土地综合整治实施中，以进一步放大其成效。该县以石窟河和石扇河流域的生态修复为主线，系统推进一系列项目，包括约333.33公顷（5000亩）生态化耕地治理、10千米生态碧道建设、约666.67公顷（10000亩）碳汇林建设工程、4个人居环境质量提升工程以及滨水丝苗米产业园建设等。通过加快弥补生态短板，增加富硒丝苗米、食用菌、茶叶等生态产品的供给，构建可持续发展的产业体系，该县全面推动乡村振兴发展，实现全方位的带动效应。

第三，近远结合，形成"三年试点+五年谋划"的两级项目库作战图。为确保高标准完成试点任务，蕉岭县立足当前，并对标全域土地综合整治和山水生态修复的三年试点绩效考核要求，采取了强化技术统筹、挂图作战的措施。同时，为了满足全省乃至全国范围内全域土地整治和生态修复的高要求，县政府选择了新铺镇中部作为重点打造的乡村振兴示范带，命名为"山水人居、十村联动"。在该示范带中，整合了现代农业、森林经济、客家文旅、电商物流、光伏新能源等经营性项目，形成了一个综合项目包，具备撬动开发性金融的潜力。这一举措旨在着眼长远，为未来的发展奠定坚实基础。

3. 建设成效

梅州市蕉岭县新铺镇全域土地综合整治建设成效预估如下：

（1）经济效益

提高耕地等别，获取指标净收益。通过实施农用地整理工程，如垦造水田、耕地提质改造、高标准农田建设、零星农田整合以及宜耕后备资源开发等措施，蕉岭县能够在试点周期内实现整治区域净新增耕地69.53公顷、净新增水田77.51公顷，使新增耕地率达到5.33%，耕地质量等级提高0.1。同时，

图5-24　梅州市蕉岭县新铺镇象岭新村

该县还开展了全域土地综合整治，以获取相关指标的收益。经过全域土地综合整治项目的实施，整治区域土地整治指标的净收益约为79162.82万元，超过了试点项目总投资73741.39万元。这表明该县在整治区域土地资源方面取得了显著的经济效益。

（2）社会效益

第一，提高农民收入。通过农用地整理、耕地提质改造（从旱地改造为水田）和宜耕后备土地资源开发等工程，对零散的土地进行规整，提升耕地质量和生产能力，降低农业生产成本，优化土地的投入产出结构。这有利于增加农民的农业生产收入，引入农业产业，并有效创造就业岗位，提高农民的收入水平。第二，提高人居环境品质。通过建设用地整理和乡村风貌提升工程，以及存量农房风貌提升和新建农房风貌塑造项目（如象岭新农村建设等），项目致力于打造农村人居环境整治精品工程，综合提升田水路林村的空间质量，从而提高整治区域农村人居环境的品质。第三，优化乡村发展格局。通过统筹利用生产空间，推进农业示范园区、现代农业种植区、科研学习基地等各类园区的建设。同时，在生活空间布局上，遵循项目区内乡村传统肌理和格局，坚持节约集约用地原则，合理进行农村居民点整理，引导生活空间尺度适宜、布局协调、功能齐全，从而优化整个乡村发展的格局。

（3）生态效益

第一，提升区域生态质量。项目通过生态修复工程，重点开展石窟河、石扇河水生态修复项目，打造重要的生态廊道，以确保石窟河（新铺镇段）的水质达到国家和省级Ⅱ类标准。这一举措有助于提升整治区域的生态环境。第二，推进绿色农业发展。通过减少化肥、农药、农膜等化学产品的使用，推广农业绿色生产方式，促进投入减量化、生产清洁化、废弃物资源化以及产业模式生态化。第三，助力"零碳镇"目标实现。通过创新的"土地整治+"实施模式，综合治理"山水林田湖沙"，在全域土地综合整治的各项措施中，耕地保护与质量提升可以减少碳排放，资源循环高效利用可以减少能耗，产业布局优化可以促进低碳产业的发展。

5.8.5 小结

在布局重大建设工程项目下开展全域土地综合整治工作的地区，应当注意以下方面：

第一，科学规划，合理布局。全域土地综合整治工作应以科学规划为前提，整体开展农用地、建设用地整理和乡村生态、文化保护修复，对闲置、利用低效、生态退化及环境破坏的区域实施国土空间综合治理的系统工程。

第二，统筹重大建设工程项目资金，撬动市场资金投入。地方党委、政府要建立发改、农业、乡村振兴、国土、交通等各类涉农财政资金的有效统筹整合长效机制，要用好用足增减挂钩节余指标和补充耕地指标等流转收益的使用政策制度，以重大建设工程项目财政资金有效吸引和撬动更多金融和社会资本投入全域土地综合整治为前提，切实有效保障资金供需平衡。

6 项目实施管理与评估

6.1 项目实施管理

全域土地综合整治项目实施管理机制涉及规划、实施、投融资、后期运营等多方面内容[116]，体现系统性特征，要求对整治项目全过程进行统筹管理。此外，整治项目实施的合理期限一般为3~5年，涉及村庄搬迁的可根据实际情况延长。实施期限有政策文件规定的，从其规定，因此应针对不同的整治项目对实施管理机制做出相应调整。

在整治工程规划阶段，要做好总体布局、土地利用布局、工程布局等方面工作。整治工程布局应依据全域土地综合整治的总体布局展开，遵循总体布局中建设目标的全面制定以及红线范围的确定等，在总体布局的系统规划下开展工程布局，避免布局无序混乱，审批流程缺失等问题。具体来看，工程布局是规划的空间落位，它包括土地平整布局、灌溉与排水工程布局、田间道路工程布局及其他工程布局等方面。各工程布局应合理规划，减少工程实施难度和提高土地利用率。如田间道路工程布局，应在确定合理田间道路面积与田间道路密度情况下，尽量减少道路占地面积，与沟渠、林带结合布置，避免或者减少道路跨越沟渠，减少桥涵闸等交叉工程。

在整治工程实施阶段，应吸取过往土地整治工程实施中，由于建设主体多、经济利益主体多、项目基础条件各异、项目管理部门纵横交错等因素，导致工程项目实施难度和协调难度大、部门之间相互不配合，互相推脱等教训。当前，各试点成立全域土地综合整治专项小组开展工作，解决管理部门协调配合问题，也应相应制定工程实施管理规定，规范工程实施行为。具体来看，工程过程可以分为准备阶段、实际施工阶段和结算阶段。工程实施管理是把握工程建设的关键手段和管理手段，对整个工程开展具有统筹作用。应建立项目法人制、招标投标制、监理制、公告制等制度，制定项目建设管理办法，明确部门责任，做好进度、质量、造价控制。同时，要做好工程计划管理和工程质量管理，并制定相应的工程实施管理政策和制度，有利于规范各主体工程实施行为，提高土地整治的施工效率，也有利于政府、投资方加强项目的监管，保障整治项目顺利开展，确保整治工程质量，提高企业、投资方的投资回报率。因此，政府相关部门应依照相关上位规划特别是国土空间规划，开展制定全域土地综合整治项目实施管理指引制定的工作，内容包括但不限于整治总体目标、整治工程分类标准、管理适用范围、相关手续办理流程，如安全可行性报告评估、工程整治方案和施工许可等、实施监管的注意事项等；施工实施主体应整合前期申报资料，向有关部门申请建设用地规划许可证、建设工程规划许可证、乡村建设规划许可证和建设项目选址意见书后，开展土地整治工作，并与相关管理部门定期更新建设项目清单，便于政府部门把握整治工作进展。同时，工程实施主体内部应制定整治项目的计划管理、质量管理、安全管理和进度管理。在计划管理方面，应制定详细的工程计划，包括工程的时间、成本、资源等方面的计划，以确保工程项目能够按照预定的计划进行；在质量管理方面，应制定严格的质量控制标准和检验标准，以确保工程项目的质量符合要求；在安全管理方面，应制定安全生产规章制度和安全操作规程，以确保工程项目的安全生产；在进度管理方面，应制定详细的进度计划和进度控制措施，以确保工程项目能够按照预定的进度进行。

在整治工程项目验收和评估阶段，是指在整治工程实施后，对完工且具备验收条件的整治项目进行竣工验收工作，应包括项目中介审价、竣工审计、财务决算和固定资产移交手续等工作，针对具体整治项目验收，需要对项目建设的整个实施过程的合理合规性进行审核，根据验收大纲首先对项目的验收材料进行初审，根据项目大小，邀请不少于3名土地整治领域专家对整治项目进行现场竣工验收工作，具体流程主要分为验收材料初审、验收准备、现场验收。验收阶段可分为四个阶段，分别是县（区）自验、市自然资源主管部门初验、省自然资源主管部门终验和上图入库。

6.2 项目验收与评估

6.2.1 项目验收流程与方法

项目验收与评估应按照"谁立项、谁验收"的原则，充分听取公众意见，组织开展验收工作，编制验收资料，给出公正、真实的验收意见。应推动建立全域土地综合整治子项目验收、工程阶段性验收和整体验收并进机制。其中，子项目验收是指子项目竣工后，由相关部门按照现行各类整治项目验收办法、标准及其他相关规定确定的验收程序、内容和标准进行验收。验收合格的子项目由县级自然资源主管部门收集相关子项目验收意见。主要验收内容包括工程建设内容和质量，资金来源和使用，工程技术措施及效果，后期管护和监测措施等；工程阶段性验收是工程建设过程中的一个重要环节，它指的是将整个工程项目分为前期、中期、后期等若干个阶段，包括对整治项目的实施质量、实施进度、实施成本和安全开展工程等方面的验收工作。阶段性验收有助于及时发现和解决问题，确保工程质量符合设计和规范要求，避免在项目后期积累大量问题，从而保障整个工程项目的顺利进行和最终质量；项目整体验收指按照通过备案的全域土地综合整治实施方案，完成所有子项目验收后开展的工程整体验收，具体分为县级验收、市级验收、省级验收。县级自然资源主管部门依据经备案的实施方案，结合实地核查，全面梳理核实项目完成情况，核查耕地和永久基本农田数量和质量、整体验收条件是否满足、建设用地规模等是否达标；地级以上市级自然资源主管部门组织市级验收，对县级验收的情况进行全面复核，重点核查项目目标实现情况、耕地和永久基本农田完成情况以及是否涉及负面清单内容等；省自然资源厅负责省级验收，对市级验收的情况进行复核，重点核查是否符合"三区三线"管控要求及相关验收资料完整性、准确性等。

目前，广东省为推进全域土地综合整治工作，积极建立分级管理制度，在省、市、县和乡镇各级，以专班方式推动项目验收。其中，省工作专班负责整体验收，市工作专班负责市级层面的验收，县工作专班负责项目阶段验收和县级层面的整体验收，乡镇工作专班负责具体实施工作，配合上级相关部门。各层级专班各司其职，协力推动整治项目验收（图6-1）。

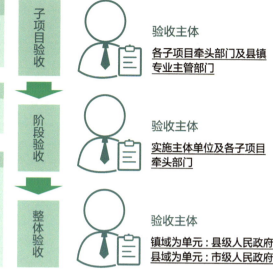

图6-1　全域土地综合整治项目验收流程及验收主体
［资料来源：根据《广东省全域土地综合整治培训教材（试行）》改绘］

6.2.2　全域土地综合整治评价体系

目前，全域土地综合整治各试点因整治类型各具特色，具体整治项目存在差异，导致各地整治在成效评估上缺乏统一机制，体现在评估的标准和指标体系不一，难以对各地整治效果做出客观评价。因此，要积极探索和建立统一的评估标准体系，确保整治工作的高效、公正和系统性，使整治效果可度量化，有助于整治实施方式的优化，优化整治决策的科学性。同时，有利于促进政策实施，形成一套通用的评估流程，便于各区域、各试点之间的交流，凝练总结可复制的、可推广的整治模式，增强区域之间的合作和资源共享，推动土地要素跨区域流动，最终实现土地资源配置效益最大化。

全域土地综合整治主要围绕农用地整理、建设用地整理、生态保护修复、人居环境改善等方面开展，涉及生产生活生态多元效益，参照相关文献与研究，多采用"目标层—准则层—指标层"的层次构建评价体系（AHP），是通过建立递阶层次结构，把人类的判断转化到若干因素两两之间重要度的比较上，从而把难于量化的定性判断转化为可操作的重要度的比较上面。在许多情况下，决策者可以直接使用AHP进行决策，极大地提高了决策的有效

性、可靠性和可行性，其本质是一种思维方式，它把复杂问题分解成多个组成因素，又将这些因素按支配关系分别形成递阶层次结构，通过两两比较的方法确定决策方案相对重要度的总排序。整个过程体现了人类决策思维的基本特征，即分解、判断、综合，克服了其他方法回避决策者主观判断的缺点。在此，结合传统土地整治子项目验收相关标准和梳理现有全域土地综合整治评估相关的文献，采用AHP层次分析法，以"三生"空间理论为基础，从生产效益、生活效益和生态效益三方面，初步构建全域土地综合整治项目评估体系，以供参考。

生产、生活和生态三种功能空间涵盖了人们物质生产和精神文化生活，是开展一切活动的重要载体[117]。当前，在国土空间规划科学布局的总体要求下，"三生"空间之间的协同联动体现了"山水林田湖草沙"生命共同体的国土空间治理理念，也体现了进行全域全要素系统性整治的特征，与全域土地综合整治密切相关[118]。因此，以全域土地综合整治综合效益评估为目标层A，以生产效益B1、生活效益B2和生态效益B3构建准则层B，同时结合现有研究成果和试点实践经验总结，在遵循系统性、综合性、科学性和可操作性原则下，选取合适的评价指标，初步构建全域土地综合整治评价指标体系（表6-1）。

全域土地综合整治综合效益评价体系　　　　　　表6-1

目标层A	准则层B	指标层C			
		指标	指标类型	计算方式	属性
全域土地综合整治综合效益评估	生产效益 B1	建设用地结构指数C1	定量	建设用地面积/非建设用地面积	+
		第一产业产值增加值C2	定量	整治后第一产业产值-整治前第一产业产值	+
		新增耕地率C3	定量	（整治后耕地面积-整治前耕地面积）/整治前建设规模×100%	+
		投入产出比C4	定量	新增总产值/项目总投资×100%	+
		地均GDP/（万元/km²）C5	定量	地区生产总值/行政区划面积	+
	生活效益 B2	基础设施改善率C6	定量	（新增基础设施面积/整治前基础设施面积）×100%	+
		人均可支配收入C7	定量	总收入/总人口	+
		道路通达度C8	定性	路网可达性分析	+
		居住点连片度C9	定性	专家对村镇集聚程度给出分值	+
		居民满意度C10	定性	满意户数/总调查户数	+
	生态效益 B3	生态面积增加值C11	定量	生态面积增加值=整治后面积-整治前面积	+
		生物多样性指数C12	定量	Shannon（香农）指数	+
		土地垦殖率增加值C13	定量	土地垦殖率=耕地面积/土地总面积 土地垦殖率增加值=整治后治理面积-整治前治理面积	+
		水土流失治理面积C14	定量	整治后治理面积-整治前治理面积	+
		地均碳排放量/（t/km²）C15	定量	碳排放量/行政区划面积	-

在生产效益指标选取上，应体现全域土地综合整治前后的用地结构、投入产出比等，评价指标应直接或间接反映地方生产力水平的变化，确定生产效益的指标有建设用地结构指数C1、第一产业产值增加值C2、新增耕地率C3、投入产出比C4和地均GDP/（万元/km²）C5[119,120]。

在生活效益指标选取上，评价指标应直接或间接反映居民的生活提升程度和满意程度，因此，确定生活效益的指标有基础设施改善率C6、人均可支配收入C7、道路通达度C8、居住点连片度C9和居民满意度C10。其中，道路通达度C8、居住点连片度C9和居民满意度C10为定性指标[51,76,77]。

在生态效益指标选取上，评价指标应直接或间接反映生态环境空间分布上和质量上的变化水平，因此，确定生态效益的指标有生态面积增加值C11、生物多样性指数C12、土地垦殖率增加值C13、水土流失治理面积C14和地均碳排放量/（t/km²）C15[78,79]。

在指标权重的确定上，一般采用德尔菲法（专家调查法），通过问卷调研的方式，邀请行业内多位专家对指标选取征求意见和进行相对重要性打分，然后汇总结果，计算平均值得到最终的判断矩阵，最终计算得到各因素的权重。德尔菲法是一种主观性较强的权重确定方法，因此，为增强指标权重的可信度，一般加入客观赋权方法对主客观权重进行组合赋权，可以在一定程度上减少主观随意性的影响，同时也考虑了决策者和专家的经验和偏好。客观赋权法有熵权法、主成分分析、因子分析、CRITIC权重、独立性分析和信息量权重等，最经典的是熵权法。组合赋权方法的计算方法有加法合成法、乘法合成法、极差最大化、矩阵思想和距离函数法等[121-123]。应用评价体系应结合试点实际发展状况和需求，实时优化指标选取和权重确定方法。

7 总结与展望

全域土地综合整治是贯彻落实习近平生态文明思想、乡村振兴战略的重要实践，是新时代优化国土空间的重要抓手，是迈向高质量发展的必由之路。全域土地综合整治对优化国土空间格局、提高土地利用效率具有重大意义，是保障国家粮食安全和筑牢生态保护屏障的需要，是践行生态文明思想和集约节约利用土地的需要，是促进城乡协调发展和优化城乡空间规划的需要。

广东省根据自身特点和发展需求，在"土地整治+"理念指导下，以全域土地综合整治项目为抓手，呈现更加灵活高效，更加开放多元，更富凝聚力与创造力新姿态，有效激活了政府、市场、居民的多主体积极性，解决现代化发展过程中曾经土地开发过度、无序、零散的问题，将空间布局无序化、乡村耕地碎片化、土地利用低效化和生态用地退化等问题统筹考虑，向全区域统筹、全要素综合、全周期发力、全链条管控的整治理念转变。

附录

广东省首批42个整治试点模式总表

序号	模式分类	试点	特色做法
1	高效现代农业引领型	广东省河源市东源县顺天镇全域土地综合整治试点	国家级农高区、岭南丘陵现代农业建设
		广东省肇庆市怀集县冷坑镇水口村、谭庙村、龙岗村、双甘村全域土地综合整治试点	美丽乡村、农旅观光
		广东省韶关市乳源瑶族自治县桂头镇全域土地综合整治试点	"现代农业+特色旅游+空港特色小镇"模式
		广东省茂名市茂南区羊角镇全域土地综合整治试点	"三生"空间融合
		惠州市博罗县麻陂镇全域土地综合整治试点	绿色特色农产品生产供应基地、美丽乡村
		汕尾市陆丰市陂洋镇全域土地综合整治试点	农贸型小镇、红色文化挖掘
		汕尾市海丰县平东镇全域土地综合整治试点	田园综合体、小流域生态治理工程
		东莞市洪梅镇全域土地综合整治试点	现代农业、土地整备工程、旧镇区更新改造
		茂名市高州市曹江镇全域土地综合整治试点	森林公园建设
		云浮市云安区镇安镇全域土地综合整治试点	现代农业建设、河道生态治理
		梅州市五华县安流镇全域土地综合整治试点	特色农产品种养示范基地、森林公园建设
		中山市黄圃镇全域土地综合整治试点	"三旧"改造
2	产业生态资源融合型	广东省揭阳市空港经济区炮台镇炮台社区等8个社区全域土地综合整治试点	"土地整治+"模式
		广东省阳江市阳西县织篢镇全域土地综合整治试点	构建以生态发展区、城市发展区、滨海发展区的"1+1+1"国土空间开发保护格局
		广东省惠州市惠东县白花镇全域土地综合整治试点	建设绿色生态宜居乡镇

续表

序号	模式分类	试点	特色做法
2	产业生态资源融合型	广东省中山市三乡镇全域土地综合整治试点	"三旧"改造、森林公园建设
		广东省广州市从化区全域土地综合整治试点	"1个总体文件+增田、增绿、治水、节地等"政策体系、"4类基本整治任务+X种任务"一体化整治路径
		广东省湛江市廉江市石岭镇合江村等2个村全域土地综合整治试点	生态智慧治理、产业信息化建设、数字化乡村建设
		韶关市始兴县罗坝镇全域土地综合整治试点	生态康养产业打造
		韶关市仁化县董塘镇全域土地综合整治试点	农旅结合、红色旅游
		韶关市南雄市湖口镇长市村等3个村全域地综合整治试点	山区特色生态农业资源深加工、康养农旅示范区建设
		河源市龙川县佗城镇全域土地综合整治试点	"红色+数字"文旅产业、生态修复+智慧农业
		中山市民众镇全域土地综合整治试点	岭南水乡建设、预留用地承载高端产业
		中山市坦洲镇全域土地综合整治试点	生态农旅休闲带建设、立体养殖、碧道建设、红树林修复
		江门市新会区大鳌镇大警尾村等4个村全域上地综合整治试点	生态绿岛、湿地公园建设
		茂名市化州市杨梅镇全域土地综合整治试点	美丽圩镇建设、革命遗址修缮
		清远市佛冈县汤塘镇全域土地综合整治试点	特色文化生态旅游带建设、生态农业园
		揭阳市揭西县上砂镇全域土地综合整治试点	地质灾害修复+风貌提升、产业引入
		揭阳市普宁市赤岗镇全域土地综合整治试点	"地票"制度、精细化农业、文化公园建设
		汕尾市陆河县新田镇全域土地综合整治试点	流域生态治理、全域旅游发展
		广东省清远市英德镇黎溪镇全域土地综合整治试点	生态特色农业、乡村振兴示范带
3	建设用地集约利用型	广东省佛山市顺德区杏坛镇全域土地综合整治试点	打造绿色水乡、建设"3+X"智造新城产业体系
		佛山市南海区全域土地综合整治试点	"三券"制度
4	海陆统筹生态保护型	广东省汕尾市捷胜镇全域土地综合整治试点	"碧道+旅游+文化+乡村振兴"模式
		广东省潮州市饶平县黄冈镇全域土地综合整治试点	"海湾整治+生态旅游"模式
5	城乡融合发展综合型	广东省广州市从化区鳌头镇全域土地综合整治试点	岭南都市田园综合体、项目动态评估滚动实施机制

续表

序号	模式分类	试点	特色做法
5	城乡融合发展综合型	广东省东莞市塘厦镇全域土地综合整治试点	TOD模式盘活城镇低效用地
		广州市增城区城乡融合示范区增江东岸专项试验区	EOD发展理念、组团式发展
6	乡村特色文化保护型	广东省江门市开平市塘口镇全域土地综合整治试点	"生态+文旅发展"模式、"三旧"改造
		广东省梅州市大埔县三河镇全域土地综合整治试点	产业主导，重视历史文化资源挖掘
7	矿山修复引导发展型	广东省惠州市龙门县龙江镇全域土地综合整治试点	矿山修复、整村搬迁
8	重大工程推动整治型	梅州市蕉岭县新铺镇全域土地综合整治试点	地票制度、"田长制"

自然资源部相关政策文件

序号	文件名称	发文部门/文档号
1	关于开展全域土地综合整治试点工作的通知	自然资发〔2019〕194号
2	关于印发《全域土地综合整治试点实施要点（试行）的函》	自然资生态修复函〔2020〕37号
3	关于印发《全域土地综合整治试点实施方案编制大纲（试行）》的函	自然资源部国土生态修复司
4	关于进一步做好全域土地综合整治试点有关准备工作的通知	自然资办函〔2020〕1767号
5	关于印发《全域土地综合整治试点名单的通知》	自然资办函〔2020〕2421号
6	关于明确全域土地综合整治试点报部备案材料有关要求的函	自然资生态修复函〔2021〕49号
7	关于严守底线规范开展全域土地综合整治试点工作有关要求的通知	自然资办发〔2023〕15号
8	关于做好城镇开发边界管理的通知（试行）	自然资发〔2023〕193号
9	自然资源部 农业农村部 国家林业和草原局关于严格耕地用途管制有关问题的通知	自然资发〔2021〕166号
10	关于开展低效用地再开发试点工作的通知	自然资发〔2023〕171号

备注：政策条文统计截止日期为2024年5月。

广东省相关政策文件

序号	文件名称	发文部门/文档号
1	关于申报全域土地综合整治试点的通知	粤自然资修复〔2020〕131号
2	关于明确全域土地综合整治试点永久基本农田调整有关事项的通知	粤自然资函〔2020〕329号

续表

序号	文件名称	发文部门/文档号
3	关于推进全域土地综合整治试点工作的通知	粤自然资发〔2021〕13号
4	关于做好近期全域土地综合整治试点有关工作的通知	粤自然资函〔2021〕205号
5	关于申报全域土地综合整治省级试点的通知	粤自然资修复〔2021〕1786号
6	关于印发全域土地综合整治省级试点名单的通知	粤自然资修复〔2022〕110号
7	关于成立全域土地综合整治工作专班的通知	粤自然资字〔2023〕5号
8	广东省城镇建设用地政策实施工作指引	广东省自然资源厅
9	关于进一步加强低效用地再开发提升资源要素保障能力的通知（公开征求意见稿）	广东省自然资源厅
10	海岸线占补实施办法（试行）	粤自然资规字〔2021〕4号
11	关于印发海岸线占补实施办法（试行）的通知	粤自然资规字〔2021〕4号
12	关于加快海洋渔业转型升级促进现代化海洋牧场高质量发展的若干措施	粤委农办函〔2023〕29号
13	关于开展红树林及历史遗留矿山生态修复奖惩工作的通知	广东省自然资源厅
14	广东省土地要素市场化配置改革行动方案	广东省人民政府
15	广东省乡村振兴用地政策指引	广东省自然资源厅
16	关于加强自然资源要素保障 助力实施"百县千镇万村高质量发展工程"的通知	粤自然资规字〔2023〕4号
17	关于进一步加强和改进耕地保护工作若干措施的通知	粤自然资规字〔2021〕130号
18	关于鼓励和支持社会资本参与生态保护修复的实施意见	粤府办〔2023〕16号
19	广东省自然资源厅关于2022年土地利用计划管理的通知	粤自然资发〔2022〕7号
20	关于印发海岸线占补实施办法（试行）的通知	粤自然资规字〔2021〕4号
21	关于实施点状供地助力乡村产业振兴的通知	粤自然资规字〔2023〕2号

备注：政策条文统计截止日期为2024年5月。

浙江省相关政策文件

序号	文件名称	发文部门/文档号
1	关于实施全域土地综合整治与生态修复工程的意见	浙政办发〔2018〕80号
2	关于做好乡村全域土地综合整治与生态修复工程涉及永久基本农田布局优化工作的通知	浙自然资发〔2019〕30号
3	关于做好乡村全域土地综合整治与生态修复工程涉及永久基本农田布局调整方案编制、审查等有关工作的通知	浙自然资函〔2019〕59号
4	关于全域土地综合整治与生态修复工程涉及零散林地调整有关事项的通知	浙保耕办〔2020〕7号
5	关于切实做好乡村全域土地综合整治与生态修复工程涉及零散林地调整工作的通知	浙自然资函〔2020〕31号

续表

序号	文件名称	发文部门/文档号
6	关于进一步规范推进乡村全域土地综合整治与生态修复和城乡建设用地增减挂钩工作的通知	浙自然资函〔2020〕42号
7	关于规范乡村全域土地综合整治与生态修复工程实施方案调整的通知	浙保耕办〔2020〕13号
8	关于开展全域土地综合整治与生态修复工程涉及永久基本农田布局调整结果验收工作的通知	浙自然资函〔2021〕218号
9	浙江省乡村全域土地综合整治与生态修复"十四五"行动计划	—
10	关于印发《浙江省乡村全域土地综合整治与生态修复"十四五"行动计划》的通知	浙保耕办〔2021〕20号
11	关于重点推进2022年度乡村全域土地综合整治与生态修复"11350工程"的通知	浙自然资厅函〔2022〕142号
12	关于印发《浙江省乡村全域土地综合整治与生态修复省级精品工程奖励办法》的通知	浙保耕办〔2022〕4号
13	关于开展2021年度乡村全域土地综合整治与生态修复省级精品工程综合评定的通知	浙保耕办〔2022〕6号
14	关于跨乡镇开展土地综合整治试点的意见	浙政发〔2022〕32号
15	关于规范异地搬迁工作的通知	浙政发〔2019〕28号
16	浙江省异地搬迁项目管理办法	浙乡振发〔2021〕3号
17	龙游县"小县大城共同富裕"民集聚转化实施意见	龙政办发〔2023〕38号
18	湖州市南浔区练市镇异地搬迁补偿标准	—

备注：政策条文统计截止日期为2024年5月。

参考文献

[1] 胡怀国. 高质量发展的政治经济学解析[J]. 山西师大学报（社会科学版）: 1-10.

[2] 李森. 基于文献计量的高质量发展研究述评[J]. 沈阳工业大学学报（社会科学版）: 1-7.

[3] 杨志恒. 人本主义视角下城镇高质量发展的概念、目标与路径[J]. 现代城市研究, 2023（3）: 52-59+67.

[4] 姚树洁, 汪锋. 高质量发展、高品质生活与中国式现代化: 理论逻辑与实现路径[J]. 改革, 2023（7）: 11-20.

[5] 刘耀彬, 易容, 姜俐君, 等. 习近平生态文明思想形成逻辑、内涵演进与最新进展[J]. 华东经济管理, 2022, 36（11）: 1-8.

[6] 唐辉, 杨海莺. 论"五位一体"总体布局中的生态文明建设——学习习近平生态文明思想[J]. 社会主义研究, 2022（5）: 9-16.

[7] 王雨辰, 余佳樱. 论习近平生态文明思想中的理论创新和实践创新[J]. 学习与实践, 2022（10）: 3-9+2.

[8] 尹海涛. 新时代生态文明治理体系的主要特征和发展方向[J]. 上海交通大学学报（哲学社会科学版）, 2022, 30（5）: 59-67.

[9] 刘经南, 刘耀林, 刘殿锋, 等. 服务高质量发展的国土空间治理学科体系构建探讨[J]. 武汉大学学报（信息科学版）, 2023, 48（10）: 1566-1573.

[10] 强乃社. 新时代空间治理及其主要类型[J]. 新视野, 2022（5）: 51-58.

[11] 梁鑫源, 金晓斌, 李鹏山, 等. 新时期国土空间治理单元功能认知及其融合路径——以成都市为例[J]. 地理研究, 2022, 41（11）: 3105-3123.

[12] 崔烁. 城市公共文化空间精细化治理: 转向、维度与路径[J]. 湖北社会科学, 2022（10）: 31-39.

[13] 戈大专, 陆玉麒, 孙攀. 论乡村空间治理与乡村振兴战略[J]. 地理学报, 2022, 77（4）: 777-794.

[14] 何艳玲, 张雨睿. 孪生空间, 平行治理: 网络空间塑造中国城市治理新议程[J]. 中国人民大学学报, 2022, 36（5）: 60-74.

[15] 吴家龙, 苏少青, 李晓澄, 等. 广东省全域土地综合整治探索与思考[J]. 农业与技术, 2021, 41（18）: 98-103.

[16] 吕晓, 王亚男, 牛善栋, 等. 国土空间规划与土地要素市场化配置: 互动机制与融合路径[J]. 中国土地科学, 2022, 36（12）: 10-19.

[17] 田玉福. 德国土地整理经验及其对我国土地整治发展的启示[J]. 国土资源科技管理, 2014, 31（1）: 110-114.

[18] FEIERTAG P, SCHOPPENGERD J. Flexibility in planning through frequent amendments: The practice of land use planning in Germany[J]. Planning Practice & Research, 2023, 38（1）: 105-122.

[19] BACKMAN M. Rural Development by Land Consolidation in Sweden[C]. International Congress Washington, D.C. USA, 2002.

[20] 万涛, 刘健, 谭纵波, 等. 农村集体经营性建设用地统筹利用的机制探索——德国土地整理实践的启示[J]. 城市规划, 2018, 42（9）: 54-61.

[21] THOMAS J. Property rights, land fragmentation and the emerging structure of agriculture in Central and Eastern European countries[J]. Journal of Agricultural and Development Economics, 2006: 225-275.

[22] VITIKAINEN A. An Overview of Land Consolidation in Europe[J]. Journal of Surveying and Real Estate Research, 2004, 1.

[23] 田玉福. 德国土地整理经验及其对我国土地整治发展的启示[J]. 国土资源科技管理, 2014, 31（1）: 110-114.

[24] 程丹. 国外土地整理的成功经验及对我国土地整理的启示[J]. 宿州学院学报, 2015, 30(8): 9-13.

[25] HARTVIGSEN M. Land consolidation and land banking in Denmark – tradition, multi-purpose and perspectives[J]. Journal of Geoinformatics and Land Management, 2014, 47.

[26] DAMEN J. Land banking in the Netherlands in the context of land consolidation[C]. International Workshop by Danish Ministry of Agriculture in Cooperation with FAO, 2004.

[27] ASIAMA K O, BENNETT R M, ZEVENBERGEN J A. Land consolidation on Ghana's rural customary lands: Drawing from the Dutch, Lithuanian and Rwandan experiences[J]. Journal of Rural Studies, 2017, 56: 87-99.

[28] 程丹. 国外土地整理的成功经验及对我国土地整理的启示[J]. 宿州学院学报, 2015, 30(8): 9-13.

[29] THE UNIVERSITY OF TOKYO, HASHIMOTO S, NISHI M, etc. Policy evolution of land consolidation and rural development in postwar Japan[J]. Geomatics, Landmanagement and Landscape, 2016, 3: 57-75.

[30] 吴诗嫚, 叶艳妹, 林耀奔. 德国、日本、中国台湾地区多功能土地整治的经验与启示[J]. 华中农业大学学报(社会科学版), 2019(3): 140-148+165-166.

[31] 陈鹏, 田璐. 历史演进视角下全域土地综合整治的实施探讨[J]. 小城镇建设, 2020, 38(11): 5-9+55.

[32] 曹帅, 金晓斌, 韩博, 等. 从土地整治到国土综合整治: 目标、框架与模式[J]. 土地经济研究, 2018(2): 133-151.

[33] 金晓斌, 罗秀丽, 周寅康. 试论全域土地综合整治的基本逻辑、关键问题和主要关系[J]. 中国土地科学, 2022, 36(11): 1-12.

[34] 张玉明. 国土空间规划背景下全域土地综合整治探析[J]. 黑龙江粮食, 2022(9): 64-66.

[35] 许恒周. 全域土地综合整治助推乡村振兴的机理与实施路径[J]. 贵州社会科学, 2021(5): 144-152.

[36] 魏伟忠, 张旭昆. 区位理论分析传统述评[J]. 浙江社会科学, 2005(5): 184-192.

[37] 宇振荣, 谷卫彬, 胡敦孝. 江汉平原农业景观格局及生物多样性研究——以两个村为例[J]. 资源科学, 2000(2): 19-23.

[38] 张志强, 孙成权, 程国栋, 等. 可持续发展研究: 进展与趋向[J]. 地球科学进展, 1999(6): 589-595.

[39] 陈书卿, 刁承泰, 周春蓉. 土地利用规划中生态屏障体系的构建及功能区划研究——以重庆市永川区为例[J]. 水土保持研究, 2011, 18(1): 105-110, 2.

[40] 吴传钧. 人地关系地域系统的理论研究及调控[J]. 云南师范大学学报(哲学社会科学版), 2008(2): 1-3.

[41] 罗明, 杨崇曜, 张骁. 基于自然的全域土地综合整治思考[J]. 中国土地, 2020(8): 10-13.

[42] 李红举, 苏少青, 吴家龙. 全域土地综合整治助推自然资源要素配置的若干思考[J]. 中国土地, 2023(8): 48-51.

[43] 肖武, 侯丽, 岳文泽. 全域土地综合整治的内涵、困局与对策[J]. 中国土地, 2022(7): 12-15.

[44] 于水, 汤瑜. 全域土地综合整治: 实践轨迹、执行困境与纾解路径——基于苏北S县的个案分析[J]. 农业经济与管理, 2020(3): 42-52.

[45] 汤瑜, 于水. 全域土地综合整治: 线性轨迹、逻辑框架与实践反思[J]. 中共宁波市委党校学报, 2021, 43(6): 109-116.

[46] 金晓斌, 罗秀丽, 周寅康. 试论全域土地综合整治的基本逻辑、关键问题和主要关系[J]. 中国土地科学, 2022, 36(11): 1-12.

[47] 何佑勇, 徐汉梁, 虞舟鲁, 等. "千万工程"视角下的全域土地综合整治内涵与机制研究——基于浙江省全域土地综合整治的实践[J]. 浙江农业学报, 2023, 35(12): 2988-2998.

[48] 张伟, 彭晓燕. 挑战与回应: 城乡融合视域下的浙江省土地综合整治再审视[J]. 江苏农业科学, 2021, 49(6): 232-237.

[49] 吴家龙, 李红举, 苏少青, 等. 全域土地综合整治的理论基础与制度创新[J]. 小城镇建设, 2023, 41(11): 55-60.

[50] 刘正波, 孙婧. 乡村振兴背景下全域土地综合整治的逻辑内涵及盈利模式[J]. 智慧农业导刊, 2024, 4(1): 52-55.

[51] CHEN KUNQIU, CHEN YUNYA, LONG HUALOU, et al. How does land consolidation affect rural development transformation?[J]. Journal of Geographical Sciences, 2024, 34(3): 417-438.

[52] 肖娥, 孙丰瑞, 张钊, 等. 基于乡村农业发展综合评估的盐城市全域土地综合整治模式探析[J]. 南方农业, 2023, 17(22): 152-154.

[53] 梁浩源, 李晶. 全域土地综合整治中文化空间再识别及其与三生空间的融合提升[J]. 中国农业大学学报, 2024, 29(3): 189-203.

[54] CHI T. Comprehensive land consolidation and ecological protection and restoration under the concept of ecological civilization[J]. International Academic Journal of Humanities and Social Sciences, 2023, 1(1): 1.

[55] 李寒冰, 金晓斌, 韩博, 等. "双碳"目标下全域土地综合整治的学理研究与实践路径[J]. 地理研究, 2022, 41(12): 3164-3182.

[56] 朱菁, 马思琪, 洪尉凯, 等. 全域土地综合整治导向下村庄产业振兴发展路径探析——以甘肃省显胜乡蒲河村为例[J/OL]. 西北大学学报(自然科学版), 2022, 52(4): 602-616.

[57] 周小平, 申端帅, 谷晓坤, 等. 大都市全域土地综合整治与耕地多功能——基于"情境—结构—行为—结果"的分析[J]. 中国土地科学, 2021, 35(9): 94-104.

[58] 游和远, 张津榕, 夏舒怡. 基于生态价值与生态产品价值实现潜力权衡的全域土地综合整治用地优化[J]. 自然资源学报, 2023, 38(12): 2950-2965.

[59] 应苏辰, 金晓斌, 罗秀丽, 等. 全域土地综合整治助力乡村空心化治理的作用机制探析：基于乡村功能演化视角[J]. 中国土地科学, 2023, 37(11): 84-94.

[60] ZHOU J, LI C, CHU X, etc. Is Cultivated Land Increased by Land Consolidation Sustainably Used in Mountainous Areas?[J]. Land, 2022, 11(12): 2236.

[61] ZHAO Q, JIANG G, WANG M. The Allocation Change of Rural Land Consolidation Type Structure under the Influence Factors of Different Geographical and Economic Development of China[J]. International Journal of Environmental Research and Public Health, 2023, 20(6): 5194.

[62] YIN Q, ZHOU S, LV C, et al. Comprehensive Land Consolidation as a Tool to Promote Rural Restructuring in China: Theoretical Framework and Case Study[J]. Land, 2022, 11(11): 1932.

[63] 任芳, 王静. 基于城乡融合发展的城郊地区全域土地综合整治优化路径探讨——以东营市河口街道乡村振兴规划为例[J]. 小城镇建设, 2020, 38(11): 40-46.

[64] LI S, SONG W. Research Progress in Land Consolidation and Rural Revitalization: Current Status, Characteristics, Regional Differences, and Evolution Laws[J]. Land, 2023, 12(1): 210.

[65] ZHANG D, YU L, WANG W. Promoting Effect of Whole-Region Comprehensive Land Consolidation on Rural Revitalization from the Perspective of Farm Households: A China Study[J]. Land, 2022, 11(10): 1854.

[66] ZHAO Q, JIANG G, WANG M. The Allocation Change of Rural Land Consolidation Type Structure under the Influence Factors of Different Geographical and Economic Development of China[J]. International Journal of Environmental Research and Public Health, 2023, 20(6): 5194.

[67] 袁方成, 周韦龙. 要素流动何以推动县域城乡融合：经验观察与逻辑诠释——以佛山市南海区全域土地综合整治为例[J/OL]. 南京农业大学学报(社会科学版), 2024, 24(2): 63-74.

[68] 吴家龙, 李红举, 邓婷, 等. 论全域土地综合整治与线性文化遗产保护利用：衔接与融合——以广东省南粤古驿道梅关古道古田段为例[J]. 热带地理, 2024, 44(3): 379-392.

[69] 卢丹梅, 李易燃, 赵建华. 全域土地综合整治视角下的乡村高质量发展空间路径研究——以云浮市镇安镇西安村为例[J]. 城市发展研究, 2021, 28(11): 3-9.

[70] 何硕研, 方相, 杨钢桥. 土地综合整治能促进乡村产业转型吗？——来自湖北省部分乡村的证据[J]. 中国土地科学, 2022, 36(4): 107-117.

[71] 代秀龙, 赵家敏. 流域生态单元视角下全域土地综合整治路径——以广东省佛冈县汤塘镇省级试点为例[J]. 规划师, 2024, 40(1): 83-90.

[72] SHEN Y, YAN W, NI K. Rural Public Space Management Based on Comprehensive Land Consolidation[J]. International Journal of Education and Humanities, 2023, 8(3): 220-223.

[73] ZHU J, MA S, ZHOU Q. Industrial Revitalization of Rural Villages via Comprehensive Land Consolidation: Case Studies in Gansu, China[J]. Land, 2022, 11(8): 1307.

[74] 张雪松, 张茂茂, 王全喜, 等. 基于CW-GRAP模型的随州市土地整治综合效益评价[J]. 水土保持研究, 2019, 26(3): 318-324.

[75] 肖梅, 汪磊. 乡村振兴背景下土地综合整治效益评价与障碍因子分析——以贵州省盘州市为例[J]. 国土与自然资源研究, 2022(2): 7-11.

[76] 肖玖军, 谢刚, 谢元贵, 等. 基于土地保障功能的贵州省土地整治社会效益分析[J]. 中国农业大学学报, 2020, 25(3): 148-158.

[77] 吴家龙, 苏少青, 杨远光, 等. 全域土地综合整治调查评估指标体系构建——以广东省为例[J]. 中国国土资源经济, 2022, 35(2): 77-82, 89.

[78] 王艳阳, 何思, 刘聪, 等. 基于GEP核算的全域土地综合整治生态效益评价——以广东南海金沙岛为例[J]. 中国国土资源经济, 2023: 1-13.

[79] 鲁胜晗, 朱成立, 周建新, 等. 生态景观视角下土地整治的生态效益评价[J]. 水土保持研究, 2020, 27(5): 311-317.

[80] ZHANG L, HU B, ZHANG Z, et al. Comprehensive Evaluation of Ecological-Economic Value of Guangxi Based on Land Consolidation[J]. Land, 2023, 12(4): 759.

[81] CUI J, QU Y, LI Y, et al. Reconstruction of Rural Settlement Patterns in China: The Role of Land Consolidation[J]. Land, 2022, 11(10): 1823.

[82] XIA W, YANG G. Decision-Making Evaluation of the Pilot Project of Comprehensive Land Consolidation from the Perspective of Farmers and Social Investors: A Case Study of the Project Applied in Xianning City, Hubei Province, in 2020[J]. Land, 2022, 11(9): 1534.

[83] SU M, FANG X, SUN K, etc. Construction and Optimization of an Ecological Network in the Comprehensive Land Consolidation Project of a Small Rural Town in Southeast China[J]. Sustainability, 2023, 15(7): 5984.

[84] LIN Y, CHEN D. Functional Zoning and Path Selection of Land Comprehensive Consolidation Based on Grey Constellation Clustering: A Case Study of Dongying City, China[J]. International Journal of Environmental Research and Public Health, 2022, 19(11): 6407.

[85] 肖武, 侯丽, 岳文泽. 全域土地综合整治的内涵、困局与对策[J]. 中国土地, 2022(7): 12-15.

[86] 苏敬勤, 吕禾雨, 高昕. 案例研究的外推——如何使案例研究具有普适性?[J]. 管理案例研究与评论, 2023, 16(3): 378-385.

[87] 管兵. 案例研究的理论化: 三种可行途径[J]. 广东社会科学, 2023(3): 198-210+292.

[88] 李红举. 全域土地综合整治的新探索[J]. 小城镇建设, 2020, 38(11): 1.

[89] 唐于银, 魏国平, 张晓青. 我国发展现代高效农业的问题与对策分析[J]. 江苏农业科学, 2010(4): 480-482.

[90] 东源县人民政府. 广东省河源市东源县顺天镇全域土地综合整治试点实施方案[A]. [出版地不详]: [出版者不详], 2022.

[91] 乳源瑶族自治县人民政府. 广东省韶关市乳源瑶族自治县桂头镇全域土地综合整治试点实施方案[A]. [出版地不详]: [出版者不详], 2022.

[92] 怀集县人民政府. 广东省肇庆市怀集县冷坑镇水口村、谭庙村、龙岗村、双甘村全域土地综合整治试点实施方案. [出版地不详]: [出版者不详], 2022.

[93] 殷海鸿. 生态文明与生态产业可持续发展研究[J]. 环境工程, 2023, 41(3): 274-275.

[94] 徐可轩, 秦光远. 协同推进生态产业化和产业生态化的实践与探索——以江苏有机农业发展为例[J]. 江苏农业科学, 2023, 51(14): 256-260.

[95] 孔昕, 刘俭, 李文超. 农村经济新生态背景下农村共同致富发展困境及应对策略研究[J]. 农业经济, 2023(10): 64-65.

[96] 田江. 贵州省农村经济效益与生态效益分析[J]. 中国农业资源与区划, 2017, 38（2）: 146-151.

[97] 广州市从化区人民政府, 广东省广州市城市规划勘测设计研究院. 广东省广州市从化全域土地综合整治试点实施方案, 2022.

[98] 陆河县人民政府. 广东省汕尾市陆河县新田镇全域土地综合整治试点实施方案[A]. [出版地不详]: [出版者不详], 2023.

[99] 惠东县白花镇人民政府. 广东省惠州市惠东县白花镇全域土地整治规划修改后文本[A]. [出版地不详]: [出版者不详], 2022.

[100] 王明田, 高雅, 张立涛, 等. "低冲击开发" 理念下的全域土地综合整治初探[J]. 小城镇建设, 2020, 38（11）: 16-21.

[101] 祖健, 郝晋珉, 艾东, 等. 基于要素视角的建设用地集约利用内生动力及评价研究[J]. 北京大学学报（自然科学版）, 2020, 56（4）: 745-754.

[102] 张雪靓, 孔祥斌, 赵晶, 等. 我国建设用地集约利用水平时空变化规律[J]. 中国农业大学学报, 2013, 18（5）: 156-165.

[103] 佛山市南海区人民政府. 广东省佛山市南海区全域土地综合整治试点实施方案[A]. [出版地不详]: [出版者不详], 2023.

[104] 佛山市顺德区人民政府. 关于《佛山市顺德区杏坛镇全域土地综合整治试点实施方案》的通告: 佛自然资顺告〔2022〕90号[A/OL]. (2022-10-08) [2024-09-25]. http://www.shunde.gov.cn/sdqrmzf/xxzh/content/post_5412097.html. 2022.

[105] 魏正波, 罗彦, 肖锐琴, 等. 国土空间海陆统筹规划策略与管控探索——以广东省为例[J]. 热带地理, 2022, 42（4）: 544-553.

[106] 张耀军, 高又壬, 郑霖豪. 区域协调发展视域下的海陆统筹: 关键环节与实现路径[J]. 北京行政学院学报, 2023（4）: 14-23.

[107] 饶平县人民政府. 广东省潮州市饶平县黄冈镇全域土地综合整治试点实施方案[A]. [出版地不详]: [出版者不详], 2022.

[108] 汕尾市城区人民政府, 广东空间规划设计有限公司. 广东省汕尾市捷胜镇全域土地综合整治试点实施方案[A]. [出版地不详]: [出版者不详], 2022.

[109] 广州市从化区鳌头镇人民政府. 广东省广州市从化区鳌头镇全域土地综合整治试点实施方案[A]. [出版地不详]: [出版者不详], 2022.

[110] 东莞市塘厦镇人民政府. 广东省东莞市塘厦镇全域土地综合整治试点实施方案[A]. [出版地不详]: [出版者不详], 2023.

[111] 广州市增城区人民政府. 广州市增城区城乡融合示范区增江东岸专项试验区（石滩镇）全域土地综合整治试点实施方案[A]. [出版地不详]: [出版者不详], 2023.

[112] 开平市人民政府. 广东省江门市开平市塘口镇全域土地综合整治试点实施方案[A]. [出版地不详]: [出版者不详], 2022.

[113] 大埔县人民政府. 广东省梅州市大埔县三河镇全域土地综合整治试点项目实施方案[A]. [出版地不详]: [出版者不详], 2023.

[114] 龙门县人民政府. 广东省惠州市龙门县龙江镇罗洞村等3个村全域土地综合整治试点实施方案[A]. [出版地不详]: [出版者不详], 2022.

[115] 蕉岭县人民政府. 广东省梅州市蕉岭县新铺镇全域土地综合整治试点实施方案[A]. [出版地不详]: [出版者不详], 2022.

[116] 屈家树. 以全域土地综合整治推进高质量发展的广东实践与思考[J]. 中国土地, 2023（10）: 20-24.

[117] 张永蕾, 栾乔林, 熊昌盛, 等. 基于多源空间数据的 "三生" 空间异质性评价与分区划定[J]. 农业工程学报, 2021, 37（10）: 214-223, 317.

[118] 张令达, 侯全华, 段亚琼. 生态文明背景下三生空间研究: 内涵、进展与对策[J]. 生态学报, 2024, 44（1）: 47-59.

[119] 黎洋. 基于"三生"角度的县域土地整治综合效益评价[D]. 广州: 华南理工大学, 2022.
[120] 丁继辉, 朱永增, 张梦婷, 等. 基于"三生"视角的土地整治综合效益评价[J]. 人民黄河, 2020, 42(10): 86-91.
[121] 倪少凯. 7种确定评估指标权重方法的比较[J]. 华南预防医学, 2002(6): 54-55, 62.
[122] 李刚, 李建平, 孙晓蕾, 等. 主客观权重的组合方式及其合理性研究[J]. 管理评论, 2017, 29(12): 17-26, 61.
[123] 陈伟, 夏建华. 综合主、客观权重信息的最优组合赋权方法[J]. 数学的实践与认识, 2007(1): 17-22.

致谢

本书为广东工业大学2024年度"本科教材工程"项目（广工大教字〔2024〕75号）。

本书作者由自然资源部国土整治中心李红举研究员和广东工业大学李志教授研究团队组成，李志、李红举、廖开怀、吴蓉、何嘉俊等人共同完成此成果。研究团队在国家有关政策指导下，从广东省全域土地综合整治政策分析开始，通过对试点地区理论研究、潜力分析、方案编制、项目实施、运营管理、效果评价等进行总结，提炼广东省全域土地综合整治模式经验。

全书出版应感谢自然资源部国土整治中心李晨、李少帅等专家的认真指导，感谢广东省自然资源厅生态修复处和广东省土地开发整治中心的全力支持，感谢参与调研各市、县、镇、村等部门的无私帮助，感谢广东省国土空间生态修复协会的鼎力配合。此外，广东工业大学硕士研究生李雪锋、丘妍嵘、胡杨、张永利等人，协助本书的资料整理和编辑出版做了大量工作。

全域土地综合整治是一项复杂而艰巨的任务，需要政府、群众和社会各界的共同努力。虽然我们在本书编写过程中因时间紧迫，存在政策分析不透彻、基础调查不详尽、数据更新不及时等问题，欢迎各位读者对本书内容进行批评指正。我们将不断改正错误、完善研究、总结经验、集中力量推进全域土地综合整治事业发展，为我国乡村振兴和国土空间治理作出贡献。

2024年10月20日于广州